쉽게 배우는

생활 속의 금융원리

이정근 지음

KM 경문사

머리말

복리나 단리 등의 이자계산 기법은 고등학교 수준의 수학을 이용하여 이론을 설명할 수 있다. 금융수학이나 보험이론을 공부하고 활용할 때 미적분을 활용한 이자론과 현재가치의 계산이 중요하지만 많은 학생들이 공부하기에 어렵다고 느끼는 경우를 자주 보게 된다. 학생들이 이렇게 생각하는 몇 가지 이유가 있다고 느끼고 좋은 입문서적의 필요성을 느껴 원고를 준비해보자고 생각하게 되었다.

의학, 약학을 비롯한 과학의 발달과 함께 인간의 기대수명이 증가하면서 은퇴자금의 준비와 관리가 중요해지고 있다. 또한 이자계산, 금융의 기초 지식, 금융자산의 관리, 자산형성, 자금관리 및 종신연금 등의 기본개념과 금융상식을 청소년기에 교육해야한다는 사회적 합의가 이루어지고 있다.

이 책에서는 금융과 자산관리의 기본개념인 이자론과 연금 이론에 대하여 설명한다. 이런 이론은 금융수학, 파생상품, 투자공학 및 보험이론의 토대가 될 뿐만 아니라 실생활에서도 자주 활용된다. 이자 계산, 연금 저축, 할부상환 등은 주택이나 자동차의 구입 등의 소비자 금융이나 자산형성 과정과 관련되어 있고 명확하게 이해할 필요가 있다.

이 책의 내용은 다음과 같다.

- 이자율, 단리 및 여러가지 복리 기법
- 돈의 시간적 가치계산
- 현금흐름의 가치, 내부 수익률 계산, 순현재가치와 수익률의 활용
- 확정연금의 현재가치와 미래가치 계산

이 책이 많은 내용을 다루고 있지만 일생생활에서 접할 수 있는 금융과 보험에서 기초가 되는 내용을 이해할 수 있도록 쉽게 쓰려고 노력하였다. 이 책을 통해 금융원리에 대해 이해하고 활용할 수 있는 힘을 기르기를 바란다.

끝으로 출판할 기회를 주신 도서출판 경문사에 깊은 감사를 드린다.

2017년 2월

저자

차례

CHAPTER 1

이자적립과 화폐의 시간가치

저축이나 대출처럼 타인의 돈을 사용하면 대가를 지불한다. 이때 저축액이나 빌린 금액을 **원금**(principal)이라고 하고 대가로 지불하는 돈을 **이자**(interest)라고 한다. 이자가 발생할 때 이자를 원금으로 나눈 값을 **이자율**(이율, interest rate 또는 rate of interest)이라고 부르고 보통 i로 나타낸다. 이제 이자율 i를 식으로 나타내면 다음과 같다.

$$i = \frac{\text{이자}}{\text{원금}}$$

이자율은 보통 년단위로 주어지고 % 단위를 쓴다. 연이율이 $p\%$이면 $i = \frac{p}{100}$이다. 예를 들어, 연이율 5%는 $i = \frac{5}{100} = 0.05$에 해당한다.

현금을 금융기관에 예치하거나 현금 대여가 발생할 때 미리 이자율을 정한 후 합의한 방법으로 이자를 지급한다. 많은 경우에 이자는 일정한 기간이 지나 주기적으로 지급된다. 금융기관에서 이자를 지급하는 주기는 1개월(월별 지급), 3개월(분기 지급), 6개월(반기 지급) 또는 12개월(년별 지급)이고 흔하지는 않지만 1일 주기로 이자를 지급하기도 한다.

이자 지급 주기가 지날 때마다 발생한 이자와 원금의 합을 **원리합계**(accumulated amount)라고 한다. 이자가 여러 번 지급될수록 원리합계는 커진다. 투자기간에 의해 이자지급횟수가 정해지므로 원리합계는 투자기간의 함수이다.

저축, 대여나 채권 매입과 같은 금융거래는 주로 이자소득을 목적으로 일정액의 자금을 투자한다. 채권과 같은 금융상품에 투자하면 발생하는 수익이 단순히 이자에 의해서 발생하지는 않고 국채 금리와 같은 요인에 따라 수익도 달라진다. 일반적으로 투자 후 발생하거나 예상되는 이익은 투자액에 비례하고 투자기간에 따라 달라진다.

참고 1.1 이자는 빌리거나 저축한 돈에 대해 대가로 지급하는 금액을 의미했지만 대여나 저축은 여러 투자기법의 하나에 불과하다. 일반적으로, 투자한 후에 발생한 수익을 이자로 간주하고 수익율(수익과 투자금의 비율)을 이자율로 간주하여 분석하는 것이 보통이다.

1.1 종가함수와 단위종가함수

금융수학이나 보험수학에서는 시간의 함수로서 종가함수(또는 원리합계함수) $A(t)$ 와 단위종가함수(단위원리합계 함수) $a(t)$ 를 사용하여 상품을 분석하고 수익률을 계산한다.

투자가 이루어지는 시점을 $t = 0$ 으로 나타내고 투자기간을 년단위로 측정하기로 하자. 이자 지급 시점 t 에서 원리합계를 $A(t)$ 로 나타낼 때 이 함수 $A(t)$ 를 **종가함수**(원리합계함수, amount function)라고 부른다.

$A(t_1)$ 을 투자구간 $[t_1, t_2]$ 의 원금으로 볼 수 있으므로 발생한 이자는 $A(t_2) - A(t_1)$ 이다. 이 때 계산된 이율

$$i_{[t_1,t_2]} = \frac{A(t_2) - A(t_1)}{A(t_1)}$$

을 $[t_1, t_2]$ 에서의 **실이율**(effective rate of interest)이라고 한다.

자연수 $n(\geq 1)$ 에 대해 투자구간 $[n-1, n]$ 을 n 차년도(또는 n 번째 주기)라고 부르겠다. 이 경우에 실이율 $i_{[n-1,n]}$ 를 i_n 로 쓰기로 하자. 그러면 다음 식이 성립한다.

$$i_n = \frac{A(n) - A(n-1)}{A(n-1)}, \quad A(n) = (1 + i_n)A(n-1) \quad n = 1, 2, \ldots \tag{1.1}$$

i_n 은 투자 후 n 번째 해의 연간실이율(effective rate of interest per annum)이다. i_n 을 n 차년도에 얻은 이자 $I_n := A(n) - A(n-1)$ 을 써서 아래와 같이 쓰기도 한다.

$$i_n = \frac{I_n}{A(n-1)}$$

예제 1.1 종가함수가 $A(t) = 1000 + 50t$ 일 때 다음 물음에 답하여라.
(a) 원금을 구하여라.
(b) i_1, i_2, i_3 를 구하여라.

풀이 (a) 원금은 $A(0) = 1000$ 이다.
(b) (1.1)을 적용한다.

$$i_1 = \frac{A(1) - A(0)}{A(0)} = \frac{1050 - 1000}{1000} = 0.05$$
$$i_2 = \frac{A(2) - A(1)}{A(1)} = \frac{50}{1050} \doteq 0.047619$$
$$i_3 = \frac{A(3) - A(2)}{A(2)} = \frac{50}{1100} \doteq 0.0454545$$

□

투자의 효율성을 분석할 때 원금 1에 대한 종가함수를 주로 사용한다. 원금이 단위통화, 즉, 1원일 때의 원리합계함수를 단위원리합계함수 또는 **단위종가함수**(accumulation function) 라고 부르고 $a(t)$ 로 쓰겠다. 이자 및 투자와 관련된 주제를 다루는 경우에는 종가함수가 아닌 단위종가함수를 사용하는 것이 일반적이다. 종가함수를 쓰면 투자원금에 따라 식이 달라질 뿐아니라 원금이 클 때 식도 길어져서 불편하다. 둘 사이에는 다음 관계가 성립한다.

$$A(t) = A(0)a(t) \iff a(t) = \frac{A(t)}{A(0)} \quad (\text{단, } A(0)\text{는 원금}) \tag{1.2}$$

식 (1.2)는 최초 투자액(또는 원금)이 달라질 때 원금에 단위원리합계함수를 곱하면 원리합계가 얻어진다는 것을 보여준다. 단위종가함수가 비례상수처럼 사용되는데 이런 이유로 단위원리합계함수를 **원리금비율함수**라고 부르기도 한다.

(1.1)에서 원리합계함수를 써서 이자율을 계산했지만 단위종가함수를 써서 실이율을 표현하고 활용하는 경우가 더 많다.

$$i_n = \frac{a(n) - a(n-1)}{a(n-1)}, \quad n = 1, 2, 3, \cdots \tag{1.3}$$

참고 1.2 (1.2)가 성립하기위해서는 '투자가 시작된 후 중도시점에서 자금유출이나 자금유입이 없다'는 조건이 만족되어야 한다.

참고 1.3 시간의 경과에 따른 투자금 또는 자본금의 증식을 수학적으로 설명할 수 있는 함수가 단위종가함수이다. 투자기법이 다양하고 변수가 많으므로 단위종가함수를 정확하게 표현하는 것은 거의 불가능하다. 여러 자료를 바탕으로 예측하여 투자를 평가하고 의사결정에 활용하기 위해 노력하고 있다.

우리는 이 책에서 공식으로 나타낼 수 있는 단위종가함수를 다룬다. 좁은 범위의 투자를 설명하고 있지만 자본 및 금융과 관련된 기본적인 내용을 다루므로 매우 중요하다.

예제 1.2 시점 $t = 0$에서 100만원을 투자하였다. 단위종가함수가 $a(t) = 1 + 0.1t^2$일 때 다음 값을 구하여라.

(a) 5년 후의 종가

(b) i_1, i_2, i_3

풀이 (a) 원금이 100만원이므로 종가는 $A(5) = 100(1 + 0.1 \times 5^2) = 350$(만원)이다.

(b) (1.3)을 적용하여 계산한다.

$$i_1 = \frac{a(1) - a(0)}{a(0)} = \frac{1.1 - 1}{1} = 0.1$$

$$i_2 = \frac{a(2) - a(1)}{a(1)} = \frac{1.4 - 1.1}{1.1} \doteq 0.272727$$

$$i_3 = \frac{a(3) - a(2)}{a(2)} = \frac{1.9 - 1.4}{1.4} \doteq 0.357142$$

□

예제 1.3 어떤 금융상품에 100만원을 투자할 때 단위종가함수가 $a(t) = (1+0.05)^t$ 라고 한다.

(a) 5년 후의 종가

(b) i_1, i_2, i_3를 구하여라.

풀이 (a) 원금이 100만원이므로 5년 후 종가는 $A(5) = 100(1+0.05)^5 = 127.6281563$(만원)이다.

(b) 식 (1.3)을 적용하여 계산하면 $i_1 = i_2 = i_3 = 0.05$ 임을 확인할 수 있다. □

예제 1.4 종가함수 $A(t) = 100e^{0.06t}$ 에 대해 단위종가함수와 n차년도의 실이율을 계산하여라.

풀이 원금이 $A(0) = 100$ 이므로 단위종가함수는 $a(t) = \frac{A(t)}{100} = e^{0.06t}$ 이다. n차년도의 실이율은 아래와 같다.

$$i_n = \frac{e^{0.06n} - e^{0.06(n-1)}}{e^{0.06(n-1)}} = e^{0.06} - 1 = 0.06183654 \approx 6.18\%$$ □

이책에서는 이자 계산에 초점을 맞추고 투자가 시작된 후 중간에 인출하지 않는다고 가정한다. 이때 원리합계는 줄어들지 않으므로 단위종가함수 $a(t)$는 다음 조건을 만족시킨다.

(a) $a(0) = 1$

(b) $a(t)$는 단조증가함수[1](monotone increasing function)이다.

예들 들어, $a(t) = 1 + rt$ 또는 $a(t) = (1+i)^t$ 등은 이런 조건을 만족시킨다.

참고 1.4 (종가함수가 연속함수인가?)

- 보통의 경우 이자가 지급될 때까지는 원리합계에 변화가 없지만 이자를 지급하는 순간 원리합계가 증가한다. 이런 특성을 수학적으로 계단함수(step function)로 나타낼 수 있다. 따라서 단위종가함수가 연속일 필요는 없다. (그림 1.1은 복리에서 단위종가함수가 불연속임을 보여준다.)
- 특별한 경우에는 단위종가함수가 연속함수로 나타날 수도 있다. 예를 들어, 투자기간 동안 이자율이 불변일 때 연속복리가 적용되면 단위종가함수는 연속이다.
- 단위종가함수가 연속이거나 미분가능하면 금융수학에서 개발된 수학적 기법을 사용할 수 있다.

[1] $t_1 < t_2$ 일 때 $a(t_1) \le a(t_2)$라는 의미이다.

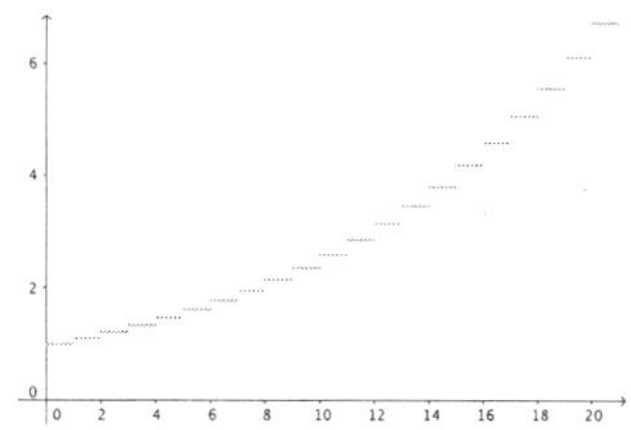

그림 1.1: 불연속인 단위종가함수

투자분석에서는 단위종가함수를 구성하는 것이 가장 기본적이다. 어떤 투자에서 2년 동안 누적금액이 매년 30%씩 (연속적으로) 감소하다가 이후 3년 동안은 매년 40%씩 증가한다고 하자. 이 투자의 단위종가함수를 나타내는 식은

$$a(t) = \begin{cases} (1-0.3)^t & 0 \le t \le 2 \\ (1-0.3)^2(1+0.4)^{t-2}, & 2 \le t \le 5 \end{cases}$$

이다. 그림 1.2는 종가함수의 그래프이다.

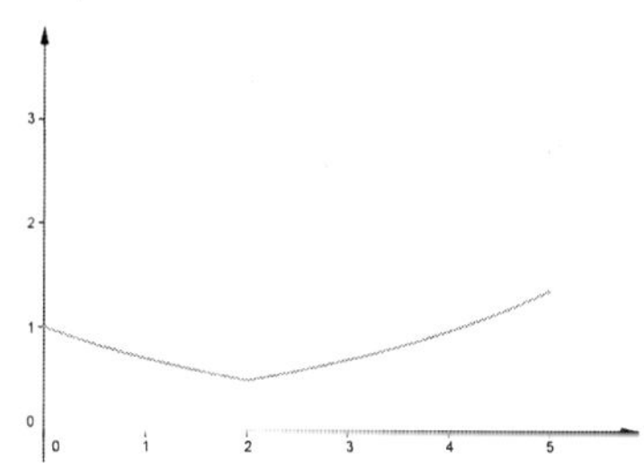

그림 1.2: 단위종가함수의 예

연습문제 1.1

1. 형석이가 은행 외화예금계좌에 100,000 달러를 예치하였다. 첫 해에 은행은 연간실이율 i로 이자를 지급한다. 두 번째 해에는 실이율 $i-0.05$로 이자를 지급한다. 2차년도 말에 형석이의 계좌 잔고가 122,093.75달러일 때 i를 계산하여라.

2. 1,000만원을 투자할 때 원리합계가 1차년도 말에 1,100만원, 2차년도 말에 1,320만원, 3차년도 말에 1,350만원이다.

   (a) 1차년도, 2차년도, 3차년도에 발생한 이자(수익)를 구하여라.

   (b) 실이율 i_n $(i=1,2,3)$을 구하여라.

3. 종가함수 $A(t) = 10t^2 + 20t + 20$ 에 대해 단위종가함수 $a(t)$ 를 구하여라. 또한 $k = 1, 2, 3$ 에 대해72 I_k 와 i_k 를 계산하여라.

4. 종가함수 $A(t) = 100 + 5t$ 에 대해 다음을 구하여라.
   (a) 원금과 단위종가함수
   (b) $I_k\ (k = 1, 2, 3)$
   (c) $i_k\ (k = 1, 2, 3)$

5. 종가함수 $A(t) = 100 \times 1.05^t$ 에 대해 다음을 구하여라.
   (a) 원금과 단위종가함수
   (b) $I_k\ (k = 1, 2, 3)$
   (c) $i_k\ (k = 1, 2, 3)$

6. 종가함수 $A(t) = 100e^{0.05t}$ 에 대해 다음을 구하여라.
   (a) 원금과 단위종가함수
   (b) $I_k\ (k = 1, 2, 3)$
   (c) $i_k\ (k = 1, 2, 3)$

7. $A(0) = 1,000$ 이고 $i_t = 0.01t$ 일 때 $A(15)$ 를 구하여라.

8. 단위종가함수가 $a(t) = at^2 + 4b$ 라고 한다. $t = 0$ 에서 투자된 800만원이 $t = 4$ 에서 2,000만원으로 불어났다. $t = 3$ 에서 투자된 1,200만원의 적립가를 $t = 9$ 에서 계산하여라.

1.2 단리와 복리

이자를 계산하는 방법은 다양하지만 실제로는 단리와 복리를 주로 사용한다. 이 절에서 이자계산을 위해 아래와 같이 가정한다.

1년에 1번 이자계산하는 경우

- $t = 0$에서 투자된 원금을 투자 종료시까지 인출하지 않는다.
- 투자기간 동안 이자율은 동일하다.
- 이자는 1년마다 연말에 지급한다. 즉, 이자계산주기가 1년이다.

1.2.1 단리

단리 (simple interest) 란 원금에 대해 발생한 이자가 다음 해에 재투자되지 않는 경우로 이자계산에서 원금이 모든 주기에 걸쳐 동일한 것으로 간주한다. 따라서 각 주기에 발생하는 이자도 일정하다. 따라서 단리에서는 이자 액수가 기간에 비례한다.

원금이 P일 때 매년 발생하는 이자가 동일하다고 하자. 이 때 이자를 I로 나타내면 1차년도 말의 원리합계는 $P + I$, 2차년도 말의 원리합계는 $P + 2I, \cdots$ 등이다. 여기서 이자율을 $r := \frac{I}{P}$로 두자. (여기서 상수 r를 **단리이자율** 또는 단리이율이라고 부른다.) 그러면 투자 후 t년 동안 발생한 이자가 $It = Prt$이므로 t 차년도 말의 원리합계함수 $A(t)$와 단위종가함수 $a(t)$는 다음과 같다.

$$A(t) = P + Prt = P(1 + rt), \quad t = 0, 1, 2, \cdots \tag{1.4}$$

$$a(t) = \frac{A(t)}{A(0)} = 1 + rt, \quad t = 0, 1, 2, \cdots \tag{1.5}$$

예제 1.5 단리이율이 연간 4%이다. 100만원을 4년간 투자할 때 원리합계는 얼마인가?

풀이 $P = 100$만원, $r = 0.04$이고 $n = 4$이므로, (1.4)에 의해, 원리합계는 다음과 같다.

$$A = 100(1 + 4 \times 0.04) = 116 \text{ 만원}$$

□

지금까지는 빌린 기간이 정수인 경우에 단리를 이자를 계산하는 방법에 대하여 다루었다. 단리지급 방식에서 투자기간 t는 자연수였고 1을 투자할 때 투자기간 동안 발생한 이자는 $a(t) - 1$이다. 또한 단리투자에서 이자는 투자기간에 정비례하므로 $s + t$년 동안 발생한 이자는 s년 동안 발생한 이자와 t년 동안 발생한 이자의 합과 같을 것이다. (단,

s와 t는 자연수이다.) 이 사실을 식으로 쓰면 다음과 같다.

$$a(s+t) - 1 = [a(s) - 1] + [a(t) - 1] \iff a(s+t) = a(s) + a(t) - 1 \quad (1.6)$$

여기서 변수에 대한 가정을 완화하여 모든 실수 $s, t \geq 0$에 대해 (1.6)이 성립한다고 가정하자. 그러면 $a(t)$가 연속함수라는 가정하에 상수 r이 존재하여 $a(t)$를 다음과 같이 쓸 수 있다.

$$a(t) = 1 + rt \quad (t \geq 0\text{는 실수}) \quad (1.7)$$

식 (1.7)은 실물경제에서 단리를 적용하는 경우 원금의 사용 시간에 비례하여 이자를 부과한다는 기존의 관습에 잘 부합함을 보여 준다. 따라서 단리지급 방식에서의 단위종가함수가 모든 실수 $t \geq 0$에 대해 정의되고 (1.7) 꼴로 주어진다고 가정하겠다.

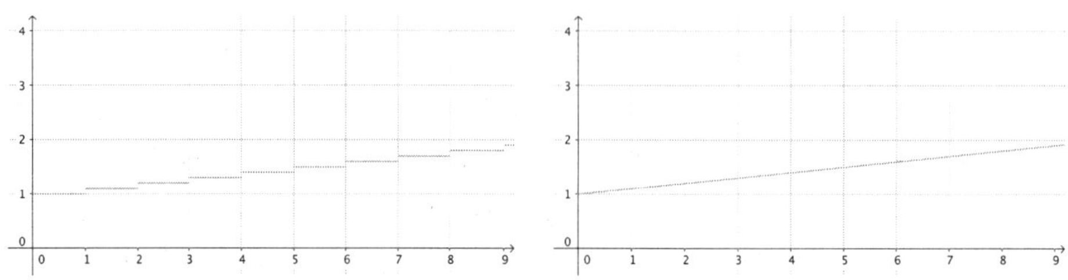

(a) 연단위 단리의 단위종가함수 - (1.5)

(b) 일반적인 단리의 단위종가함수 - (1.7)

그림 1.3: 단리의 단위종가함수

빌린 기간이 정수가 아니면 빌린 기간을 숫자로 변환하는 방식에 따라 이자가 달라진다. 다음은 단리로 이자를 계산할 때 자주 사용하는 대여기간 측정법이다.

정확한 단리 - actual/actual 법

돈을 빌리는 기간이 1년보다 짧을 경우에 1년을 365일로 간주하고 사용한 날짜를 정확하게 헤아린 후 이자를 계산하는 방법이다. 윤년(leap year)인 경우에는 366일이다.

예제 1.6 2017 3월 15일에 500만원을 빌린 후 6월 12일에 상환할 때 갚을 금액을 계산하여라. 단, 이자율은 4%이고 단리가 적용된다.

풀이 돈을 사용한 날 수가

$$\underbrace{(31-15)}_{March} + \underbrace{30}_{April} + \underbrace{31}_{May} + \underbrace{12}_{June} = 89$$

이므로 상환할 금액은 $500[1 + \frac{89}{365} \times 0.04] \approx 504.8767$만원이다. □

보통 단리 - 30/360 법

한 달이 30일이고 1년은 $12 \times 30 = 360$일로 간주하여 이자를 계산하는 방법이다. y_1 년 m_1월 d_1일에 빌린 돈을 y_2 년 m_2월 d_2일에 갚는다고 하자. 이 때 빌린 기간을 계산하기 위해 다음 식을 사용한다.

$$\text{빌린 기간} = 360(y_2 - y_1) + 30(m_2 - m_1) + (d_2 - d_1)$$

예제 1.7 30/360법을 적용하여 예제 1.6에서 상환할 금액을 구하여라.

풀이 빌린 기간은 $360(2017 - 2017) + 30(6 - 3) + (12 - 15) = 87$일로 계산된다. 따라서 상환할 금액은 $500[1 + \frac{87}{360} \times 0.04] \approx 504.8333$만원이다. □

은행 규칙 - actual/360 법

돈을 빌린 기간은 정확하게 계산하고 1년은 360일로 간주하여 이자를 계산하는 방법으로 채권자에게 유리한 방법이다. 이 계산법을 은행 규칙 (banker's rule)이라고 부르기도 한다.

예제 1.8 actual/360법을 적용하여 예제 1.6에서 상환할 금액을 구하여라.

풀이 예제 1.6에서 계산한 실제로 빌린 기간은 89일이다. 따라서 상환할 금액은 $500[1 + \frac{89}{360} \times 0.04] \approx 504.9444$만원이다. □

단리로 이자를 계산할 때 사용기간을 계산하는 여러 방식이 있지만 공통적인 부분은 이자가 빌린 기간에 비례한다는 점이다. 단리의 종가함수와 특징을 요약한다.

단리의 단위종가함수와 특징

연이자율이 r인 단리에서 다음이 성립한다.

- 이자가 재투자되지 않고 투자기간 동안 동일한 원금에 대해 이자를 계산한다.
- 원금 P원을 T년 투자할 때 발생한 이자는 PrT
- 단위종가함수 : $a(t) = 1 + rt, \quad t \geq 0$

단리에서는 매년 이자액은 동일하지만 연간실이율은 기간마다 다르다. n차년도의 실이율 i_n은 다음과 같이 계산한다.

$$i_n = \frac{a(n) - a(n-1)}{a(n-1)} = \frac{r}{1 + r(n-1)} \quad n = 1, 2, \ldots$$

표 1.1은 원금이 100만원, 연이율이 6%인 단리의 연간실이율을 구체적으로 보여준다. 단리의 연간실이율이 시간이 지날수록 감소함을 확인할 수 있다.

n차년도	이자 I_n	원리합계 $A(n)$	n차년도 연간실이율 i_n
0		100	
1	6	106	0.06000
2	6	112	0.05660
3	6	118	0.05357
4	6	124	0.05085
5	6	130	0.04839
6	6	136	0.04615
7	6	142	0.04412
8	6	148	0.04225
9	6	154	0.04054
10	6	160	0.03896

표 1.1: 연이율이 6%인 단리에서의 연간실이율

1.2.2 복리(compound interest)

매 년 말에 계산된 원리합계가 다음 해의 투자에서 원금이 되는 이자계산 방법이다. 원금에 대해 발생한 이자가 다시 투자되므로 복리에 의한 이자 계산에서는 이자에 대해 이자가 발생한다.

년이자율(또는 **복리이자율**)이 r일 때 원금이 P를 시점 $t = 0$에서 투자했다고 하자. 각 투자년도 초의 원금, 해당 투자년도에 발생한 이자, 투자년도 말의 원리합계를 구해 보자.

- 1차년도
  - 1차년도의 원금 : P
  - 1차년도에 발생한 이자 :Pr
  - 1차년도 말의 원리합계 : $P + Pr = P(1 + r)$
- 2차년도
  - 2차년도의 원금 : $P(1 + r)$
  - 2차년도에 발생한 이자 : $P(1 + r)r$
  - 2차년도 말의 원리합계 : $P(1 + r) + P(1 + r)r = P(1 + r)^2$
- n차년도
  - n차년도의 원금 : $P(1 + r)^{n-1}$
  - n차년도에 발생한 이자 : $P(1 + r)^{n-1}r$

- n차년도 말의 원리합계 : $P(1+r)^{n-1} + P(1+r)^{n-1}r = P(1+r)^n$

위 과정으로부터 원금 1에 대한 단위종가함수와 원금 P를 복리로 투자한 후 t년이 지났을 때 종가(원리합계)를 식으로 나타낼 수 있다.

복리의 단위종가함수 및 종가함수

연간이율이 r일 때 복리의 단위종가함수와 종가함수는 다음과 같다.

- 복리의 단위종가함수

$$a(t) = (1+r)^t, \qquad t = 0, 1, 2, \ldots \tag{1.8}$$

- 원금이 P일 때 복리의 종가함수

$$A(t) = P(1+r)^t, \quad t = 0, 1, 2, \cdots \tag{1.9}$$

이제 복리기법을 이용하여 일상생활에 나타나는 문제를 해결해 보자. 복리의 기본 공식 (1.9)를 변형하여 여러 형태의 문제를 해결할 수 있다. 아래 식에서 등식의 우변에 나오는 변수의 값은 미리 주어진 것으로 가정한다.

(a) 원금 P를 n년 투자 후에 받을 금액 F

$$F = P(1+r)^n \tag{1.10}$$

(b) t 년 후에 F원을 받기위해 투자하는 원금 P

$$P = \frac{F}{(1+r)^n} \tag{1.11}$$

(c) 원금 P를 n년 투자하고 F를 받을 때 수익률(또는이자율) r

$$r = \sqrt[n]{\frac{F}{P}} - 1 \tag{1.12}$$

(d) 원금 P를 투자한 후 F를 받을 때까지 필요한 투자 기간 n

$$n = \frac{\ln F - \ln P}{\ln(1+r)} \tag{1.13}$$

다음 예제는 기본 공식 (1.9)를 활용하는 문제이다.

예제 1.9 올해 3월 1일에 2,800만원을 4년간 투자한다. 투자기간 동안 (복리) 연이율이 4.5%일 때 4년 후 3월1일 시점에서 원리합계를 구하여라.

풀이 (1.10)을 적용하면 원리합계 F는

$$F = 2800(1 + 0.045)^4 = 3339.0520 \text{ 만원}$$

이다. □

예제 1.10 6년 후에 해외여행 비용 200만원이 필요하다. 연이율이 5%인 저축상품에 6년간 예치하여 여행비용을 충당하려면 얼마를 예치해야 되는가?

풀이 (1.11)을 이용한다.

$$P = \frac{200}{(1+0.05)^6} \doteq 149.2430 \qquad \square$$

예제 1.11 200만원을 연이율 6%로 복리이자를 지급하는 금융상품에 장기간 투자하려고 한다. 원리합계가 원금이 2배가 되려면 얼마의 시간이 필요한가?

풀이 (1.13)을 이용하자. 그러면 다음 식에 의해 12년이 지나야 원리합계가 원금의 2배보다 커진다는 것을 알 수 있다.

$$n = \frac{\ln 400 - \ln 200}{\ln(1+0.06)} \doteq 11.89566 \qquad \square$$

예제 1.11을 일반화하여 연이율이 r일 때 원금이 2배가 되는 시간 T를 구해보자. 원금이 P일 때 t 년 후의 원리합계가 $P(1+r)^T$이다. 따라서 다음 등식이 성립하는 t를 찾아야 한다.

$$P(1+r)^T = 2P \iff (1+r)^T = 2$$

위 식에 의해 원리합계가 원금의 2배가 될 때까지 걸리는 시간 (doubling time) T는 다음과 같다.

$$T = \frac{\ln 2}{\ln(1+r)} \tag{1.14}$$

(1.14)에서 자연로그를 계산하지않고 원금이 2배로 늘어날 때까지 걸리는 기간의 근사값을 구할 수도 있다. 이 방법을 **72 법칙**이라고 한다.

72 법칙 (rule of 72)과 doubling time

원금이 2배로 증가할 때가지 걸리는 시간 T를 (함수의 근사를 이용하여) 아래와 같이 계산하기도 한다.

$$T = \frac{\ln 2}{\ln(1+r)} = \frac{\ln 2}{r}\frac{r}{\ln(1+r)} = \frac{1}{r}\left[\frac{r\ln 2}{\ln(1+r)}\right]_{r=0.08} \doteq \frac{0.72}{r} \tag{1.15}$$

(1.15)의 우변의 상수 0.72는 함수 $\frac{r\ln 2}{\ln(1+r)}\big|_{r=0.08}$의 급수전개식에서 상수항만을 취한 근사값이다. 일반성이 없을 것으로 보이지만 이 식이 경험적으로 상당히 좋은 근사값임이 예를 통해 드러난다. (표 1.2 참조)

이자율	rule of 72 (1.15)의 근사값	공식 (1.14)의 정확한 값
0.02	36.00	35.00
0.03	24.00	23.45
0.04	18.00	17.67
0.05	14.40	14.21
0.06	12.00	11.90
0.07	10.29	10.24
0.08	9.00	9.01
0.09	8.00	8.04
0.1	7.20	7.27

표 1.2: 원금이 2배가 될 때까지 걸리는 시간

복리의 단위종가함수와 실이율

(1.9)로부터 복리지급 방식에서 단위종가함수 $a(t)$는 다음과 같다.

$$a(t) = (1+r)^t, \quad t = 0, 1, 2, \ldots \tag{1.16}$$

복리 지급 방식은 독특한 특징을 갖고 있다. 아래 두 서술은 복리에서만 성립하는 특성이다.

(i) 매년 실이율이 동일하다. (표 1.3 참조) 다음 계산을 통해 확인할 수 있다.

$$i_t = \frac{a(t) - a(t-1)}{a(t-1)} = \frac{(1+r)^t - (1+r)^{t-1}}{(1+r)^{t-1}} = r, \quad t = 1, 2, \ldots$$

역으로, 매년 실이율이 동일하면 단위종가함수가 (1.16) 꼴이다. 즉, 각 주기의 실이율이 같으면 이자계산 방식은 복리이다.

(ii) 모든 정수 $s \geq 0$와 $t \geq 0$에 대해 다음 등식이 성립한다.

$$a(t+s) = a(t)a(s) \tag{1.17}$$

등식 (1.17)은 "1원을 투자한 후 t년 후에 $a(t)$원을 다시 s년 동안 재투자하는 것과 처음부터 1원을 $(t+s)$년 동안 투자한 것이 같다"는 것을 의미한다. 즉, 복리의 경우에는 단위종가함수가 투자시점이 아니라 투자 기간에 의해 결정됨을 보여준다.

참고 1.5 지금까지 복리의 단위종가함수는 자연수에 대해서만 정의되었지만 일반적인 실수에 대해서도 확장할 필요가 있다. 이 때 복리의 특성 (1.17)을 이용하여 모든 실수 $s, t \geq 0$에 대해 다음 등식이 성립한다고 하자.

$$a(t+s) = a(t)a(s) \tag{1.18}$$

등식 (1.18)이 실수 $s, t \geq 0$에 성립하고 $a(t)$가 연속이라고 가정하자. 그러면 상수 $c > 0$가 존재하여 모든 실수 $t \geq 0$에 대해 $a(t) = c^t$임을 보일 수 있다.

참고 1.5를 받아들인다면 복리에서의 단위종가함수가 모든 양수에 대해 정의되고

n차년도	이자 I_n	원리합계 $A(n)$	연간실이율 i_n
0		100	
1	6	106	0.06
2	6.36	112.36	0.06
3	6.7416	119.1016	0.06
4	7.146096	126.247696	0.06
5	7.57486176	133.8225578	0.06
6	8.029353466	141.8519112	0.06
7	8.511114674	150.3630259	0.06
8	9.021781554	159.3848075	0.06
9	9.563088447	168.9478959	0.06
10	10.13687375	179.0847697	0.06

표 1.3: 연이율이 6%인 복리에서의 연간실이율

지수함수로 주어진다. 그런데 $a(1) = c = 1 + r$ 이므로 복리의 종가함수는 다음과 같다.

$$a(t) = (1 + r)^t, \quad t \geq 0 \tag{1.19}$$

아래 그림은 복리의 단위종가함수의 그래프이다.

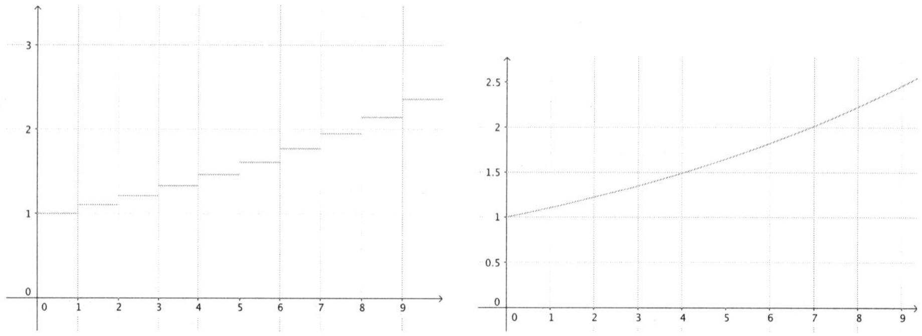

(a) 연단위 복리의 단위종가함수 - (1.16)   (b) 일반적인 복리의 단위종가함수 - (1.19)

그림 1.4: 복리의 단위종가함수의 그래프

아래에 복리의 종가함수 및 복리의 중요한 성질을 요약해 본다.

복리의 단위종가함수와 주요 성질

연이자율이 r인 복리에서 다음이 성립한다.

- 이자가 재투자되므로 시간이 경과될수록 1년 동안 발생하는 이자가 커진다.
- 단위종가함수 : $a(t) = (1+r)^t \ (t \geq 0)$
- n차년도의 실이율이 n과 무관한 상수이다.

투자기간이 정수가 아닐 경우에 이자를 계산할 때 (1.19)를 이용할 수도 있고 복리와 단리를 혼용할 수도 있다.

예제 1.12 A은행에서 광고하는 상품의 연이율이 4.6%라고 하자. 복리로 50만원을 2년 5개월 동안 투자할 때 얼마를 받게되는지 계산하여라.

풀이 복리로 $t = 2 + \frac{5}{12} = \frac{29}{12}$년 동안 투자하고 있다. 복리로 투자기간이 정수가 아니므로 (1.19)를 이용하여 계산한다. 원리합계 $50A(29/12)$를 계산하면

$$A\left(\frac{29}{12}\right) = 50(1+0.04)^{\frac{29}{12}} \approx 54.9710$$

이므로 돌려받는 금액은 54.9710만원이다. □

다음 예제는 단리와 복리를 혼용하여 이자를 계산하는 방식을 설명한다. 먼저 최대정수함수(greatest integer function) $\lfloor t \rfloor$을 도입하자. $\lfloor t \rfloor$는 가우스 함수(Gaussian function)라고도 부르는데 다음과 같이 정의된다.

$$\lfloor t \rfloor - t\text{를 넘지않는 최대 정수}$$

예컨데, $\lfloor \sqrt{5} \rfloor = 2$, $\lfloor 4 \rfloor = 4$, $\lfloor 6.35 \rfloor = 6$, $\lfloor -1.4 \rfloor = -2$이다.

예제 1.13 (단리와 복리의 혼용) A은행에서 광고하는 상품의 연이율이 4.6%라고 하자. 이 은행은 매 년말 복리로 이자를 지급하지만 1년 미만의 기간에 대해서는 단리를 적용한다고 한다. 이 상품에 투자할 때 단위종가함수를 구하고 50만원을 2년 5개월 동안 투자할 때 원리합계를 구하여라.

풀이 가우스함수를 써서 단위종가함수를 식으로 쓰면 아래와 같다.

$$a(t) = (1+0.046)^{\lfloor t \rfloor}\left[1 + 0.046(t - \lfloor t \rfloor)\right]$$

$t = 2 + \frac{5}{12}$이므로 $\lfloor t \rfloor = 2$이다. 따라서 2년 5개월 투자할 때 원리합계는 $A = 50(1+0.046)^2(1+0.046 \times \frac{5}{12}) = 55.75432783$만원이다. □

1.2.3 단리와 복리의 비교

투자기간 동안 매년 이자율이 동일할 때 연간이자율을 r 로 두자. 원금이 1 일 때 단리 및 복리에서의 이자, 단위종가함수, 연간실이율을 표로 정리하면 다음과 같다.(표 1.4참조)

	t 차년도 초의 원금	이자	t 차년도 말의 원리합계	연간실이율
단리	1	r	$a(t) = 1 + rt$	$\frac{r}{1+r(t-1)}$
복리	$(1+r)^{t-1}$	$r(1+r)^{t-1}$	$a(t) = (1+r)^t$	r

표 1.4: 단리와 복리의 비교

단리와 복리의 주요 차이점을 비교해 보자.

- 이자 : 단리의 경우 이자가 매년 일정하지만 복리의 경우에는 오래 투자할수록 이자가 매년 커진다. (한마디로 요약하면, 이자에 이자가 발생하기 때문이다.)
- 연간실이율 : 단리의 경우에는 투자가 진행될수록 실이율이 감소하지만 복리의 경우에는 실이율이 일정하고 연이율과 같다. (단리의 경우에 이자가 재투자되지 않기 때문이다.)

복리에서는 이자가 재투자되어 원리합계의 증가속도가 단리의 경우보다 빠르기 때문에 복리가 단리보다 유리하다고 알려져 있다. 따라서 복리로 이자를 지급하는 투자 또는 금융상품이 단리로 이자를 지급하는 상품보다 좋아보이지만 항상 그렇지는 않다. (그림 1.5 참조)

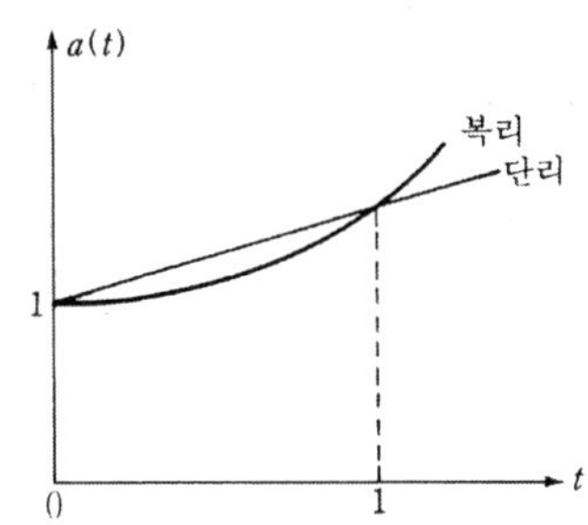

그림 1.5: 단리와 복리의 비교

그림 1.5에서 볼 수 있는 것처럼 1년 미만의 경우에는 단리가 복리보다 유리하고 1년 이상의 장기 투자에서는 복리가 유리하다.

이 사실을 부등식을 써서 다음과 같이 나타낼 수 있다.

$$a_C(t) = (1+r)^t \le 1 + rt = a_S(t) \quad (0 \le t \le 1) \qquad \text{- 단리가 유리}$$

$$a_C(t) = (1+r)^t \geq 1 + rt = a_S(t) \quad (t \geq 1)$$ - 복리가 유리

위에서 $a_C(t)$는 복리의 단위종가함수, $a_S(t)$는 단리의 단위종가함수이다.

연습문제 1.2

1. 2016년 8월 28일에 1,000만원을 빌리고 12월 30일에 상환하기로 약속하였다. 다음 방식으로 이자를 계산하여라. 단, 연이율은 6%이고 단리가 적용된다.
   (a) 정확한 단리　　(b) 보통 단리　　(c) 은행 규칙
2. 3월 1일에 300만원을 대출한 후 4월 3일에 상환하였다. 단리 이자가 6%일 때 다음 방법으로 이자를 계산하여라.
   a) 정확한 단리
   b) 보통단리
   c) 은행 규칙
3. 북미 대륙에 살던 인디언은 1626년 유럽 이주민과 맨하탄 섬을 24달러에 양도하는 계약을 체결하였다. 연이율이 8%일 때 현 시점에서 판매대금의 종가를 구하여라.
4. 200만원을 저축하여 3년 후 30만원의 이자를 받았다. 동일한 복리 이자율로 200만원을 3년 동안 투자할 때 종가를 구하여라.
5. 1,000만원을 n년 동안 단리 i로 투자하여 원리합계 1,100만원을 받았다. 3,000만원을 단리 이자율 $\frac{i}{2}$로 $3n$동안 투자할 때 종가를 구하여라.
6. 4년 후에 600만원이 필요하여 지금 여유자금을 투자하려고 한다. 다음 각 조건으로 투자할 때 투자원금을 구하여라.
   (a) 단리 5%　　(b) 복리 5%
7. 철수가 은행에 1억원을 예치하였다. 은행에서는 예치한 후 처음 2년 동안은 이자율 4%, 다음 3년 동안은 4.5%의 이자율로 이자를 지급한다고 약속하였다. 5년 후 철수가 은행으로부터 받을 금액은 얼마인가?
8. 영수가 은행에 1,000만원을 4년 동안 저축하였더니 종가가 1,250만원이었다. 각 경우에 연이자율을 구하여라.
   (a) 복리로 투자했을 때　　(b) 단리로 투자했을 때
9. 펀드에 5%의 단리가 적응될 때 6차년도의 실이율을 구하여라.
10. A계좌는 단리 20%로 이자를 지급하고 B계좌는 복리 5%로 이자를 지급한다. 몇차년도에 A계좌와 B계좌의 연간실이율이 같아지는가?
11. 6%의 단리가 적용되는 펀드에서 5차년도 말의 원리합계가 2,600만원이다. 10차년도 말의 원리합계를 구하여라.

12. 2,000만원을 단리로 n년을 투자하여 200만원의 이자를 받았다. 5,000만원을 동일한 단리이자율로 $2n$동안 을 투자할 때 받는 이자를 계산하여라.

13. 이자율 $i = 0.07$로 지금 200만원을 투자하면 9년이 지난 시점에서 얼마만큼의 이자를 받게되는가?

14. 단리 5%로 투자할 때 연간실이율이 2.5%가 되는 투자년도를 구하여라.

15. 250만원을 4년간 복리 2.4%로 투자하였다. 각 투자년도에 발생한 이자를 구하여라.

16. 65세에 은퇴하는 회사원이 은퇴시점에 10억원을 확보하고 싶어한다. 현재 25세이고 연간실이율 10%로 투자할 수 있다. 목표를 달성하기위해 지금 투자할 금액은 얼마인가?

17. 2000년 1월 1일에 1,000만원을 투자하였다. 투자금이 2007년 12월 31일에 1,400만원으로 불어났다. 복리이자율을 구하여라.

18. 4년 후에 차를 구입할 2,000만원을 확보하고 싶다. 5년 후에 2,000만원을 가지려면 복리 4.5%로 얼마를 투자해야되는가?

19. 영수가 10년 동안 1,000만원을 은행에 투자하여 원금이 2배로 늘어났다. 연간실이율은 얼마인가?

20. 500만원을 4년간 투자할 때 각각의 경우에 종가를 구하여라. 단, 연간이자율은 5%이다.
    (a) 단리로 투자할 때 (b) 복리로 투자할 때

21. 단리로 800만원을 3년간 투자할 때 이자액이 132만원이라고 한다. 연이율을 구하여라.

22. 단리 3.8%로 800만원을 투자하였더니 원리합계가 980만원이다. 투자기간을 구하여라.

23. 연이율이 8%일 때 원리합계가 원금의 2배가 될 때까지 걸리는 기간을 구하여라.
    (a) 단리로 투자할 때 (b) 복리로 투자할 때

24. 3년 후에 여행경비 600만원이 필요하다. 각각의 경우에 현재 투자해야하는 금액은 얼마인가?
    (a) 단리 4%로 투자할 때 (b) 복리 4%로 투자할 때

25. 1,000만원을 매년 년말에 5년 동안 투자한다. 이 금액들은 연간실이율 10%로 이자를 받는다. 받은 이자를 처음 4년은 연간실이율 6%로, 그 후에는 연간실이율 k로 재투자한다. 5년 후 기금의 액수가 6,090만원이다. k를 구하여라.

26. 자금 운용방법이 서로 다른 기금 X와 Y에 각각 100만원을 투자하려고 한다. 기금 X는 연이율 j인 복리로 투자되고, 기금 Y는 연이율 $1.05 * j$인 단리로 투자된다. 2차년도 말에 두 기금의 원리합계가 같을 때 다음 물음에 답하여라.
    (a) j를 구하여라. 또한 기금 X의 단위종가함수 $a_x(t)$와 기금 Y의 단위종가함수 $a_y(t)$를 구하여라.
    (b) 각 기금의 5년 후 원리합계를 구하여라.

1.3 주기적 복리와 연속복리

앞 절에서는 1년에 1번 이자가 계산되는 경우를 살펴보았다. 이 절에서는 연이율이 고정되지만 이자계산주기가 1년보다 짧을 때 이자를 계산하는 방법과 단위종가함수에 대하여 알아본다.

1.3.1 주기적 복리

신용카드 결제나 금융상품에서는 이자율을 년단위로 표시하지만 일년에 여러 번 이자가 발생하기도 한다. 예를 들어, 은행의 일반저축계좌의 잔고에 대한 이자는 3개월 단위로 계산되고 연이자율을 이자지급횟수로 나눈 이자율로 3개월마다 복리를 적용한다.

먼저 예제를 통해 원리합계와 연간실이율을 계산해 보자.

예제 1.14 연이율이 3%인 저축상품에 100만원을 예금하였다. 분기(3개월)마다 복리로 이자를 지급할 때 1년 후의 원리합계는 얼마인가? 또 투자 후 1년 동안의 실이율은 얼마인가?

풀이 각 분기마다 적용되는 이자율은 $\frac{3}{4}\% = \frac{0.03}{4}$ 이다. (아래에서 단위는 만 원이다.)

- 3월 말에 발생하는 이자는 $100 \cdot \frac{0.03}{4}$, 원리합계는 $100\left(1+\frac{0.03}{4}\right)$ 이다.
- 6월 말에는 $100\left(1+\frac{0.03}{4}\right)\cdot\frac{0.03}{4}$ 의 이자가 발생하고 원리합계는 $100\left(1+\frac{0.03}{4}\right)^2$ 이다.
- 9월 말에는 $100\left(1+\frac{0.03}{4}\right)^2\cdot\frac{0.03}{4}$ 의 이자가 발생하고 원리합계는 $100\left(1+\frac{0.03}{4}\right)^3$ 이다.
- 12월 말에 발생하는 이자는 $100\left(1+\frac{0.03}{4}\right)^3\cdot\frac{0.03}{4}$, 원리합계는 $100\left(1+\frac{0.03}{4}\right)^4$ 이고 계산하면 103.0339191 이다.

따라서 1년 후의 원리합계는 1,030,3391원이고 실이율 i는 다음과 같다.

$$i = \frac{100\left(1+\frac{0.03}{4}\right)^4 - 100}{100} = \left(1+\frac{0.03}{4}\right)^4 - 1 = 0.030339191$$ □

예제1.14에서와 같이 금융거래나 금융상품에서는 이자율이 년단위로 표시되고 이자를 분기별(3개월 단위)나 월별 또는 일별(1일 단위)로 적용한다. 연이자율이 같을 때에도 이자지급횟수는 원리합계에 큰 영향을 끼친다.

연간이자율이 r일 때 매 $\frac{1}{m}$년 말에 이자율 $\frac{r}{m}$를 적용하여 복리로 이자를 계산한다고 가정하자. 이렇게 이자를 계산하는 방식을 **주기적 복리**(periodic compounding)라고 부른다. 주기적 복리에서 단위종가함수를 유도하고 활용할 수 있도록 준비하는 것이 이 절의 목표이다.

주기적 복리에서 다음 용어와 기호를 사용하여 필요한 계산을 수행한다.

1년에 m번 이자계산하는 주기적 복리와 관련된 용어

연이율이 r이고 1년에 m번 이자를 지급하는 주기적 복리에서

- 연이자율(명목이율) : r
- 이자계산주기(interest conversion period) : 이자는 $\frac{1}{m}$ 년마다 지급한다.
- 이자지급횟수 : 이자는 이자계산주기 말에 지급되고 1년 동안 이자지급횟수는 m번이다.
- 이자계산주기마다 적용되는 복리 이자율 : $\frac{1}{m}$ 년마다 적용되는 복리이자율은 $\frac{r}{m}$ 이다.

이런 주기적 복리에서 주어진 연간이자율 r을 $i^{(m)} = r$로 나타내고 "$\frac{1}{m}$ 년마다 복리계산하는 (명목) 이율"(rate of interest compounded $\frac{1}{m}$-yearly) 이라고 부른다.

이론적으로는 복리로 이자를 m번 계산할 수 있겠지만 일상생활에서는 주로 $m = 2, 4, 12, 365$인 경우가 사용된다. 이런 경우에 $i^{(m)} = r$과 관련하여 다음 용어를 사용한다.

- $i^{(2)} = r$: 반기별복리의 (명목) 이율(rate of interest compounded semiannually)
- $i^{(4)} = r$: 분기별복리의 (명목) 이율(rate of interest compounded quarterly)
- $i^{(12)} = r$: 월별복리의 (명목) 이율(rate of interest compounded monthly)
- $d^{(52)}$: 주별복리의 (명목) 이율(rate of interest compounded weekly)
- $i^{(365)} = r$: 일별복리의 (명목) 이율(rate of interest compounded daily)

참고 1.6 주기적 복리임을 나타내기위해 여러 용어가 사용될 수 있다.

- $\frac{1}{m}$ 년별로 지급가능한(payable $\frac{1}{m}$-yearly. 예) 월별로 지급가능한(payable monthly), 분기별로 지급가능한(payable quarterly)
- $\frac{1}{m}$ 년별로 산입가능한(convertible $\frac{1}{m}$-yearly. 예) 월별로 산입가능한(convertible monthly), 일별로 산입가능한(convertible daily)

위에서 산입(conversion)이란 이자를 재투자하여 원금에 포함시키는 것을 의미한다.

지금부터 주기적 복리에서의 단위종가함수를 구해보자. 주기적 복리에서의 이자계산은 이자계산주기가 $\frac{1}{m}$이고 연이율이 $\frac{r}{m}$인 복리이자 계산과 거의 같다.

이제 t(단위는 년, 정수일 필요없음)가 $\frac{1}{m}$의 정수배, 즉, $t = 0, \frac{1}{m}, \frac{2}{m}, \ldots$ 일 때 투자금 1에 대해 단위종가함수 $a(t)$를 구해보자. $\frac{1}{m}$ 년마다 적용되는 (복리) 이자율이

$\frac{r}{m}$ 임에 주의하자.

$$\begin{aligned} a\left(\frac{1}{m}\right) &= a(0)\left(1+\frac{r}{m}\right) = 1+\frac{r}{m} \\ a\left(\frac{2}{m}\right) &= a\left(\frac{1}{m}\right) + a\left(\frac{1}{m}\right)\frac{r}{m} = \left(1+\frac{r}{m}\right)^2 \\ a\left(\frac{3}{m}\right) &= a\left(\frac{2}{m}\right) + a\left(\frac{2}{m}\right)\frac{r}{m} = \left(1+\frac{r}{m}\right)^3 \\ &\vdots \\ a\left(\frac{k}{m}\right) &= a\left(\frac{k-1}{m}\right) + a\left(\frac{k-1}{m}\right)\frac{r}{m} = \left(1+\frac{r}{m}\right)^k \end{aligned} \tag{1.20}$$

여기서 $\frac{k}{m} = t$로 치환하면 $\frac{1}{m}$년 주기로 복리가 m번 적용되는 주기적 복리의 단위종가함수와 연간실이율을 나타내는 식이 얻어진다. 아래에서는 복리로 이자를 계산하는 횟수를 강조하기위해 단위종가함수를 $a^{(m)}(t)$로 나타내겠다.

주기적 복리의 단위종가함수와 연간실이율

연이자율이 r일 때 $\frac{1}{m}$년 주기로 복리가 m번 적용된다고 하자.

- 단위종가함수 $a^{(m)}(t)$

$$a^{(m)}(t) = \left(1+\frac{r}{m}\right)^{mt} \qquad t = 0, \frac{1}{m}, \frac{2}{m}, \ldots \tag{1.21}$$

- 연간실이율 i_n

$$\begin{aligned} i_n &= \frac{a^{(m)}(n) - a^{(m)}(n-1)}{a^{(m)}(n-1)} = \left(1+\frac{r}{m}\right)^m - 1 \\ &= a^{(m)}(1) - 1 \end{aligned}$$

주기적 복리의 경우 연간실이율이 n과 관계없는 상수값이다. 또한 연간 실이율이 주어진 연이율 r과 다를 뿐아니라 "실이율이 연이율보다 크다"는 것을 확인할 수 있다. 이 사실은 다음 부등식에 의해 나온다.

$$\begin{aligned} i_n &= \left(1+\frac{r}{m}\right)^m - 1 = \left[1 + m\cdot\frac{r}{m} + \frac{m(m-1)}{2!}\left(\frac{r}{m}\right)^2 + \cdots\right] - 1 \\ &= r + \frac{m-1}{2m}r^2 + \cdots > r \end{aligned}$$

참고 1.7 1년에 m번 이자를 주기적으로 지급하는 주기적 복리에서 연간실이율이 주어진 이자율과 다름을 관찰하였다. 이런 의미에서 연이자율 r을 명목이율(nominal rate of interest)이라고 부르고 기호 $i^{(m)} = r$으로 나타낸다. 명목이율과 관련하여 더 자세한 내용은 1.4절에서 다룬다.

참고 1.8 (주기적 복리와 점화식) 주기적 복리에서의 단위종가함수를 구하는 다른 방법은 점화식을 유도하여 축차적으로 대입하는 것이다. 투자 구간 $[t, t+\frac{1}{m}]$에서 원금 $a^{(m)}(t)$에 이자 $a^{(m)}(t) \times \frac{r}{m}$가 발생하므로 시점 $t+\frac{1}{m}$에서의 원리합계 $a^{(m)}(t+\frac{1}{m})$를 구한다.

$$a^{(m)}\left(t+\frac{1}{m}\right) = a^{(m)}(t) + a^{(m)}(t) \times \frac{r}{m} = \left(1+\frac{r}{m}\right)a^{(m)}(t)$$

이제 초기조건 $a^{(m)}(0) = 1$과 점화식

$$a^{(m)}\left(t+\frac{1}{m}\right) = \left(1+\frac{r}{m}\right)a^{(m)}(t) \quad t = 0, \frac{1}{m}, \frac{2}{m}, \ldots$$

을 써서 주기적 복리의 단위종가함수 (1.20) 또는 (1.21)을 유도할 수 있다.

예제 1.15 연이율이 5%일 때 1년 동안 1,000만원을 투자한다고 하자. 각각의 복리횟수 $m = 1, 4, 12, 365$에 대해 원리합계를 구하여라.

풀이 단위종가함수 (1.21)에 의해 원리합계는 $1,000a(t)$만원이다.

- $m = 1$일 때 : 원리합계는 $1,000(1+0.05) = 1,050$
- $m = 4$일 때 : 원리합계는 $1,000\left(1+\frac{0.05}{4}\right)^4 = 1,050.945337$
- $m = 12$일 때 : 원리합계는 $1,000\left(1+\frac{0.05}{12}\right)^{12} = 1,051.161898$
- $m = 365$일 때 : 원리합계는 $1,000\left(1+\frac{0.05}{365}\right)^{365} = 1,051.267496$ □

예제 1.15는 이자계산횟수가 많아져서 주기적 복리의 주기가 짧아질수록 이자수익이 점점 많아짐을 보여준다.

연이율이 r이고 이자계산횟수가 m인 주기적 복리의 단위종가함수를 $a^{(m)}(t)$라고 두자. 그러면 다음 부등식이 성립한다.

$$a^{(1)}(t) < a^{(2)}(t) < a^{(3)}(t) < a^{(m)}(t) < a^{(m+1)}(t) < \cdots$$

한편, 이자계산횟수가 m인 주기적 복리에서 연간실이율이 $a^{(m)}(1) - 1$이므로 연간실이율도 m에 대한 증가함수이다. 표 1.5로부터 이 사실을 확인할 수 있다.

이자율이 같다면 복리횟수가 많을수록 (i) 투자에 유리하고, (ii) 비용부담이나 대출의 경우에는 불리하다. 투자와 비용의 측면에서 연간실이율(수익율)은 의사결정에서 중요한 판단기준으로 사용된다.

- 투자 : 실질수익율(실이율)이 클수록 유리
- 비용 : 실이율이 작을수록 유리

예제 1.16 다음 투자계획을 검토하여 유리한 계획을 선택하여라.

- A : 반기별복리의 연이율 12%인 금융상품 구입

m	$r = 0.02$	$r = 0.04$	$r = 0.06$	$r = 0.08$	$r = 0.10$
1	0.02	0.04	0.06	0.08	0.1
2	0.0201	0.0404	0.0609	0.0816	0.1025
4	0.020150501	0.04060401	0.061363551	0.08243216	0.103812891
12	0.020184356	0.040741543	0.061677812	0.082999507	0.104713067
52	0.020197417	0.04079477	0.06179982	0.083220474	0.105064793
365	0.020200781	0.040808493	0.061831311	0.083277572	0.105155782
8760	0.020201317	0.040810679	0.061836328	0.083286672	0.105170287

표 1.5: 주리적 복리의 연간실이율 비교

- B : 월별복리의 연이율 11.8%인 금융상품 구입

풀이 각 경우에 연간실이율 i_A와 i_B를 계산하여 큰 쪽을 택한다.

$$i_A = \left(1 + \frac{0.12}{2}\right)^2 - 1 = 0.1236$$

$$i_B = \left(1 + \frac{0.118}{12}\right)^{12} - 1 = 0.1245957175$$

따라서 연간실이율이 큰 투자안 B를 선택한다. □

1.3.2 연속복리

주기적 복리에서 $m \to \infty$이면 무한히 짧은 시간 간격으로 이자를 계산한다. 따라서 수직선 위의 모든 점에서 이자를 지급하는 것으로 생각할 수 있다. 현대수학에서는 수직선을 점이 연속적으로 모여 만들어진 연속체(continuum)로 보고 있기 때문에 극한을 이용하여 구한 식으로 이자를 계산하는 것을 **연속복리**(continuous compounding)라고 한다.

연간명목이율이 r일 때 연속복리의 단위종가함수 $\overline{a}(t)$는 $m \to \infty$일 때 $a^{(m)}(t)$의 극한으로 정의된다. 연속복리의 단위종가함수 $\overline{a}(t)$를 구체적으로 계산해 보면 자연지수함수[2]에 의해 표현된다.

$$\begin{aligned}\overline{a}(t) &= \lim_{m\to\infty} a^{(m)}(t) \\ &= \lim_{m\to\infty}\left(1 + \frac{r}{m}\right)^{mt} = \left[\lim_{m\to\infty}\left(1 + \frac{r}{m}\right)^{m}\right]^{t}\end{aligned}$$

[2]우리가 연속복리의 종가함수를 계산하는 과정에서 자연지수함수가 등장하고 있다. (1.22)에서 사용된 무리수 $e = \lim_{n\to\infty}(1 + 1/n)^n$는 독일 수학자인 오일러(Euler)가 처음으로 발견하였기 때문에 오일러 수라고도 불리운다.

$$= e^{rt} \tag{1.22}$$

한편, 연속복리에서의 n 차년도 연간실이율 i_n 은 다음과 같고 n 과 무관한 상수이다.

$$i_n = \frac{\overline{a}(n) - \overline{a}(n-1)}{\overline{a}(n-1)} = e^r - 1 \tag{1.23}$$

일반적으로 주기적 복리와 연속복리에서 단위종가함수에 대해 부등식

$$a^{(1)}(t) < a^{(2)}(t) < a^{(3)}(t) < \cdots < a^{(m)}(t) < a^{(m+1)}(t) < \cdots < \overline{a}(t)$$

이 성립하므로 주기적 복리의 이자계산횟수가 많아지면서 연간실이율은 점점 커진다. 표 1.6은 연간실이율이 일정한 값으로 수렴함을 보여준다.

m	$i = 0.03$	$i = 0.06$	$i = 0.08$
1	0.03	0.06	0.08
2	0.030225	0.0609	0.0816
4	0.030339191	0.061363551	0.08243216
12	0.030415957	0.061677812	0.082999507
365	0.030453264	0.061831311	0.083277572
8760	0.030454481	0.061836328	0.083286672
$\vdots$	$\vdots$	$\vdots$	$\vdots$
∞	0.0304545	0.0618365	0.08328706

표 1.6: 주기적 복리와 연속복리의 연간실이율 비교

다음은 연속복리와 관련하여 기억해야할 중요한 내용이다.

연속복리의 단위종가함수, 연간실이율

연이율이 r 인 연속복리에서

- 단위종가함수 $\overline{a}(t) = e^{rt}\ (t \geq 0)$
- 연간실이율 $i_n = e^r - 1$

연속복리는 금융공학이나 보험수학에서 수학적으로 분석하고 연구하기 위해 자주 사용되고 중요하지만 실생활에서 연속복리를 사용하는 경우는 많지 않다. 그럼에도 불구하고 $m = 365$ 인 주기적 복리의 이자계산에서 연속복리를 사용하기도 한다. 큰 차이는 나지 않을 뿐아니라 수식을 다루는데 편리한 점이 많기 때문이다.

예제 1.17 (명목) 연이율 5%인 연속복리로 2,280만원을 1년간 투자하였다. 1년 후의 원리합계를 구하고 연간실이율을 계산하여라.

풀이 (1.22)를 이용하여 계산한 원리합계는 $2,280e^{0.05} = 2396.8981$만원이다. 한편, 연간실이율은 (1.23)에 의해 $i = e^{0.05} - 1 \approx 0.051271 = 5.1271\%$이다. □

예제 1.18 1,000만원을 2년간 복리로 투자하여 1,102.5만원을 받았다. 연속복리로 1,000만원을 2년간 투자하여 같은 수익을 얻었을 때 적용한 이율은 얼마인가?

풀이 연속복리의 연간(명목)이율을 r로 두면, (1.22)에 의해, 다음 등식이 성립한다.

$$1000e^{r\cdot 2} = 1102.5$$

이 방성식을 풀면 $r = \frac{1}{2}\ln(1.1025) \approx 0.04879 = 4.879\%$이다. □

그림 1.6은 연이율이 10%일 때 분기별복리와 연속복리에 대한 단위종가함수의 그래프를 보여준다.

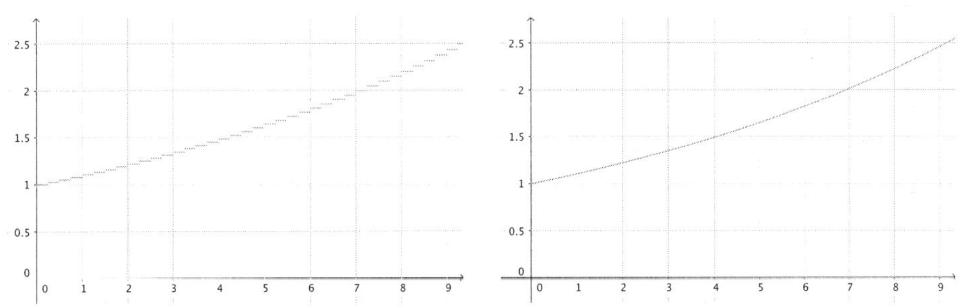

(a) 분기별복리의 단위종가함수 (b) 연속 복리의 단위종가함수

그림 1.6: 주기별 복리와 연속복리 비교

연습문제 1.3

1. 신용카드 대금 500만원을 6개월 동안 연체하였더니 539.7565만원이 청구되었다. 1개월을 더 연체한다면 얼마를 더 지불해야되는지 계산하여라.

2. 연간실이율 12%와 동등해지도록 다음을 구하여라.
   (a) 이력
   (b) 일별복리의 명목이률
   (c) 주별복리의 명목이율
   (d) 월별복리의 명목이율
   (e) 분기별복리의 명목이율

(f) 반기별복리의 명목이율

3. 분기별 복리와 동등해지도록 다음을 구하여라.
   (a) 연이율
   (b) 반기별복리의 명목이율
   (c) 월별복리의 명목이율
   (d) 주별복리의 명목이율
   (e) 일별복리의 명목이율
   (f) 이력

4. 분기별복리의 이율 6%로 3,000만원을 투자한다. 다음을 계산하여라.
   (a) 3개월후에 받은 이자
   (b) 18개월동안 받은 이자
   (c) 27개월 후의 원리합계
   (d) 4년 후의 원리합계

5. 영철이가 500만원을 반기별복리의 이자율 6%로 5년을 투자하고 서희가 500만원을 5년 동안 단리로 투자한다. 5년 후 둘의 원리합계가 같을 때 서희의 이자율을 계산하여라.

6. 반기별복리의 명목이율 i로 지금 투자한 1,000만원과 1년 후의 투자금 1,500만원이 두 번째 해의 말에 2,600만원으로 증가하였다. 연이자율 i를 계산하여라.

7. 반기별복리 6%로 이자를 받을 때 연간실이율을 계산하여라.

8. 매월 복리의 이자율 12%로 지금 250만원을 투자할 때 3년 후 적립가를 계산하여라.

9. 어떤 펀드가 분기별복리의 명목이율 8%로 이자를 받는다. 원금 1,000만원의 6.75년 후 종가를 계산하여라.

10. 주별복리의 연이율 6%로 10억원을 투자하였다. 1년 후의 원리합계와 연간실이율을 구하여라. 단, 52주를 1년으로 간주한다.

11. 2,000만원을 복리로 2년 투자하여 2,100만원을 돌려받았다. 동일한 연이율의 연속복리로 투자한다면 얼마를 돌려받는지 계산하여라.

1.4 연간명목이율과 연간실이율

이 절에서는 명목이율과 (명목이율의) 실이율에 대하여 공부한다. 일상생활에서 접하는 연간명목이율과 연간실이율을 간단히 설명하면 아래와 같다.

- 연간명목이율 (nominal rate of interest) : 1년 미만의 (최단) 이자계산기간에 적용된 실이율로부터 (복리를 고려하지 않고) 비례관계를 써서 연이율로 환산한 이율
- 연간실이율 (annual effective rate of interest) : 1년 동안 실제로 발생한 이자와 원금의 비율

1.4.1 생활 속의 명목이율

«기사 속의 명목이율»

30만원을 빌려주고 1주일 후에 50만원을 갚도록 요구한 사채업자가 구속되었다. 사채업자는 채무자에게 3,466%의 이자를 요구한....

신문 기사의 이자율 3,466%가 우리가 공부할 명목이율인데 다음과 같이 계산한다.

- 1주일 동안의 이자와 (실) 이자율 : 이자는 (50-30) 만원, 1주일 동안의 (실질) 이자율은 $\frac{50-30}{30} = 0.6666$
- 1년을 52주로 볼 때 연이자율은 $52 \times 66.66\% \approx 3466.32\%$

위에서 연간명목이율을 계산할 때 주목할 사항은 1주일 동안 발생한 투자가 1년 동안 지속된 것으로 간주하여 이자율(혹은 수익율)을 계산한다는 것이다. 단기간의 이자율을 단순하게 1년 지속된 투자로 간주하여 계산한 연간이자율이 **연간명목이율**(annual nominal rate of interest)이다.

곧, 연간명목이율은 투자 기간 동안의 이자율(혹은 수익율)을 기간으로 나누어 계산한다.

$$i_{\text{nominal}} = \frac{\text{기간당 이율}}{\text{년으로 환산한 기간}}$$

연간명목이율의 계산에서는 투자기간에 발생한 이자를 재투자하지 않았다고 가정하고 있다. 이자를 재투자한다면 주기적 복리를 적용하는 것이고 이때의 연간실이율 계산은 주기적 복리에서와 동일하다.

예제 1.19 3개월 동안의 이율이 2%일 때 연간명목이율과 연간실이율을 구하여라.

풀이 • 연간명목이율 : 3개월의 이자가 2%이므로 비례식

$$\frac{1}{4} : 2\% = 1 : x$$

에 의해 명목이율은 다음과 같다.

$$x = \frac{2\%}{\frac{1}{4}} = 8\%$$

- 연간실이율 : 원금 P를 투자하면 3개월마다 2%로 복리가 적용된다고 가정하고 계산한다. 따라서 1년 후의 원리합계는 $P(1+0.02)^4$이고 발생한 이자는 $P(1+0.02)^4 - P$이다. 그러므로 1년 동안의 실이율 i는 다음과 같다.

$$i = \frac{P(1+0.02)^4 - P}{P} = 1.02^4 - 1 = 0.08243216$$ □

1년보다 짧은 단기간의 투자가 반복되어 1년 이상 지속될 수 있는 것으로 예상될 때 형식적인 수익률에 해당하는 연간명목이율에서 단기간의 투자가 반복된 횟수를 명확하게 표시하는 것이 좋다. 가독성도 높일 수 있을 뿐아니라 실이율 계산에 필요한 중요한 정보를 주기 때문이다. 이제 다음 기호를 도입하여 명목이율을 나타낸다.

연간명목이율

투자기간인 $\frac{1}{m}$년 동안의 실이율이 j이면 1년으로 환산한 이자율 jm을 **연간명목이율** 또는 간단히 **명목이율**(nominal rate of interest)이라고 부르고 기호 $i^{(m)}$으로 나타낸다. 곧, 다음과 같다.

$$i^{(m)} = \frac{j}{\frac{1}{m}} = jm \tag{1.24}$$

명목이율을 계산할 때는 (현실적이라고 볼 수 없지만) $\frac{1}{m}$년 동안의 투자가 1년 동안 반복됨에도 불구하고 이자율이 투자기간에 비례하여 (단리와 비슷한 방식으로) 계산되었다.

예제 1.20 SM 전자 주식에 100만원을 투자하였다. 이 주식을 1개월 후에 125만원에 매도했을 때 투자기간 동안의 (실)이율과 연간명목이율을 구하라.

풀이 투자기간 1개월 (또는 $\frac{1}{12}$년) 동안 발생한 수익 25만원을 원금 100만원으로 나누면 투자기간의 실이율(실수익율)은 $j = \frac{25}{100} = 0.25$이다. 따라서 연간명목이율은, (1.24)에 의해, $i^{(12)} = \frac{j}{1/12} = 12j = 300\%$이다. □

예제 1.21 (연간명목이율의 예 - 신용카드 연체이자율) 신용카드는 편리한 반면에 사용대금을 연체하면 매우 높은 이자율이 적용되어 다음 달에 청구된다. 다음 달에 또 연체한다면 연체된 금액에 이자가 붙어 청구된다.

예를 들어, 카드청구서에 적혀있는 연체이자율이 24%라고 하자. 이 이자율의 의미는 다음과 같다.

- 24%는 연간이자율이다.
- 청구액을 연체하면 연체된 금액에 대해 이자율 $\frac{24}{12} = 2\%$의 복리로 이자가 더해진 금액이 청구된다.

연단위로 표기된 이자율이지만 신용카드 회사에서는 연체금액에 대해 (암묵적으로) 매월 복리를 적용하여 이자를 청구한다. 곧, 이자율은 명목이율 $i^{(12)} = 24\%$이다.

참고 1.9 신용카드 연체이자율이나 금융상품의 수익율 등은 연간이자율(APR, annual percentage rate)을 표기하고 있다. 이 연간이자율에 대해 (복리로) 이자를 계산하는 회수가 대출상품이나 금융상품의 약관에 의해 정해지고 주기적 복리기법에 따라 이자가 계산된다.

1.4.2 명목이율, 명목이율의 연간실이율

이 절에서는 1년 동안 주기적으로 복리이자를 계산하는 횟수가 명확하게 표현된 명목이율 $i^{(m)}$ 및 대응하는 연간실이율의 계산에 대하여 알아 본다.

명목이율에서는 주기적으로 복리이자를 지급하는 것을 가정하고 있으므로 주기적 복리의 원리를 따른다. 따라서 앞에서 공부한 주기적 복리에서 공부한 내용이 반복되므로 쉽게 이해할 수 있을 것이다.

1년 동안 이자가 복리로 여러 번 지급되면, 연이율이 같은 경우에도, 이자지급횟수에 따라 원리합계가 달라진다는 것을 알고 있다. 이자지급주기 말에 이자가 계산되어 원금에 합해지고 다음 주기에 원금으로 편입되기 때문이었다. 이자가 이자지급주기마다 복리로 계산되고 재투자되므로 실질적인 이율이 표면적으로 주어진 이율보다 높아진다.

명목이율 $i^{(m)}$과 관련된 용어

- 명목이율 : $i^{(m)}$ (보통 연이율)
- 복리이자 지급 횟수 : m
- 이자 계산 주기 : $\frac{1}{m}$ 년 또는 $\frac{12}{m}$ 개월
- 이자 계산주기당 적용하는 (복리) 이율 : $\frac{i^{(m)}}{m}$
- (연간) 실이율 : i

예를 들어, $i^{(4)} = 6\%$는 1년에 4번 3개월 단위로 이자를 지급한다는 의미로 3개월마다 $\frac{6}{4}\%$의 이율로 복리이자를 지급한다. 비슷하게, $i^{(2)} = 6\%$는 6개월마다 3%의 이율로 복리이자를 지급한다.

명목이율 $i^{(m)}$ 으로 투자할 때 단위종가함수와 연간실이율은 다음과 같다.

명목이율 $i^{(m)}$ 으로 투자할 때의 단위종가함수와 연간실이율

명목이율 $i^{(m)}$ 인 투자에서 단위종가함수와 연간실이율은 다음과 같다.

$$a(t) = \left(1 + \frac{i^{(m)}}{m}\right)^{mt} \quad t = 0, \frac{1}{m}, \frac{2}{m}, \cdots \qquad \text{(단위종가함수)} \qquad (1.25)$$

$$i = \left(1 + \frac{i^{(m)}}{m}\right)^{m} - 1 \qquad \text{(연간실이율)} \qquad (1.26)$$

위에서 단위종가함수는 주기적 복리의 단위종가함수와 연간실이율을 나타낸 식 (1.21)에서 r 을 $i^{(m)}$ 로 바꿔 얻은 식이다.

참고 1.10 금융기관이나 실생활에서 적용하는 이자계산횟수 m 과 이자계산주기는 아래와 같다.

- $m = 1$: 1년 단위 - (년)복리
- $m = 2$: 6개월 단위(혹은 $\frac{1}{2}$ 년) - 반기별복리
- $m = 4$: 분기(3개월) 단위 (혹은 $\frac{1}{4}$ 년) - 분기별복리
- $m = 12$: 1개월 단위 (혹은 $\frac{1}{12}$ 년) - 월별복리
- $m = 365$: 1일 단위 (혹은 $\frac{1}{365}$ 년) - 일별복리

예제 1.22 1,500만원을 월별복리의 연이자율 6%로 3년 동안 투자하려고 한다.
(a) 3년 후의 원리합계를 구하여라.
(b) 3년 동안의 이자와 수익율을 계산하여라.

풀이 이자율은 명목이율 $i^{(12)} = 0.06$ 이다.

(a) 원리합계는 $1500(1 + \frac{0.06}{12})^{36} \approx 1795.0207$ 만원이다.

(b) 이자수익은 295.0207만원이고 3년 동안의 수익율은 $\frac{295.0207}{1500} \approx 0.196608 = 19.66\%$ 이다. □

명목이율을 써서 설명하는 투자나 유지보수 비용을 다루는 문제에서는 연간실이율이 의사결정의 기준이 될 수 있다.

예제 1.23 금융상품 A 는 년단위로 5.9%의 복리이자를 지급하고 금융상품 B 는 월별복리의 연이율 5.75%로 이자를 지급한다. 당신은 어떤 상품을 선택하겠는가?

풀이 (1.26)을 써서 연간실이율을 구하여 비교한다. 연간 실이율이 $i_A = 0.059$, $i_B \doteq \left(1+\frac{0.0575}{12}\right)^{12} - 1 \doteq 0.05904$이므로 금융상품 B를 선택하는 것이 유리하다. □

다음 예제는 단위종가함수가 주어질 때 서로 다른 구간에서 실이율을 계산한 후 연간명목이율을 구하여 비교하는 문제이다.

예제 1.24 어떤 투자의 단위종가함수 $a(t) = (1+0.01)^{4t} = 1.01^{4t}$에 대해 다음 투자구간에서 (실)이율과 명목이율을 구하여라.

(a) $[0, 1/4]$ (b) $[0, 2/4]$

풀이 (a) 실이율 $i_{[0,1/4]} = \frac{1.01^1 - 1.01^0}{1.01^0} = 0.01$, 명목이율 $\frac{0.01}{1/4} = 4 \times 0.01 = 0.04$

(b) 실이율 $i_{[0,2/4]} = \frac{1.01^2 - 1}{1.01^0} = 0.0201$, 명목이율 $\frac{0.0201}{2/4} = 0.0201 \times 2 = 0.0402$

(주의 : 같은 투자에서도 투자기간이 다르면 계산된 명목이율이 달라진다는 것을 보여준다.) □

예제 1.24는 분기별복리의 연이율 4%로 투자할 때 서로 다른 투자구간에서 연간명목이율을 계산하는 문제이다. 구간의 길이가 분기별복리의 이자계산주기 $\frac{1}{4}$와 같은 경우에만 명목이율이 $i^{(4)} = 4\%$와 같아진다.

1.4.3 주어진 연간 실이율과 동등한 연간명목이율

이 절에서는 주어진 연이율과 동등한 명목이율을 계산하는 방법과 활용에 대하여 알아본다.

먼저 두 서로 다른 투자에 대해 단위종가함수를 비교해 보자.

예제 1.25 반기별복리의 명목이율 20%로 투자할 때와 연이율 21%로 투자할 때 각각 단위종가함수를 구하여라. 또한 투자기간 t가 자연수일 때 단위종가함수의 값이 일치함을 확인하여라.

풀이 명목이율 $i^{(2)} = 0.2$와 연간실이율 $i = 0.21$로 투자할 때 단위종가함수는 다음과 같다.

$$a^{(2)}(t) = (1+0.2/2)^{2t} = 1.1^{2t} = 1.21^t \qquad t = 0, \frac{1}{2}, \frac{2}{2}, \cdots$$

$$a^{(1)}(t) = (1+0.21)^t = 1.21^t \qquad t = 0, 1, 2, \ldots$$

두 함수의 형태는 같지만 정의구역이 다르기 때문에 같은 함수는 아니다. 그럼에도 불구하고 t가 정수일 때는 단위종가함수의 값이 일치한다. □

예제 1.25에서 두 단위종가함수의 값이 t가 자연수일 때 일치한 것은 $i^{(2)}$의 실이율이 i와 같기 때문이다. 두 투자를 정수 투자기간에서 비교하면 수익률 측면에서 서로 같은 효과를 내고 있다.

이 생각을 일반화하면 명목이율 $i^{(m)}$와 연간실이율 i이 다음 조건을 만족할 때 투자 효과가 같다고 볼 수 있을 것이다.

$$i = \left(1 + \frac{i^{(m)}}{m}\right)^m - 1 \tag{*}$$

명목이율 $i^{(m)}$와 연간실이율 i가 위 조건 (*)를 만족시킨다고 하자. 명목이율 $i^{(m)}$와 실이율 i로 투자할 때 각 단위종가함수는 아래와 같다.

$$a^{(m)}(t) = \left(1 + \frac{i^{(m)}}{m}\right)^{mt} = (1+i)^t \qquad t = 0, \frac{1}{m}, \frac{2}{m}, \cdots$$

$$a^{(1)}(t) = (1+i)^t \qquad t = 0, 1, 2, \ldots$$

여기서 $a^{(m)}(t)$와 $a^{(1)}(t)$를 비교하면 다음과 같은 중요한 성질을 발견하게 된다.

- 두 단위종가함수의 형태는 동일하다.
- 두 함수의 정의구역만 다르다. 다시 말해, 이자를 계산하는 시점이 다르다.
- 두 투자에서 연간실이율이 같다.
- 자연수 n에 대해 $a^{(m)}(n) = a(n)$이다. 즉, 년 단위로 투자를 평가하면 동일하다.

복리 기법에 기반한 명목이율 또는 연속복리를 이용한 투자에서 연간실이율이 동일하다면 년 단위로 평가한 투자 이익이 동일하다. 이런 의미에서 각 투자년도의 연간실이율이 동일하면 '두 투자가 동등하다(equivalent)'고 간주한다. 따라서 **두 이자율이 동등하다**(equivalent)고 부르겠다.

동등한 이자율

특정 이자율로 투자할 때 연간실이율이 같으면 '두 이자율이 동등하다'고 말한다.

- i와 $i^{(m)}$이 동등 $\iff 1+i = \left(1+\frac{i^{(m)}}{m}\right)^m$
- $i^{(m)}$과 $i^{(n)}$이 동등 $\iff \left(1+\frac{i^{(m)}}{m}\right)^m = \left(1+\frac{i^{(n)}}{n}\right)^n$
- $\bar{i}$와 $i^{(m)}$이 동등 $\iff e^{\bar{i}} = \left(1+\frac{i^{(m)}}{m}\right)^m$
- $\bar{i}$와 i가 동등 $\iff e^{\bar{i}} = 1+i$

주어진 연이율 i와 동등한 명목이율 $i^{(m)}$과 연속복리 이자율 $\bar{i}$를 구할 수 있다.

- i와 동등한 명목이율 $i^{(m)}$

$$i^{(m)} = m\left[(1+i)^{\frac{1}{m}} - 1\right] \tag{1.27}$$

- i와 동등한 연속복리 이자율 $\bar{i}$

$$\bar{i} = \ln(1+i) \tag{1.28}$$

특히, $\bar{i} = \ln(1+i)$는 'i와 동등한 연속복리의 (명목) 이자율'로 'i의 이력(force of interest)'이라고 한다.

비슷하게 $i^{(m)}$과 동등한 실이율 i, 명목이율 $i^{(p)}$, 연속복리의 명목이율 $\bar{i}$를 구하는 식은 다음과 같다.

$$i = \left(1 + \frac{i^{(m)}}{m}\right)^m - 1 \tag{1.29}$$

$$i^{(p)} = p\left[\left(1 + \frac{i^{(m)}}{m}\right)^{\frac{m}{p}} - 1\right] \tag{1.30}$$

$$\bar{i} = m \ln\left(1 + \frac{i^{(m)}}{m}\right) \tag{1.31}$$

예제 1.26 분기별복리의 명목이율 6%와 동등한 연간실이율, 월별복리의 명목이율, 주별복리의 명목이율, 일별복리의 명목이율 및 연속복리의 명목이율을 구하여라.

풀이 $i^{(4)} = 0.06$에 대해 $m = 4$인 (1.29), (1.30), (1.31)을 적용한다.

$i = (1 + 0.06/4)^4 - 1 \approx 0.06136 = 6.136\%$

$i^{(12)} = 12\left[(1 + 0.06/4)^{\frac{4}{12}} - 1\right] \approx 0.05970 = 5.97\%$

$i^{(52)} = 52\left[(1 + 0.06/4)^{\frac{4}{52}} - 1\right] \approx 0.0595885 = 5.95885\%$

$i^{(365)} = 365\left[(1 + 0.06/4)^{\frac{4}{365}} - 1\right] \approx 0.05955930 = 5.95593\%$

$\bar{i} = 4\ln(1 + 0.06/4) \approx 0.0595544 = 5.955\%$ □

예제 1.27 반기별복리의 연이율 10%로 1,000만원을 3년 동안 투자할 때 원리합계를 구하여라. 같은 기간 동안 1,000만원을 연간실이율 i로 투자하여 원리합계가 같을 때 i를 구하여라.

풀이 두 투자의 원리합계가 같음을 이용하여 등식

$$1000\left(1 + \frac{0.1}{2}\right)^{2 \cdot 3} = 1,000(1+i)^3 \iff 1.05^6 = (1+i)^3$$

에서 i를 구하면 된다. $i = (1 + 0.05)^2 - 1 = 0.1025 = 10.25\%$이다.

(참고 : $i^{(2)} = 0.1$와 동등한 연간실이율을 구하는 문제이다.) □

예제 1.28 은행 A에서 명목이율이 $i^{(4)} = 6\%$인 저축상품을 개발하여 큰 호응을 받고 있다고 한다. 경쟁자인 은행 B에서 2개월마다 이자를 지급하는 동등한 금융상품을 개발하여 대응하려고 한다. 이 상품의 명목이율 $i^{(6)}$ 을 구하여라.

풀이 두 금융상품의 연간실이율이 같아야 된다는 사실을 이용한다. 이제 방정식

$$\left(1+\frac{i^{(6)}}{6}\right)^6-1=\left(1+\frac{0.06}{4}\right)^4-1$$

의 해가 $i^{(6)}=6\left(1.015^{2/3}-1\right)\doteq 0.0598$ 가 신규상품의 명목이율이다. □

예제 1.28은 두 명목이율이 동등한 경우에도 이자를 여러 번 계산할수록 명목이율은 작아진다는 것을 보여준다. 표 1.7은 주어진 실이율과 동등한 명목이율이 m 이 커지면서 감소할 뿐아니라 특정 실수로 수렴한다는 것을 보여준다.

m	$i=0.03$	$i=0.06$	$i=0.08$
1	0.03	0.06	0.08
2	0.029778313	0.059126028	0.078460969
4	0.029668287	0.058695385	0.077706188
6	0.029631732	0.058552765	0.077456742
12	0.029595237	0.058410607	0.077208361
365	0.029559999	0.058273559	0.076969155
1000	0.029559239	0.058270606	0.076964003
2000	0.029559021	0.058269757	0.076962522
∞	0.029558802	0.058268908	0.076961041

표 1.7: 실이율 i 와 동등한 명목이율 $i^{(m)}$

실제로 극한 $\lim_{m\to\infty} i^{(m)}$ 가 존재하고 극한값이 $\ln(1+i)$ 임을 설명할 수 있다.

$$\begin{aligned}\lim_{m\to\infty} i^{(m)} &= \lim_{m\to\infty}\frac{(1+i)^{\frac{1}{m}}-1}{1/m}\\ &=\lim_{h\to 0}\frac{(1+i)^h-1}{h}\\ &= f'(0)\quad f(x)=(1+i)^x=e^{x\ln(1+i)}\\ &=\ln(1+i)\end{aligned}$$

여기서 극한값 $\ln(1+i)$ 를 '이자율 i 의 이력'(force of interest) 이라고 부르고 δ 로 나타낸다. 곧, $\delta=\ln(1+i)$ 이다.

동등한 명목이율에 대해 표 1.7에서 관찰한 사실과 수학적으로 유도한 결과를 요약해 본다.

동등한 명목이율 사이의 크기 비교

주어진 이자율 i와 동등한 명목이율 $i^{(m)}$에 대해 다음이 성립한다.

- $i^{(m)} = m[(1+i)^{1/m} - 1]$
- 부등식
$$i = i^{(1)} > i^{(2)} > \cdots > i^{(m)} > i^{(m+1)} > \cdots > \bar{i} \tag{1.32}$$
- i와 동등한 명목이율 $i^{(m)}$의 극한
$$\lim_{m\to\infty} i^{(m)} = \bar{i} = \ln(1+i) \tag{1.33}$$

1.4.4 동등한 명목이율이나 이력을 써서 종가 계산하기

지금까지는 복리 또는 명목이율로 투자된 경우에 이자를 계산하는 방법에 대하여 알아보았다. 일상생활에서는 투자기간을 반영하여 합리적으로 방법[3]으로 이자가 지급될 것이라고 기대하게 된다. 이런 생각이 현실에서 항상 실현되지는 않는다. 이자계산 방식에 따라 이자계산에서 제외되는 구간이 발생하기 때문이다.

투자기간 동안의 이자계산횟수

투자기간이 T일 때 이자계산 방법에 따른 이자지급횟수는 다음과 같다.

- 복리로 투자할 때 이자계산횟수는 $\lfloor T \rfloor$번이다. T가 정수가 아니면 이자가 계산되지않는 기간이 발생한다.
- 주기적 복리로 이자를 지급하는 명목이율 $i^{(m)}$로 투자할 때 이자계산횟수는 $\lfloor mT \rfloor$번이다. T가 $\frac{k}{m}$꼴이 아니면 이자가 계산되지않는 기간이 생긴다.
- 이자가 지급되는 않는 구간이 생기는 것은 마지막으로 이자를 계산한 후 남은 기간이 이자지급주기보다 짧기 때문이다.
- 일반적으로 이자계산에서 제외되는 구간은 $\left(\frac{\lfloor mT \rfloor}{m}, T\right]$이다.

다음 표 1.8은 $T = 2.713$에 대해 이자계산에서 제외되는 구간이 생김을 보여준다. 표는 수직선을 길이 $\frac{1}{m}$인 소구간으로 등분할 때 T가 속하는 구간 $\lfloor mT \rfloor + 1$번째 구간 $[\frac{\lfloor mT \rfloor}{m}, \frac{\lfloor mT \rfloor}{m} + \frac{1}{m}]$을 보여준다. 이자는 $\lfloor mT \rfloor$번 지급되었고 마지막으로 지급된 시점은 $\frac{\lfloor mT \rfloor}{m}$이다.

[3]투자기간이 조금이라도 길면 수익이 약간이라도 커야 된다.

m	$\lfloor mT \rfloor$	$\lfloor mT \rfloor + 1$	$\frac{\lfloor mT \rfloor}{m}$	$\frac{\lfloor mT \rfloor}{m} + \frac{1}{m}$
2	5	6	$\frac{5}{2} = 2.5$	$\frac{6}{2} = 3$
4	10	11	$\frac{10}{4} = 2.5$	$\frac{11}{4} = 2.75$
6	16	17	$\frac{16}{6} = 2.666666667$	$\frac{17}{6} = 2.833333333$
12	32	33	$\frac{32}{12} = 2.666666667$	$\frac{33}{12} = 2.75$
365	990	991	$\frac{990}{365} = 2.712328767$	$\frac{991}{365} = 2.715068493$

표 1.8: 동등한 명목이율로 계산할 때 이자지급횟수와 마지막 지급시점

연이율이 주어지면 (특별한 언급이 없다면) 일년에 1번 이자를 지급한다. 투자기간이 1년보다 짧은 경우에도 (작은 금액일지라도) 적절한 보상이 이루어지길 기대하는 것은 당연하다. 이런 문제를 어떻게 해결할지 생각해 보자.

예제 1.29 연간이자율이 i라고 하자.

> 시점 $t = \frac{1}{12}$에서 투자된 투자금 1에 대한 종가를 (투자후 1년이 지나지 않은) 시점 $t = 1$에서 어떻게 결정하는 것이 합리적일까?

풀이 여기서는 주어진 이자율 i과 동등한 명목이율 $i^{(12)}$을 도입하여 미래가를 다음과 같이 계산한다. 연실이율 i와 동등한 명목이율 $i^{(12)}$ 사이에는 등식

$$\left(1 + \frac{i^{(12)}}{12}\right)^{12} = 1 + i$$

이 성립한다. 이 때

$$1 + \frac{i^{(12)}}{12} = (1 + i)^{\frac{1}{12}}$$

임을 이용하여 매월, 즉, $\frac{1}{12}$년이 지날 때마다 이자율 $\frac{i^{(12)}}{12}$인 복리를 11번 적용한다. 따라서 투자금 1의 종가는 아래와 같다.

$$\left(1 + \frac{i^{(12)}}{12}\right)^{11} = \left[(1 + i)^{\frac{1}{12}}\right]^{11} = (1 + i)^{\frac{11}{12}}$$ □

예제 1.30 원금 1을 연이율이 6%로 투자기간 $T = \sqrt{2} \approx 1.414$년 동안 투자한다고 하자. 연간 이자지급횟수가 $m = 1, 4, 12$일 때 이자계산 시점과 원리합계를 계산하여라.

풀이 가우스 정수 $\lfloor \cdot \rfloor$를 써서 이자계산횟수를 알아낸 후 이자가 지급되는 마지막 시점 $\lfloor mT \rfloor$에서 (1.25)를 이용하여 원리합계를 계산한다.

- 복리로 투자하면 이자가 $t = \lfloor \sqrt{2} \rfloor = 1$에서 1번 지급되고 원리합계는 $(1 + 0.06)^1 = 1.06$

- 분기별복리의 명목이율로 투자하면 이자는 $\lfloor 4\sqrt{2} \rfloor = 5$번 지급되고 지급시점은 $t = \frac{1}{4}, \frac{2}{4}, \cdots, \frac{5}{4} = 1.25$이다. 동등한 명목이율이 $i^{(4)} = 4\big[(1+i)^{1/4} - 1\big]$이므로 원리합계는 다음과 같다.

$$\left(1 + i^{(4)}/4\right)^5 = (1 + 0.06)^{5/4} \approx= 1.07555$$

- 월별복리의 명목이율로 투자하면 이자는 $\lfloor 12\sqrt{2} \rfloor = 16$번 지급되고 지급시점은 $t = \frac{1}{12}, \frac{2}{12}, \cdots, \frac{16}{12} = 1.3333$이다. 동등한 명목이율이 $i^{(12)} = 4\big[(1+i)^{1/12} - 1\big]$이므로 원리합계는 아래와 같다.

$$\left(1 + i^{(12)}/12\right)^{16} = (1 + 0.06)^{4/3} \approx 1.080789$$

□

투자기간이 유리수일 때

투자기간이 유리수이고 $T = \frac{k}{m}$ 꼴이라면 주어진 이자율 i와 동등한 명목이율 $i^{(m)}$을 도입하여 이자가 지급되지않는 구간이 발생하는 문제를 해결할 수 있다. 먼저 i와 $i^{(m)}$ 사이의 관계

$$\left(1 + \frac{i^{(m)}}{m}\right)^m = 1 + i \iff 1 + \frac{i^{(m)}}{m} = (1+i)^{\frac{1}{m}}$$

을 이용하기로 하자. 이제 $T = \frac{k}{m}$에서 주기적 복리의 단위종가함수의 값 $a(T) = a(\frac{k}{m})$를 다음과 같이 바꿔 쓸 수 있다.

$$a\left(\frac{k}{m}\right) - \left(1 + \frac{i^{(m)}}{m}\right)^k - \left[(1+i)^{\frac{1}{m}}\right]^k = (1+i)^{\frac{k}{m}}$$

k는 투자기간에 의해 정의해지므로 $\frac{k}{m} = t$로 치환하자. $k = mt\,(k = 0, 1, 2, \ldots)$로 바꾸면 동등한 명목이율 $i^{(m)}$에 대한 단위종가함수를 나타낸 위 식을 훨씬 간단한 식으로 쓸 수 있게 된다.

$$a(t) = (1+i)^t \quad t = 0, \frac{1}{m}, \frac{2}{m}, \cdots \tag{1.34}$$

(1.34)를 쓰면 이자계산에서 제외되는 구간이 발생하지 않는다.

예제 1.31 예제 1.30에서 $T \approx 1.414$로 두고 (1.34)를 써서 계산한 값과 비교하여라.

풀이 $T = \sqrt{2}$를 유리수로 근사시킬 때 원리합계는 $a(1.414) = (1 + 0.06)^{1.414} \approx 1.08588$이다. $m = 12$일 때 원리합계는 $a(16/12) \approx 1.080789$인데 $a(1.414)$보다 작다. 이자계산에서 제외되는 기간이 길기 때문이다. □

투자기간이 무리수일 때

투자기간이 유리수인 경우에는 투자기간을 정수의 비로 나타낼 수 있었고 분모의 정수에 대응하는 동등한 명목이율을 도입할 수 있었다. 이 명목이율을 써서 단위종가함수를 식으로 표현하였다. 투자기간이 무리수이면 정수의 비로 나타낼 수 없으므로 동등한 명목이율의 도입이 곤란하고 이 방법을 적용할 수 없다.

여기서 다음 질문을 제기할 수 있다.

"이자계산에서 누락되는 구간이 없도록 임의의 투자기간에 대해 (가능한한) 합리적으로 이자를 계산하는 방법을 찾을 수 있겠는가?

임의의 시점 t에서 1의 종가를 $a(t)$로 두자. 투자기간이 길수록 많은 이자수익을 기대한다는 것에 동의하자. 그러면 $\frac{\lfloor mt \rfloor}{m} \le t \le \frac{\lfloor mt \rfloor}{m} + \frac{1}{m}$이므로 각 시점의 종가가 다음 부등식을 만족시킨다.

$$a\left(\frac{\lfloor mt \rfloor}{m}\right) \le a(t) \le a\left(\frac{\lfloor mt \rfloor}{m} + \frac{1}{m}\right) \tag{1.35}$$

이제 (1.35)의 왼쪽 및 오른쪽 항에 (1.34)를 적용하면 (1.35)가 간결한 형태의 부등식

$$(1+i)^{\frac{\lfloor mt \rfloor}{m}} \le a(t) \le (1+i)^{\frac{\lfloor mt \rfloor}{m} + \frac{1}{m}} \tag{1.36}$$

으로 바뀐다.

여기서 (1.36)의 양변에 $m \to \infty$인 극한을 취하자. 극한 $\lim_{m\to\infty} \frac{\lfloor mt \rfloor}{m} = t$ 임을 이용하면, 샌드위치 정리에 의해, 임의의 시점 t에서 종가 $a(t)$가 다음과 같이 정의하는 것이 합리적이라는 결론에 이른다.

$$a(t) = (1+i)^t \qquad t \ge 0 \tag{1.37}$$

$$= e^{\delta t} \quad (\text{단, } \delta = \ln(1+i)) \qquad t \ge 0 \tag{1.38}$$

(1.37) 또는 (1.38)과 관련하여 다음 사실에 주목하자.

(a) (1.37)은, 외면상으로 보면, 복리의 단위종가함수와 동일하다. (1.37)은 t가 정수인 경우에만 복리와 일치한다. 이런 이유로 1.2절에서 (1.37)을 복리의 단위종가함수라고 불렀다. ((1.19) 참조)

(b) 이력 $\delta = \ln(1+i)$는 연이율 i와 동등한 명목이율이다. 이 명목이율로 연속적인 복리를 적용할 때 단위종가함수가 (1.38)이다.

(c) 연속적으로 이자를 지급하거나 현금이 연속적으로 지급되는 경우에는 이력이 주어지는 것이 일반적이다. 이력이 주어지면 시간에 따른 가치의 변화를 수식으로 나타내고 분석하기위해 (1.37)이나 (1.38)을 사용한다.

참고 1.11 여기서는 부등식 (1.36)과 샌드위치 정리를 써서 (1.37)을 유도하였다. (매우 수학적이지만) t에 수렴하는 수렴을 이용하여 좀더 엄밀하게 (1.37)을 증명할 수 있다.

(i) 각 항이 유리수이고 t로 수렴하는 수열 $\{r_n\}_{n=1}^{\infty}$를 (임의로) 택한다.

(ii) r_n을 정수의 비(ratio) $r_n = \frac{k_n}{m_n}$로 나타내고 (이자계산 횟수가 분모와 같은) i와 동등한 명목이율 $i^{(m_n)}$을 계산한다.

(iii) $a(r_n)$을 $1+i$를 포함한 식으로 나타낸다. 정리하면 $a(r_n) = (1+i)^{r_n}$이다.

(iv) 극한

$$\lim_{n \to \infty} a(r_n) = \lim_{n \to \infty} (1+i)^{r_n} = (1+i)^t$$

을 확인한다.

예제 1.32 500만원을 1년 6개월 투자할 때 원리합계를 구하여라.

(a) 연이율 5%로 투자할 때 (b) 이력 5%로 투자할 때

풀이 (a) 연이율이 주어졌으므로 (1.37)을 이용한다. 원리합계는 $500a(1.5) \approx 537.9649$이다. (연이율 $i = 0.05$와 동등한 이력 $\delta = \ln 1.05$로 (1.38)을 이용하여 계산해도 같은 값이 나온다.)

(b) 이력이 주어졌으므로 (1.38)을 이용하여 계산한다. 원리합계는 $500a(1.5) = 500e^{0.05\times 1.5} \approx 538.9420$이다. □

1.4.5 주요 투자의 연간실이율 비교

식 (1.1)에서 $(n-1)$년 초의 원금에 1년 후에 발생한 이자율을 n 번째 년도의 실이율 i_n을 다음과 같이 계산하였다.

$$\begin{aligned} i_n &= \frac{i_n}{A(n-1)} \left(= \frac{n\text{번째 주기 이자}}{n\text{번째 주기 원금}} \right) \\ &= \frac{A(n) - A(n-1)}{A(n-1)} \\ &= \frac{a(n) - a(n-1)}{a(n-1)} \qquad n = 1, 2, 3, \ldots \end{aligned} \tag{1.39}$$

이런 연간실이율(annual effective rate of interests)은 투자효율 조사 및 투자 우선 순위 판정에서 자주 쓰이는 개념이다.

지금까지 공부한 여러 이자 계산 방식에 대해 연간실이율을 계산해 보기로 하자.

단리에서의 연간실이율

단리에서는 모든 실수 $t \geq 0$에 대해 $a(t) = 1 + rt$이므로 n차년도 연간실이율은 다음과 같다.

$$i_n = \frac{(1+rn) - (1+r(n-1))}{1+r(n-1)} = \frac{r}{1+r(n-1)}$$

연간실이율이 계산되는 시점에 따라 연간실이율이 다르고 시간이 지나면서 실이율이 감소한다.

복리에서의 연간실이율

복리에서는 모든 실수 $t \geq 0$에 대해 $a(t) = (1+r)^t$이다. 따라서 n차년도 연간실이율은 다음과 같다.

$$i_n = \frac{(1+r)^n - (1+r)^{n-1}}{(1+r)^{n-1}} = r$$

각 구간 $[n-1, n]$에서 실이율과 명목이율이 같다는 것이 특징이다. (이런 이유로 복리 방식으로 이자가 지급될 때 이자율을 i로 나타내는 것이 관습이다.)

1년에 m번 이자를 지급하는 주기적 복리에서의 연간실이율

$a(t) = (1 + \frac{r}{m})^{mt}$이므로 n차년도 연간실이율은 다음과 같다.

$$i_n = \frac{(1+\frac{r}{m})^{mn} - (1+\frac{r}{m})^{m(n-1)}}{(1+\frac{r}{m})^{m(n-1)}} = \left(1 + \frac{r}{m}\right)^m - 1$$

연간실이율이 명목이율과 다르지만 계산시점에 관계없이 동일하다.

연속복리에서의 연간실이율

연이율이 r일 때 연속복리의 단위종가함수가 $a(t) = e^{rt}$이므로 연간실이율은 아래와 같다.

$$i_n = \frac{e^{rn} - e^{r(n-1)}}{e^{r(n-1)}} = e^r - 1$$

명목이율이 r일 때 연간실이율은 n에 관계없이 일정한 값을 갖는다.

연습문제 1.4

1. 투자한 회사로부터 분기별복리 8%의 배당금을 받고 있다. 6개월 동안의 실이율을 구하여라. 또한 연간실이율을 계산하여라.

2. 300만원을 빌리고 5개월 후에 30만원의 이자를 지불하였다. 빌린 기간 동안의 실이율을 구하여라. 연간 명목이율은 얼마인가?

3. 4개월에 112만원을 지급하는 채권에 100만원을 투자하였다. 실이율과 연간명목이율을 구하여라.

4. 동일 시점에서 영수는 반기별복리의 6%로 100만원을 투자하고 영희는 단리이자율 i로 200만원을 투자한다. 6차년도에 발생한 이자가 동일할 때 i를 계산하여라.

5. A 펀드는 분기별로 복리계산되는 명목이율 12%로 이자를 받고, B 펀드는 이력 δ로 이자를 받는다. 각 펀드에 5년 전에 1,000만원을 투자했는데 오늘 A 펀드와 B 펀드의 원리합계가 같다. 이력 δ를 구하여라.

6. 어떤 펀드가 상수이력 $\delta = 0.05$로 이자를 받고 있다. 오늘 투자된 8,000만원의 5년 후 가치를 계산하여라.

7. 이력이 $\delta = 0.05$로 주어져 있다. 30년 후에 원리합계가 1억원을 가지기위해 10차년도 말에 투자할 금액을 계산하여라.

8. 저축은행이 분기당 1.25%의 이자 지급을 보장한다. 이 은행에 1,000만원을 5년 동안 예지했던 고객은 처음 1.5년은 보장했던 이자율로, 그 후에는 분기당 1.5%로 이자를 지급받았다. 보장된 이자율보다 높은 이자율로 인해 예상보다 얼마를 더 받았는가?

9. 분기별복리의 이율 5%를 보장하는 대출상품을 월별복리의 상품으로 변경하려고 한다. 월별복리의 이자율을 구하여라.

10. 펀드 A와 펀드 B의 초기 투자금이 동일하다. 다음 조건을 이용하여 반기별복리의 연이율 i를 구하여라.
    - 펀드 A는 이력 5%로 투자한다.
    - 펀드 B는 반기별복리의 이자율 j로 투자한다.
    - 펀드 A의 8차년도 말 종가가 펀드 B 종가의 1.05배이다.

1.5 화폐의 시간가치 : 현가, 미래가, 현가함수

돈을 은행에 예치하거나 대출하면 이자를 지급할 때마다 원리합계가 커진다. 이와 같이 현금은 시간이 지나면서 가치가 달라진다. 이자가 없다면 현금의 가치는 시점에 관계없이 동일하므로 시간가치를 생각할 필요가 없겠지만 현실적으로 이자가 당연히 수반된다. 따라서 화폐의 시간가치를 고려해야 하고 이 개념을 활용할 수 있어야 한다.

원금이 투자될 때 미래 시점에서 예상되는 원리합계를 나타내기 종가함수 $A(t)$를 도입하였다. 또한 원금이 1인 경우에 해당하는 단위종가함수 $a(t)$를 도입하여 미래시점에서 종가를 계산할 수 있었다.

현 시점에서 투자하고 미래 시점에서 투자를 정산하고 종가를 평가한다고 가정하자.

- 투자방법이 다르면 (일반적으로) 같은 시점에서 평가한 종가가 달라진다.
- (다른 투자는 고려하지 않고) 특정 투자 방법에 의해 투자금(또는 원금) P가 F로 늘어난다고 하자. 그러면 '(특정 투자 방법으로) P와 F의 가치는 같다(동등하다)' 고 간주한다.

예제 1.33 50만원을 2년 동안 투자하려고 한다.

(a) 단리 10%로 투자하면 "현재의 50만원"과 "2년 후 원리합계 $50(1 + 0.1 \times 2) = 60$ 만원"의 가치는 같다.

(b) 복리 10%로 투자하면 "현재의 50만원"과 "2년 후 원리합계 $50(1 + 0.1)^2 = 60.5$ 만원"의 가치는 같다.

다른 시점에서 지급되는 (일반적으로 액수가 다른) 금액이 동등해지기 위해서는 수익이 수반된 투자기법 혹은 단위종가함수가 명확하게 주어져야 한다. 투자방법을 명확하게 서술하지는 않지만 문제나 문맥에서 이자 계산 방법을 대부분 파악할 수 있다. 이제 위 관찰을 토대로 포괄적으로 현가와 미래가를 다음과 같이 정의한다.

현가, 미래가 및 현가함수의 정의

(i) 현재의 1과 T년 후에 동등해지는 금액을 'T년 후 1의 **미래가**'(future value) 라고 한다.

(ii) T년 후의 1과 동등한 현재의 금액을 'T년 후 1의 **현가**'(present value) 라고 한다.

(iii) 임의의 t에 대해 't년 후 1의 현가를 나타낸 식'을 **현가함수**(present value function) 라고 한다.

이 절에서 공부할 내용을 요약하면 다음과 같다.

- 미래가 : 현재 투자된 돈의 미래시점에서의 가치
- 현가 : 미래에 발생할 현금의 현시점 가치
- 현가함수 : 현가를 시간에 대한 식으로 나타낸 함수

먼저 복리가 적용될 때 현가, 미래가 및 현가함수에 대해 알아본 후 일반적인 경우에 대해 살펴보겠다.

1.5.1 복리에서의 현가, 미래가 및 현가함수

미래에 생기는 수익의 가치를 평가할 때 "1" 원에 대해 분석하면 충분하다. 따라서 시점 t에서 1을 받기위해 $t = 0$인 시점에 투자할 금액을 구하는 문제를 생각해 보자. 투자기간 동안 실이율이 i이고 년단위로 복리가 적용된다고 하자.

- 1원은 이자가 붙어 연말에 $1 + i$로 불어난다. 따라서 1년 후의 $1 + i$와 현재의 1이 동등한 가치를 갖는다고 볼 수 있다.
- 비슷한 논리로 복리가 적용되면 현재의 1원과 T년 후의 $(1+i)^T$는 동등한 가치를 갖는다.
- 한편, 현 시점에서 $\frac{1}{1+i}$은 이자가 붙어 1년 후에 1로 불어난다. 즉, 현재의 $\frac{1}{1+i}$과 1년 후의 1은 동등하다고 볼 수 있다.
- 또한 현재의 $\frac{1}{(1+i)^T}$은 T년 후 이자가 누적되어 1이 된다. 따라서 현재의 $\frac{1}{(1+i)^T}$과 T년 후의 1이 동일한 가치를 갖는다고 볼 수 있다.

복리에서는 단위증가함수가 $a(t) = (1+i)^t$이므로 현가함수는 $v(t) = (1+i)^{-t}$이다. 복리에서 $\frac{1}{1+i}$는 '1년 후 1의 현가'와 같다. 이런 이유로 $\frac{1}{1+i}$를 **현가요소**[4]라고 부르고 v로 나타낸다.

복리에서 현금의 현가, 미래가, 현가함수

연이율이 i이고 복리가 적용될 때 현가와 미래가는 다음과 같다.

- 원금 P의 t년 후 미래가는 $P(1+i)^t$이다.
- t년 후에 지급받을 F의 현가는 $Fv(t) = \frac{F}{(1+i)^t} = Fv^t$이다.
- 복리에서의 현가함수는 아래와 같다.

$$v(t) = v^t. \quad \text{단}, \; v = \frac{1}{1+i}$$

[4] 적은 금액 v를 투자하여 확실하게 1을 받을 수 있는 금융상품을 구입한다고 볼 수도 있으므로 v를 할인요소(discount factor)라고 부르기도 한다.

지급시점 n	지급액	복리에서의 현가
1	100	94.3396
2	100	88.9996
3	100	83.9619
4	100	79.2094
5	100	74.7258
6	100	70.4961
7	100	66.5057
8	100	62.7412
9	100	59.1898
10	100	55.8395

표 1.9: 연이율이 6%인 복리에서의 현가

예제 1.34 금리가 연 6%일 때 각각 1년, 5년, 6년 6개월 후 10만원의 현가를 구하여라. 단, 1년 이상의 경우에는 복리가 적용된다.

풀이 복리의 현가함수 $v(t) = \frac{1}{1.06^t}$를 적용한다.

- $10 \times v(1) = \frac{10}{1.06} = 9.433962264$
- $10 \times v(5) = \frac{10}{1.06^5} = 7.472581729$
- $10 \times v(13/2) = \frac{10}{1.06^{13/2}} = 6.847182064$ □

예제 1.35 3차년도 말에 500만원을 만들기위해 필요한 액수는 얼마인가? 단, 이자율은 연 5%이고 매년 말에 복리가 적용된다.

풀이 투자액은 복리에서 500만원의 현가와 같다. $a(t) = (1+0.05)^t$이므로 투자금액은

$$\frac{500}{(1+0.05)^3} = \frac{500}{1.05^3} = 431.9187993$$

이다. □

예제 1.36 은행에서 5년 후 500만원을 지급하는 예금증서(CD, certificate of deposit)를 판매한다. 이 예금증서를 살 때 적절한 가격은 얼마인가? 단, 연이율은 8%이다.

풀이 복리에서 5년 후 500만원의 현가를 구하면 된다. 따라서 적정한 구매가격은 $500/1.08^5 = 340.2916$만원이다. □

현가와 미래가는 할부나 정기적금의 근거를 이룬다. 공정한 거래의 기본원리는 미래가 또는 현가가 같다는 사실에 있다. 일상생활에서 다음 용어가 사용되는 상황에서는 현가 개념을 이용하여 문제를 해결할 수 있는 경우가 많다.

- 초기 투자 금액
- 일시불 가격
- 대여금액

일상생활에서 할부상환금을 계산할 때 다음 원리를 이용하고 있다.

현가와 미래가의 계산원리

물건을 할부로 구입하거나 빌린 금액을 상환하는 경우를 현가와 미래가의 측면에서 비교하면 다음과 같다.

(a) 현가 측면에서 : 매월 갚아야 하는 각 금액의 현가를 더한 합과 현재 지급할 금액(또는 빌린 금액)이 같아야 한다.

(b) 미래가 측면에서 : 매월 상환액의 미래가의 합과 현재 지급할 금액(또는 빌린 금액)의 미래가와 같아야 한다.

현가는 금융 및 보험이론에서 자주 쓰이는 매우 중요한 개념이다. 아래 예제에서 현가와 미래가가 적용되는 두 사례를 살펴본다.

예제 1.37 (현가) 친구가 전자제품을 구입하였다고 한다. 구입 시점에 20만원을 지급하고 1년후부터 40만원씩 2년간 지급하기로 약속하였다. 일시불로 구입한다면 얼마에 구입할 수 있을까? 단, 년이율은 6%이다.

풀이 일시불로 구입할 수 있는 금액은 친구가 지불하는 금액 20만원, 40만원, 40만원의 현가를 더한 금액과 같을 것이다. 따라서 일시불 금액은 아래와 같다.

$$20 + \frac{40}{1+0.06} + \frac{40}{(1+0.06)^2} = 91.3305$$

□

아래 예제는 적금의 원리를 설명한다.

예제 1.38 (미래가) 매 년 초에 A원을 저축하여 4차년도 말에 여행경비 400만원을 만들려고 한다. 은행의 연이율이 6%일 때 매년 저축해야하는 금액은 얼마인가?

풀이 매년 저축하는 금액의 미래가를 모두 더한 금액이 400만원과 같다는 사실을 이용한다.

- 1차년도에 저축한 금액의 미래가 : $A(1+0.06)^4$
- 2차년도에 저축한 금액의 미래가 : $A(1+0.06)^3$
- 3차년도에 저축한 금액의 미래가 : $A(1+0.06)^2$
- 4차년도에 저축한 금액의 미래가 : $A(1+0.06)$

이제 다음 식에서 A를 구할 수 있다.

$$A(1.06^4 + 1.06^3 + 1.06^2 + 1.06) = 400 \implies A \times 1.06 \times \frac{1.06^4 - 1}{1.06 - 1} = 400$$

매년 초 저축할 금액은 $A = 400 \times \frac{0.06}{1.06(1.06^4-1)} = 86.260944052$ 만원이다. □

일반적으로 투자기간 t에 따라 $a(t)$의 증가속도가 빠르면 돈이 빠르게 증가하므로 투자에 유리하다. 반면에 미래에 발생하는 현금의 현재가치는 작아진다. 적은 돈을 투자해서 회수할 수 있기 때문이다. 복리에서는 이자율이 높을수록, 먼 미래일수록 동일한 금액의 현금 가치가 줄어든다. (표 1.10)

n	$i = 4\%$	$i = 6\%$	$i = 8\%$	$i = 10\%$
2	92.4556	88.9996	85.7339	82.6446
4	85.4804	79.2094	73.5030	68.3013
6	79.0315	70.4961	63.0170	56.4474
8	73.0690	62.7412	54.0269	46.6507
10	67.5564	55.8395	46.3193	38.5543
20	45.6387	31.1805	21.4548	14.8644
30	30.8319	17.4110	9.9377	5.7309
40	20.8289	9.7222	4.6031	2.2095
50	14.0713	5.4288	2.1321	0.8519

표 1.10: 이자율과 시점에 따른 100만원의 현가

1.5.2 현가함수와 미래 투자금의 시간가치 계산

이제 일반적인 투자에서 현가, 미래가, 현가함수에 대해 알아 보자. 우리는 특정한 투자만 고려하여 특정시점에서 발생한 현금지급액의 가치를 계산한다.

일반적 종가함수에 대한 현가, 미래가, 현가함수

투자에서 화폐의 증가를 나타내는 단위종가함수가 $a(t)$라고 하자.

- 1의 'T년 후 미래가'는 $a(T)$이고, 'T년 후에 받을 1의 현가'는 $\frac{1}{a(T)}$이다.
- 함수 $v(t) := \frac{1}{a(t)}$를 **(단위) 현가함수**(present value function)라고 한다.
- 현가함수 $v(t)$를 **(단위) 할인함수**(discount function)라고 부르기도 한다. t년 후 1을 받기위해 투자할 금액이 $v(t)$이고 1보다 적은 금액이기 때문이다.

앞에서 살펴본 단위종가함수에 대해 현가함수를 구체적으로 계산해보자.

- 단리 : 단위종가함수 $a(t) = 1 + rt$, 단위현가함수 $v(t) = \frac{1}{1+rt}$

- 복리 : 단위종가함수 $a(t) = (1+i)^t$, 단위현가함수 $v(t) = (1+i)^{-t} = v^t$
- 연속복리 : 단위종가함수 $a(t) = e^{rt}$, 단위현가함수 $v(t) = e^{-rt}$
- 이력 : 단위종가함수 $a(t) = e^{\delta t}$, 단위현가함수 $v(t) = e^{-\delta t}$

단위종가함수 $a(t)$가 주어지면 단위현가함수 $v(t)$가 결정되고 미래의 특정 시점에서 발생하는 현금의 가치를 계산할 수 있다.

단위종가함수가 주어질 때 현금의 현가와 미래가

단위종가함수가 $a(t)$라고 하자. 그러면 다음 서술이 성립한다.

- '$t = 0$에서 투자된 1'의 t년 후 미래가는 $a(t)$이다.
- t년 후 1의 현가는 $v(t) = \frac{1}{a(t)}$이다.
- '$t = 0$에서 투자된 원금 P'의 t년 후 미래가(=종가)는 $Pa(t)$이다.
- t년 후에 지급받을 F의 현가는 $Fv(t) = \frac{F}{a(t)}$이다.

이자계산방법과 투자기간에 따라 동일한 금액의 현가는 달라진다. 연이자율 6%일 때 단리, 복리, 분기별복리, 연속복리에서 100만원의 현가를 표 1.11에 계산하였다.

n	단리	복리	분기별복리	연속복리
1	94.3396	94.3396	94.2184	94.1765
2	89.2857	88.9996	88.7711	88.6920
3	84.7458	83.9619	83.6387	83.5270
4	80.6452	79.2094	78.8031	78.6628
5	76.9231	74.7258	74.2470	74.0818
6	73.5294	70.4961	69.9544	69.7676
7	70.4225	66.5057	65.9099	65.7047
8	67.5676	62.7412	62.0993	61.8783
9	64.9351	59.1898	58.5090	58.2748
10	62.5000	55.8395	55.1262	54.8812
20	45.4545	31.1805	30.3890	30.1194
30	35.7143	17.4110	16.7523	16.5299
40	29.4118	9.7222	9.2349	9.0718
50	25.0000	5.4288	5.0909	4.9787

표 1.11: 이자계산방법에 따른 현가의 비교

참고 1.12 (a) 투자금의 미래가치는 투자시점과 투자기간에 의존한다. 위 정의에서는 현시점 $t = 0$에서 투자된 돈의 미래가를 계산하고 있으므로 주의해야한다.
(b) 투자기간이 같아도 투자시점이 다르면 (복리가 아닌 경우에는) 미래가가 달라진다.

예제 1.39 3차년도 말에 500만원을 만들기위해 단리로 투자하려고 한다. 투자액은 얼마인가? 단, 단리 이자율은 연 5%이다.

풀이 단리종가함수 $a(t) = 1 + 0.05t$ 에 대한 500만원의 현가와 같다.

$$\frac{500}{1 + 0.05 \times 3} = \frac{500}{1.15} = 434.7826087$$ □

예제 1.40 지금부터 10년 동안 연간 6%의 단리로 투자한다. 5년 후에 1,300만원이 필요하다면 지금 얼마를 투자해야되는가?

풀이 단리에 대한 단위종가함수는 $a(t) = 1 + 0.05t$ 이고 할인함수는 $v(t) = \frac{1}{1+0.05t}$ 이다. 따라서 투자할 금액은 $1300v(5) = \frac{1300}{1.3} = 1000$ 만원이다. □

예제 1.41 10년 지속되는 투자에서 연간이율은 단리로 6%이다. 지금부터 3년 후에 투자하고 5년이 지난 시점에서 1,300만을 계좌에서 찾고 싶다면 얼마를 투자해야되는가?

풀이 8년 후에 필요한 1,300만원을 위해 현재 투자할 금액은 $1300v(8) = \frac{1300}{1+0.06\times 8} = \frac{1300}{1.48} = 878.3783784$ 만원이다. 이 금액의 3년 후 원리합계 $878.3783784a(3) = 878.3783784 \times 1.18 = 1,036.486486$ 만원이 $t = 3$ 시점에서 투자할 금액이다. 이 투자금이 5년이 지나서 1,300만원으로 성장한다. □

참고 1.13 미래에 투자될 돈의 미래가치는 투자기간 뿐만 아니라 '미래 투자금의 현재가치에 해당하는 금액이 투자되는 기간과 관련'이 있다. 예제 1.40과 예제 1.41에서는 5년 투자 후에 동일한 금액을 받기위한 투자금액은 서로 다르다. 차이점은 투자기간이 아닌 투자 시점이다. 예제 1.41에서 투자 후 받을 기간 때문에 투자금을 $1300v(5)$로 계산하면 안된다. $1300v(5)$로 계산하는 것은 $t = 3$에서 시작되는 또 다른 투자에 참여하는 것이기 때문이다.

미래에 투자할 자금의 시간가치

어떤 투자의 단위종가함수가 $a(t)$라고 하자. 지금부터 t_1 년 후에 투자할 금액 C의 시점 t_2에서의 시간가치는 다음과 같다.

$$[Cv(t_1)]a(t_2) = \frac{C}{a(t_1)}a(t_2) = C\frac{a(t_2)}{a(t_1)} = C\frac{v(t_1)}{v(t_2)} \tag{1.40}$$

(1.40)은 일반적인 투자에 미래에 투자되는 투자금의 미래가치는 투자금의 현재가치와 미래가치 평가시점에 의존하여 결정됨을 보여준다.

일상에서 많이 사용하는 복리의 경우 $a(t) = (1+i)^t$, $v(t) = \frac{1}{a(t)} = (1+i)^{-t}$ 이므로 t_1 년 후에 투자할 금액 C 의 시점 t_2 에서의 시간가치는 다음과 같이 계산된다.

$$\left[Cv(t_1)\right]a(t_2) = C(1+i)^{t_2-t_1}$$

이 식은 복리가 적용될 때 미래가치가 투자액 및 투자기간에 의해서만 결정됨을 보여준다. 복리에서만 성립하는 성질이고 쉽게 활용할 수 있으므로 잘 기억해 두자.

연습문제 1.5

1. 연간실이율이 4%일 때 지금부터 12년 후 지급받을 예정인 2,100만원의 현재가치는 얼마인가?

2. 이자율이 $i = 0.0915$로 주어져 있다. n년 후 지급될 1의 현가와 $2n$ 년 후 지급될 3의 현가를 더한 값이 2.543일 때 n을 구하여라.

3. 조선이가 오늘 100만원을 저축하고 5년 후에 300만원을 단리 11%의 이자를 지급하는 펀드에 저축한다. 선희는 지금부터 n 년 후 100만원, 300만원을 $2n$년 후에 저축하려고 한다. 선희의 저축이 연간실이율 9.5%로 이자를 바는다. 10년 후에 선희 계좌의 종가가 조선이 계좌의 종가와 같았다. n을 구하여라.

4. 코코가 연간실이율 9%로 이자를 지급하는 펀드에 2,000만원을 연초에 투자한다. 코코는 받는 이자를 다른 펀드에 재투자하는데 8%의 연간실이율로 증가한다. 재투자하여 받은 이자를 연간실이율 1%의 은행계좌에 저축한다. 10년 후 원리합계를 구하여라.

5. t차년도의 연간실이율이 $\frac{1}{10+t}$ 라고 한다. 7차년도 말에 지급받는 6,000만원의 2차년도 말 가치는 얼마인가?

6. 대출금을 상환하기위해 매년 말에 1,000만원을 3년 동안 갚아야 한다. 연이자율이 6%일 때 대출금을 계산하여라.

7. 은행에서 1,000만원을 예치하면 3년 후에 1,100만원을 지급하는 양도성예금증서(CD, certificate of deposit)를 판매하고 있다. 이 예금증서에 적용된 복리이자율을 구하여라.

8. 3년 후에 여행경비 200만원이 필요하여 연간이율이 5%인 투자상품을 구입하려고 한다. 이 상품의 가격은 얼마인가?

9. 1,000만원을 빌린 민식이가 6년 후에 1,000만원을 상환하고 또다시 6년이 지나서 1,366.87만원을 갚기로 하였다. 1,000만원을 상환한 후 계획을 변경하여 3년 후에 상환하려고 한다.
   (a) 이자가 복리로 계산될 때 상환액을 구하여라.
   (b) 이자가 단리로 계산될 때 상환액을 구하여라.

1.6 할인, 실할인율과 할인함수

> **기사 속의 금융, 2015. 11.12**
>
> 경찰에 따르면 하씨는 지난해 11월쯤 수년 전부터 알고 지낸 박모(44)씨에게 "내가 서울 강남에 빌딩을 갖고 있는데 세금 5,000만원을 내지 못하고 있다"며 "세금을 내고 1주일 뒤에 돌려줄 테니 3,000만원을 빌려달라"고 했다. 박씨는 선(先)이자로 60만원을 떼고 2,940만원을 하씨에게 빌려주었다.

1.6.1 실생활 속의 선이자와 할인

우리가 금융기관이나 개인으로부터 현금을 빌리고 이자를 지급하는 방식을 후이자와 선이자의 2가지로 나눌 수 있다.

갑이 100만원을 빌리고 1년 후에 106만원을 갚는 것은 **후이자** 방식이다. 반면에 을이 100만원에 대해 미리 이자 6만원을 제외하고 94만원을 받고 1년 후에 100만원을 갚는 것은 **선이자**(interest in advance) 방식이다.

을의 거래에서 선이자와 갚을 금액의 비율을 **할인율**(rate of discount)이라고 부른다. 곧,

$$\text{할인율} = \frac{\text{선이자}}{\text{갚을 금액}}$$

이다. 한편, 미리 지불한 선이자를 **할인액**(amount of discount)이라고 한다.

후이자 방식은 사용할 수 있는 100만원에 대해 이자 6만원을 지급한 것이고, 선이자 방식은 94만원에 대한 사용 대가로 6만원의 이자를 지급한 것이다. 빌린 사람의 입장에서 보면 이자액은 같지만 사용할 수 있는 금액(즉, 원금)이 서로 다르다. 다른 결정적인 차이는 실이율에서 분명해진다.

- 갑의 거래에서 실이율 = $\frac{106-100}{100} = 0.06$
- 을의 거래에서 실이율 = $\frac{100-94}{94} \doteq 0.063829787$

예제 1.42 (기사 분석) 1주일 뒤에 상환하기로 하고 3,000만원을 빌렸다. 선(先)이자로 60만원을 떼고 2,940만원을 받았을 때 할인율을 계산하여라. 빌려준 사람의 수익율은 얼마인가?

풀이 할인율은 $\frac{\text{선이자}}{\text{갚을 금액}} = \frac{60}{3000} = 0.02 = 2\%$이다. 한편, 빌려준 사람은 2,940만을 투자하여 60만원의 (선이자) 수익을 얻고 있으므로 수익율은 $\frac{60}{2950} \approx 0.02040 = 2.04\%$이다. □

다음 예제에서는 일상생활에 볼 수 있는 할인, 할인액, 할인가, 할인율에 대해 알아본다.

예제 1.43 (할인 판매) 자동차 회사에서 출고가 3,200만원인 자동차를 출시하였다. 할인액, 할인가, 할인율을 구하여라.

(a) 출시 후 6개월이 지나서 3,000만원에 판매

(b) 출시 후 1년이 지난 시점에서 200만원을 다시 할인하여 판매

풀이 (a) 할인액=200만원, 할인가=3,000만원, 6개월 동안의 할인율=$\frac{200}{3200} = 0.0625 = 6.25\%$

(b) 할인액=400만원, 할인가=2,800만원, 1년 동안의 할인율=$\frac{400}{3200} = 0.125 = 12.5\%$ □

일상생활에서 사용되는 할인, 할인액, 할인가, 할인율은 금융에서도 사용된다. 같은 용어를 사용하지만 의미가 약간은 다르므로 의미를 정확하게 파악하고 옳게 사용해야 한다.

금융에서 사용되는 할인, 할인액, 할인가, 할인율의 정의

- 할인 : 미래에 지급이 약속된 금액보다 적은 금액을 투자하는 행위
- 할인가 : 할인투자에서 투자금
- 할인액 : 미래에 받을 금액에서 투자액을 뺀 금액
- 할인율 =할인액÷미래에 받을 금액

할인의 개념이 적용된 금융상품이나 투자는 국채나 회사채 등의 할인채[5]에서 나타난다. 할인채를 발행자와 구매자의 관점에서 살펴보자.

- 발행자 : 선이자를 지급하고 액면가를 빌림
- 구매자 : 적은 금액을 투자하여 시간이 경과된 후 많은 금액을 받음

할인채를 구입할 때 미래(만기)에 받을 금액에서 투자금액을 뺀 것이 할인액에 해당한다. 한편, 투자금액(=미래에 받을 금액-할인액)을 **할인가**(discounted value)라고 한다.

참고 1.14 일상생활에서 접하는 할인은 투자와 동시에 이익을 얻는다. 할인 금융상품에서는 미래에 받은 금액이 상품의 정가에 해당하고 할인해도 수익이 즉시 발생하지는 않는다. 할인상품에 지정된 기간(만기까지의 시간)이 지나서 수익이 발생한다.

[5]채권의 일종으로 채권에 적힌 금액(액면가)보다 낮은 금액으로 판매하는 채권이다. 채권의 가격을 결정하는 가장 중요한 요소는 이자율이다. 무이표채(zero coupon bond)라고도 한다.

예제 1.44 정부가 1년 후에 100만원 지급을 보장하는 국채를 96만원에 판매하였다. 할인액과 할인율을 구하여라.

풀이 할인액은 4만원이고 할인율은 $\frac{100-96}{100} = 0.04$, 즉, 4%이다. □

참고 1.15 (할인과 할인율)

(i) 1년 후에 P원을 갚기로 약속하고 빌리는 시점에서 이자로 D원을 미리 지불하고 $P-D$를 받는다면 할인율 $d := \frac{D}{P}$로 대여한 것이 된다.

(ii) 할인율 d로 P원을 빌리는 것은 빌리는 시점에서 선이자 Pd를 지급하고 $P-Pd$원을 받은 후 1년이 지난 시점에서 P원을 상환하는 거래이다.

이때 (i)의 D와 (ii)에서의 Pd가 할인액이다.

1.6.2 단할인과 복할인의 할인함수

지금까지 우리는 투자 기법의 하나인 단리나 (여러 가지) 복리에 대하여 공부하였다. 예제 1.44에서는 투자기간이 1년인 할인 금융상품에 대하여 알아보았다. 지금부터는 투자기간이 1년 이상인 단할인과 복할인에 대하여 알아본다.

할인(discount)이란 고정된 사전에 주어진 투자기간 $[0,t]$에 대해 투자 종료 시점 t에서 약속된 금액을 받기로 약속한 후 '선이자를 제외한 나머지 금액을 투자시점 0에 투자'하는 것으로 볼 수 있었다.

우리가 살펴 볼 단할인과 복할인도 단리나 복리와 마찬가지로 투자기법 중의 하나이다. 따라서 대응하는 종가함수와 현가함수가 존재한다. 아래에서 유도과정과 응용에 대해 알아보겠다.

단할인과 단할인함수

먼저 할인액(선이자)이 투자기간에 비례하는 단할인(simple discount)에 대하여 알아보자. 단할인에서의 할인액이 기간에 비례한다는 점에서 단리의 이자와 매우 비슷하다.

예제 1.45 (실생활 속의 단할인) 어떤 상점에서 2주 전부터 정가가 1만원인 상품을 9,500원에 판매하고 있었는데 지난 주에 9,000원에 판매하는 것을 보았다. 이번 주에는 8,500원에 판매한다. 주기적으로 가격을 같은 금액만큼 낮춰 판매하고 있다.
매주 할인액, 할인율, 할인가를 계산하는 식을 구하여라.

풀이 매주 할인액은 500원, 할인율은 5%이고 할인가를 구하는 식은 $1-0.05t$이다. 단, t는 과거 시점으로 단위는 주(week)이다. □

단할인, 할인율, 단할인의 할인함수

- 단할인 : 할인액이 투자기간에 비례하는 할인
- (단)할인율=1년 동안의 할인액÷미래에 받을 금액. (투자기간 동안 동일하다고 가정)
- 단할인의 할인가 : 단할인에서 투자한 금액
- 단할인함수 : 단할인에서 t년 후에 받을 1의 할인가를 나타낸 함수

할인율이 d이고 미래시점에 K를 지급받는 단할인에서 단위종가함수와 할인함수를 구해보자.

- 1년 투자 : 선이자 Kd, 투자 금액 $K - Kd = K(1-d)$, 1년 후 받는 금액 K
- 2년 투자: 선이자 $2Kd$, 투자 금액 $K - 2Kd$, 2년 후 받는 금액 K
- $\vdots$
- n년 투자 : 선이자로 Kdn를 받고, $K - Kdn$를 투자하여 n년 후 받는 금액 K

연할인율이 d인 단할인에서는 현시점 $t = 0$에서 $K - Kdt$를 투자하여 t년 후에 K를 받는다. 즉, 투자시점의 원금이 $K - Kdt$이고 종가가 K인 투자이다. 따라서 단할인에서는 아래와 같이 단위종가함수를 구할 수 있다.

$$(K - Kdt)a(t) = K \implies a(t) = \frac{K}{K - Kdt} = \frac{1}{1 - dt}$$

한편, t년 후에 1을 받기로 하고 $1 - dt$을 투자하므로 $1 - dt$는 1의 할인가인 동시에 (할인투자에서) 1의 현가이다. 따라서 $v(t) = 1 - dt = \frac{1}{a(t)}$이다.

단할인의 할인함수, 단위종가함수, 현가함수

연간 할인율이 d인 단할인에서 할인함수(=현가함수)와 단위종가함수는 다음과 같다.

- 단할인함수 : $v(t) = 1 - dt$
- 단위종가함수: $a(t) = \frac{1}{1-dt}$
- 종가함수: $A(t) = \frac{K}{1-dt}$ (K는 원금 또는 투자금)
- 현가함수: $v(t) = 1 - dt$
- 단할인시 n년 후 받을 F원의 현가는 $Fv(n) = F(1 - dn)$이다. ($Fv(n)$는 n년 후에 F를 받기위한 투자원금이다.)

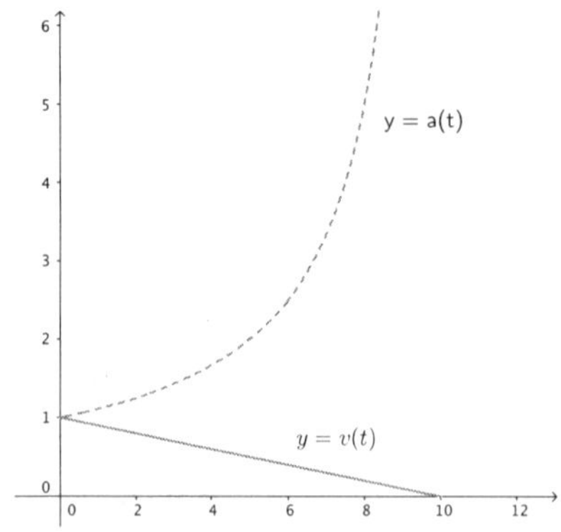

그림 1.7: $d = 10\%$ 인 단할인의 할인함수와 단위종가함수

예제 1.46 (채권의 단할인) 2년 후에 200만원을 지급하는 채권을 185만원에 구입하였다. 단할인을 가정할 때 연할인율을 구하여라.

풀이 단할인에 의한 200만원의 현가가 185만원이므로 등식

$$200(1 - 2d) = 185$$

을 풀어 연할인율 d를 구할 수 있다. $d = 0.075 = 7.5\%$ 이다. □

복할인과 복할인함수

복리는 원금에 이자가 편입되어 이자지급주기 말의 원리합계가 다음 주기의 새로운 원금이 되는 투자임을 알고 있다. 복할인은 할인된 금액에 동일한 할인율이 반복되는 할인이다.

예제 1.47 (생활 속의 복할인) 정가가 1만원 상품을 이 번달에 10% 할인하여 판매하고 있다. 판매 실적이 부진하여 할인가의 10%를 할인하여 다음 달부터 다시 판매할 계획을 세울 때 새로운 판매가를 구하여라.

풀이 이번 달 판매가는 $10000(1 - 0.1) = 9,000$ 원이다. 이 할인가를 다시 10% 할인한 가격은 $9000 - 9000 \times 0.1 = 9000(1 - 0.1) = 10000(1 - 0.1)^2$ 인 $8,100$ 원이다. □

할인된 금액에 동일한 할인율로 주기적으로 적용하여 할인하는 것을 **복할인**(compound discount)이라고 한다. 복할인에서 할인가를 투자기간의 식으로 나타내보자.

- 1년거래 : 투자 금액 $K - Kd = K(1 - d)$, 투자종료시 받는 금액 K
- 2년 거래 : 투자 금액 $K(1 - d)^2$, 투자종료시 받는 금액 K

  - 2년차 말에 받을 금액 K를 할인율 d로 할인하면 1차년도 말(2차년도 초)에 투자할 금액은 $K - Kd = K(1-d)$
  - 1차년도 말에 투자할 금액 $K(1-d)$를 할인율 d로 할인할 때 투자금액은 $K(1-d) - K(1-d)d = K(1-d)^2$
- 3년 거래 : 투자 금액 $K(1-d)^3$, 거래종료시 갚을 금액 K
  - 3차년도 말에 받을 금액 K를 할인율 d로 할인하면 2차년도 기말(3차년도 초)에 투자할 금액은 $K - Kd = K(1-d)$
  - 2차년도 말에 투자할 금액 $K(1-d)$를 할인율 d로 할인할 때 투자금액은 $K(1-d) - K(1-d)d = K(1-d)^2$
  - 1차년도 말에 투자할 금액 $K(1-d)^2$을 할인율 d로 할인하면 1차년도 초에 투자할 금액은 $K(1-d)^2 - K(1-d)^2 d = K(1-d)^3$이다.
- 위 과정으로부터 t년 후에 K를 받기위해 투자할 금액은 $K(1-d)^t$으로 추측된다.

복할인에서 투자기간이 t년일 때 종가는 K이고 투자원금은 $K(1-d)^t$에 해당한다. 따라서 종가를 원금으로 나눈 값 $a(t) = (1-d)^{-t}$가 단위종가함수이고 단위현가함수는 $v(t) = \frac{1}{a(t)} = (1-d)^t$이다.

역으로 함수 $v(t) = \rho^t \ (\rho < 1)$이면 $v(t)$는 할인율이 $d := 1 - \rho$인 복할인함수이다.

위 내용을 아래에 요약한다.

복할인함수, 단위종가함수

단위기간(많은 경우에 1년)의 할인율이 d인 복할인에서 할인함수, 단위종가함수, 현가함수는 다음과 같다.

- 복할인함수(compound discount function) : $v(t) = (1-d)^t$
- 단위종가함수 : $a(t) = (1-d)^{-t}$
- 종가함수 : $A(t) = K(1-d)^{-t}$ (K는 원금 또는 투자금)
- 현가함수 : $v(t) = (1-d)^t$
- 복할인시 n년 후 받을 F원의 현가는 $Fv(n) = K(1-d)^n$이다. ($Fv(n)$는 n년 후에 F를 받기위한 투자원금이다.)

참고 1.16 (할인함수와 현가함수)

(a) 할인함수는 t년 후에 금액 1을 받기위해 현시점 $t = 0$에 투자하는 금액이다. 따라서 할인함수와 현가함수는 같은 의미로 해석된다.

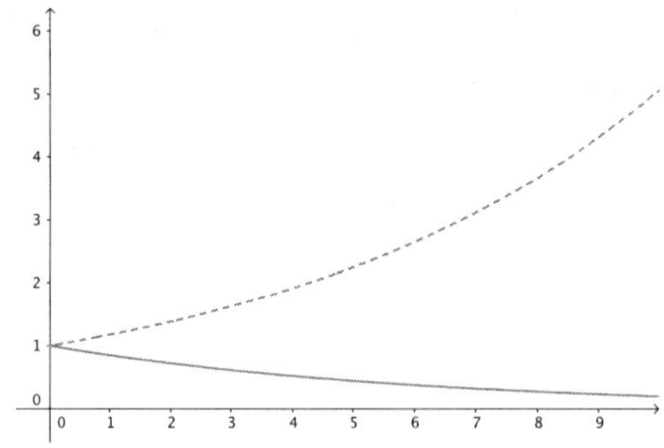

그림 1.8: 복할인의 할인함수와 단위종가함수

(b) 일반적인 투자에서는 단위종가함수가 주어지고 투자로 발생하는 이익을 포함하는 미래금액의 현재가치를 평가한다. 반면에 할인에서는 미래에 받을 금액과 투자기간이 정해질 때 현재 투자할 금액을 구한다.

예제 1.48 3년 후에 1,000원을 수령하기위해 현재 투자할 금액을 구하여라. 단, 할인율은 5%라고 한다.

(a) 단할인일 때 (b) 복할인일 때

풀이 단위종가함수 또는 할인함수를 써서 계산할 수 있다.

(a) 단위종가함수를 쓸 때 투자금액을 K로 두자. $\frac{K}{1-0.05\times 3} = 1,000$이므로 $K = 850$이다. 한편, 단할인함수를 써서 할인가(현가)를 구해도 된다. 이 때 $K = 1,000(1 - 0.05 \times 3) = 850$이다.

(b) 복할인이므로 복할인하수를 이용하여 할인가(현가)를 구하면 된다. 따라서 투자금액은 $1,000(1 - 0.05)^3 = 857.375$원이다. □

국가나 회사가 자금조달을 위해 판매하는 채권 중에 만기에 액면가만 상환하는 채권이 있다. 보통의 채권은 주기적으로 이자를 지급하고 나중에 원금도 상환한다. 액면가만 상환하는 채권은 액면가보다 낮은 가격으로 판매하게 된다. 이런 채권을 순할인채(pure discount bond)라고 한다.

예제 1.49 만기가 5년이고 액면가가 500만원인 채권을 380만원에 구입하였다. 복할인율은 얼마인가? 또 단할인율은 얼마인가?

풀이 할인율을 d로 두자. 복할인의 경우에는 $500(1 - d)^5 = 380$이다. 따라서 복할인율은 $d = 1 - 0.76^{\frac{1}{5}} = 0.053408$이다.

한편, 단할인의 경우에는 $500(1-5d)=380$이므로 단할인율은 $d=0.048=4.8\%$이다. □

1.6.3 복할인과 복리의 관계

이 절에서는 복할인이 복리와 밀접한 관계가 있음을 설명한다.

연간 할인율이 d이면 현시점에서 $1-d$를 투자하여 1년 후에 1을 받는다. 이때 할인을 바라보는 관점에 따라 다양하게 해석할 수 있고 유용한 관계식을 유도할 수 있다.

- 원금이 $1-d$이고 수익이 d이므로 1년 동안의 실이율 i는 다음과 같다.

$$i=\frac{d}{1-d} \tag{1.41}$$

- 1년 후에 $1+i$를 받기위해 현재 1을 투자하므로 받을 금액 $1+i$에 대한 할인액이 i이다. 따라서 할인율 d는 다음과 같다.

$$d=\frac{i}{1+i} \tag{1.42}$$

- 원금 $1-d$를 (1.41)의 이자율 i로 1년 투자할 때 원리합계가 1이므로 할인율과 실이율 사이에 다음 기본관계식이 성립한다.

$$(1+i)(1-d)=1 \tag{1.43}$$

이사율 i와 할인율 d가 등식(1.43)을 반속시킬 때 i와 d가 동등하다(equivalent)고 한다.

이자율 i와 할인율 d가 동등할 때 1의 할인가 $1-d$는 '1년 후 1'의 현가이므로 $\frac{1}{1+i}=v$와 같다. 다음 식에서 (1.43)으로부터 이 사실을 확인할 수도 있다.

$$\underbrace{1-d}_{1\text{의 할인가}} = \underbrace{\frac{1}{1+i}}_{1\text{의 현가}} = v$$

할인율이 d인 복할인에서 할인함수(현가함수)는 $v(t)=(1-d)^t$이고 단위종가함수가 $a(t)=\frac{1}{v(t)}=(1-d)^{-t}$임을 알고 있다. 이제 d와 i가 (1.43)을 만족시킨다고 하자. 그러면 복할인의 단위종가함수 $a(t)=(1-d)^{-t}$를 다음과 같이 바꿔 쓸 수 있다.

$$a(t)=(1-d)^{-t}=(1+i)^t \quad \text{단, } i=\frac{d}{1-d}$$

복할인은 복리이다

할인율 d와 i가 동등하면 할인율 d인 복할인은 이자율 i인 복리와 같다. 식으로 쓰면 다음과 같다.

$$\begin{aligned} a(t) &= (1-d)^{-t} && \text{(할인함수)} \\ &= (1+i)^{t} && \text{(복리의 단위종가함수)} \end{aligned}$$

예제 1.50 할인율 20%와 실이율 25%로 투자할 때 단위종가함수를 구하고 서로 비교하여라.

풀이 할인율 $d = 20\% = 0.2$로 투자할 때 단위종가함수는 $a_1(t) = (1-d)^{-t} = 0.8^{-t}$이다. 한편, 실이율 $i = 25\% = 0.25$로 투자하면 단위종가함수는 $a_2(t) = (1+i)^t = 1.25^t$이다. 그런데 $0.8^{-1} = 1.25$이므로 $a_1(t) = a_2(t)$이다. 따라서 두 투자는 사실상 동일하다. □

1.6.4 주기적 복할인과 연속할인

앞에서 살펴본 단할인과 복할인에서는 할인이 1년마다 적용된다. 연할인율이 d일 때 $\frac{1}{m}$년마다 복할인이 적용될 때 (주기적) 복할인함수와 단위종가함수를 구해보기로 하자.

1년에 m번 복할인하는 주기적 할인과 관련된 용어

연할인율이 d이고 1년에 m번 복할인할 때

- 연할인율(명목할인율) : d
- 할인주기 : $\frac{1}{m}$년마다 복할인
- 할인횟수: 1년 동안 할인횟수는 m번이고 할인(선인자 지급)은 $\frac{1}{m}$년 초에 적용
- 할인주기마다 적용되는 복할인율 : $\frac{1}{m}$년마다 $\frac{d}{m}$이다.

이런 주기적 할인에서 주어진 연할인율을 $d^{(m)}$로 나타내고 "$\frac{1}{m}$년마다 복할인하는 (명목)할인율(rate of discount compounded $\frac{1}{m}$-yearly)" 이라고 부른다.

참고 1.17 주기적 할인(또는 명목할인)에서는 할인횟수에 따라 다음 용어를 사용한다.

- $d^{(2)}$: 반기(별) 복할인의 (명목)할인율(rate of discount compounded semiannually)
- $d^{(4)}$: 분기(별) 복할인의 (명목)할인율(rate of discount compounded quarterly)

- $d^{(12)}$: 월(별) 복할인의 (명목)할인율(rate of discount compounded monthly)
- $d^{(52)}$: 주(별) 복할인의 (명목)할인율(rate of discount compounded weekly)
- $d^{(365)}$: 일(별) 복할인의 (명목)할인율 (명목)이율(rate of discount compounded daily)

주기적 할인에서는 $\frac{1}{m}$ 년마다 할인율 $\frac{d^{(m)}}{m}$ 로 복할인이 m 번 적용된다. 주기적 할인으로 $\frac{k}{m}$ 년 동안 투자하면 복할인이 k 번 적용되므로 할인가는 $(1-d^{(m)}/m)^k$ 이다. 할인함수 $v(t)$를 구하기위해 $\frac{k}{m}=t$로 치환하면 다음이 나온다.

$$v(t)=\left(1-\frac{d^{(m)}}{m}\right)^{mt} \qquad t=0,\frac{1}{m},\frac{2}{m},\ldots \tag{1.44}$$

단할인이나 복할인에서와 같이 주기적할인의 단위종가함수는 $a(t)=\frac{1}{v(t)}$ 이다. 지금까지 유도한 결과를 요약한다.

주기적 할인에서 할인함수, 단위종가함수

$\frac{1}{m}$ 년 주기로 복할인하는 (명목)할인율이 $d^{(m)}$ 일 때 할인함수와 단위종가함수는 다음과 같다.

- 할인함수 : $v(t)=\left(1-\frac{d^{(m)}}{m}\right)^{mt} \qquad t=0,\frac{1}{m},\frac{2}{m},\ldots$
- 단위종가함수

$$a(t)=\left(1-\frac{d^{(m)}}{m}\right)^{-mt} \qquad t=0,\frac{1}{m},\frac{2}{m},\ldots \tag{1.45}$$

연속할인

연속복리를 도입할때 이자계산주기가 무한이 짧은 경우를 생각하기위해 $m\to\infty$ 인 극한을 생각하였다. 비슷하게, 주기적 복할인의 할인주기가 무한히 짧아질 때 **연속할인**(continuous discount)이라고 부르겠다.

연간할인율이 d일 때 연속할인함수는 $m\to\infty$ 일 때 복할인함수의 극한으로 정의된다. 이제 극한을 계산하여 연속할인의 할인함수

$$\begin{aligned} v(t) &= \lim_{m\to\infty}\left(1-\frac{d}{m}\right)^{mt} = \left[\lim_{m\to\infty}\left(1-\frac{d}{m}\right)^{m}\right]^{t} \\ &= e^{-dt} \end{aligned}$$

를 얻을 수 있다. 한편, 단위종가함수는 다음과 같다.

$$a(t)=\frac{1}{v(t)}=e^{dt}$$

연속할인의 할인함수와 단위종가함수

연간 실할인율이 d 일 때

- 연속할인의 할인함수 : $v(t) = e^{-dt}$
- 연속할인의 단위종가함수 : $a(t) = 1/v(t) = e^{dt}$

1.6.5 종가함수와 할인, 실할인율

어떤 투자나 금융상품에서 돈의 증가를 나타내 단위종가함수가 $a(t)$ 일 때 구간 $[t_1, t_2]$ 에서 할인율을 정의해 보자. 투자자가 투자를 시작하는 시점 t_1 에서 투자금 $a(t_1)$ 을 투자하여 t_2 시점에서 $a(t_2)$ 를 회수하는 것으로 이해할 수 있다. 이 때 두 시점의 차액 $a(t_2) - a(t_1)$ 를 관점에 따라 이자 또는 할인액으로 간주할 수 있고 실이자율이나 실할인율을 대응시킬 수 있다.

- 이자로 보면 $\frac{a(t_2)-a(t_1)}{a(t_1)}$ 은 구간 $[t_1, t_2]$ 에서 이자율
- 할인액으로 보면 $\frac{a(t_2)-a(t_1)}{a(t_2)}$ 은 구간 $[t_1, t_2]$ 에서 할인율

임의구간에서 실할인율과 실이율

위의 관찰을 토대로 $[t_1, t_2]$ 에서의 **실할인율**(effective rate of discount) $d_{[t_1,t_2]}$ 를 다음과 같이 정의한다.

$$d_{[t_1,t_2]} = \frac{a(t_2) - a(t_1)}{a(t_2)} \tag{1.46}$$

동일한 단위종가함수(투자 혹은 금융상품)에 대해 같은 구간에서 정의된 실할인율과 실이율 사이에는 다음 관계가 성립한다.

$$(1 + i_{[t_1,t_2]})(1 - d_{[t_1,t_2]}) = 1 \tag{1.47}$$

이 등식을 이용하여 실이자율을 할인율로 나타낼 수 있다.

$$i_{[t_1,t_2]} = \frac{d_{[t_1,t_2]}}{1 - d_{[t_1,t_2]}} \tag{1.48}$$

또한 할인율을 실이자률로 나타낼 수 있다.

$$d_{[t_1,t_2]} = \frac{i_{[t_1,t_2]}}{1 + i_{[t_1,t_2]}} \tag{1.49}$$

예제 1.51 단위종가함수 $a(t) = 1.01^{4t}$ $(t = 0, \frac{1}{4}, \frac{2}{4}, \ldots)$ 에 대해 다음 구간에서 실할인율과 실이율을 구하여라.

(a) $[1, \frac{5}{4}]$ (b) $[1, 2]$

풀이 할인율과 실이율의 정의를 이용하여 계산한다.

$$d_{[1,5/4]} = \frac{1.01^5 - 1.01^4}{1.01^5} = 1 - \frac{1}{1.01} = \frac{0.01}{1.01} = \frac{1}{101} \approx 0.0099 = 0.99\%$$
$$i_{[1,5/4]} = \frac{1.01^5 - 1.01^4}{1.01^4} = 0.01 = 1\%$$
$$d_{[1,2]} = \frac{1.01^8 - 1.01^4}{1.01^8} = 1 - 1.01^{-4} \approx 0.03901 = 3.901\%$$
$$i_{[1,2]} = \frac{1.01^8 - 1.01^4}{1.01^4} = 1.01^4 - 1 \approx 0.0406 = 4.06\%$$
□

n차년도의 실할인율과 실이율

실이율에서와 같이 자연수 n에 대해 구간 $[n-1, n]$에서의 실할인율을 d_n으로 쓰면 d_n은 다음과 같다.

$$d_n = \frac{a(n) - a(n-1)}{a(n)}, \quad a(n-1) = (1 - d_n)a(n) \tag{1.50}$$

(1.50)으로부터 다음 관계식을 유도할 수 있다.

$$(1 + i_n)(1 - d_n) = 1 \tag{1.51}$$
$$i_n = \frac{d_n}{1 - d_n} \tag{1.52}$$
$$d_n = \frac{i_n}{1 + i_n} \tag{1.53}$$

모든 년도에서 실할인율이 같은 경우

각 구간 $[n-1, n]$에서 실이율이 모두 같으면 실할인율도 모두 동일하다. 이제 $i_n = i$, $d_n = d$로 쓰면 실할인율과 실이율 사이에 다음 관계가 성립한다.

$$(1 + i)(1 - d) = 1 \tag{1.54}$$
$$i = \frac{d}{1 - d} \tag{1.55}$$
$$d = \frac{i}{1 + i} \tag{1.56}$$

복리 기법으로 이자를 계산하고 현금의 가치를 평가할 때 (1.54), (1.55), (1.56)을 써서 다양한 등식을 유도하고 변환한다.

예제 1.52 복리 연이율이 6%일 때 각 구간 $[n-1, n]$에서 할인율 d_n을 구하고 (1.56)을 확인하여라.

풀이 복리에서 단위종가함수가 $a(t) = (1+i)^t = 1.06^t$ 이므로, 식(1.50)에 의해, 할인율을 구하면 다음과 같다.

$$d_n == \frac{a(n) - a(n-1)}{a(n-1)} = \frac{1.06^n - 1.06^{n-1}}{1.06^n} = 1 - \frac{1}{1.06} = \frac{0.06}{1.06}$$
$$= \frac{0.06}{1+0.06} = \frac{i}{1+i}$$

□

표 1.12에 여러 형태의 투자에 대한 연간실할인율을 계산하였다.

- 단리와 단할인의 경우 연간실할인율은 년도에 따라 달라지고 점점 작아진다.
- 복리, 주기적 복리 및 연속복리의 경우에 년도에 관계없이 연간 실할인율은 동일하다.

투자 방법	이율 or 할인율	미래가, 종가 (단위종가함수)	현가함수	n차년도 실할인율
복리	i	$(1+i)^t$	$(1+i)^{-t}$	$\frac{i}{1+i}$
복할인	d	$(1-d)^{-t}$	$(1-d)^t$	d
단리	r	$1+rt$	$\frac{1}{1+rt}$	$\frac{r}{1+rn}$
단할인	d	$\frac{1}{1-dt}$	$1-dt$	$\frac{d}{1-d(n-1)}$
주기적복리	$i^{(m)}$	$\left(1+\frac{i^{(m)}}{m}\right)^{mt}$	$\left(1+\frac{i^{(m)}}{m}\right)^{-mt}$	$1-(1+i^{(m)}/m)^{-m}$
연속복리	r	e^{rt}	e^{-rt}	$1-e^{-r}$

표 1.12: 여러 단위종가함수와 연간실할인율

연습문제 1.6

1. 종가함수가 $A(t) = 200 + 8t$ 일 때 5차년도의 이자 I_5, 실이율 i_5 와 실할인율 d_5 를 구하여라.

2. 1년 후에 상환하기로 약속하고 이자율 6%로 100만원을 대출하려고 한다. 대출과 동시에 미리 이자를 지급한다면 선이자로 얼마를 지급하는 것이 타당한지 말하여라.

3. 97.5만원을 빌려주고 3개월 후에 100만원을 상환받을 때 다음을 계산하여라.
   (a) 할인율과 명목할인율 (b) 3개월 동안의 수익률

4. 396만원을 6년 동안 투자하려고 한다. 다음 투자에 대해 종가를 구하여라.
   (a) 단할인율 3%로 투자 (b) 복할인율 3%로 투자

5. 다음 각 조건으로 6차년도 말에 받을 1,000만원의 현가를 계산하여라.
   (a) 반기별복할인의 할인율 6% (b) 연간복할인율 6%

6. 연간실할인율 8%을 사용하여 10년 후에 지급될 2,000만원의 현재가치를 구하여라.
7. 연이자율이 연간할인율 8%와 동등하다는 가정하에 현시점 7,500만원의 3년 후 적립가를 구하여라.
8. 분기별복할인의 할인율 5%를 사용하여 10년 후 지급받는 1,000만원의 현재가치를 계산하여라.
9. 6개월 후에 액면가 1,000만원을 지급하는 채권을 950만원에 구입하였다.
   (a) 할인율을 구하여라.
   (b) 명목할인율은 얼마인가?
   (c) 수익률을 계산하여라.
   (d) 명목이율을 계산하여라.
10. 분기별복할인의 할인율이 6%이다. 3년 후 연말에 지급되는 2,000만원의 현가를 계산하여라.
11. 3년 후에 1,000만원을 지급받는 회사채를 840만원에 다음 조건으로 구입할 때 연할인율과 연간수익률을 계산하여라.
   (a) 단할인 (b) 복할인
12. 보험회사가 10년 후에 2,000만원을 지급하는 교육보험상품을 일시불 가격으로 판매한다. 연이율은 6%일 대 이 보험상품의 가격을 계산하여라.
13. 2년 전 가격이 6억원인 아파트가 작년에는 5억4000만원, 올해는 5억 2000만원이다. 아파트 가격의 평균적 하락율을 구하여라.
14. 3개월 후에 200만원을 지급받는 국채를 188만원에 구입하였다.
   (a) 할인액과 할인율을 구하여라.
   (b) 3개월 동인의 수익율을 구하여라.
   (c) 명목이율을 구하여라.
15. 3년 후에 자동차 구입 자금으로 3,000만원을 준비하려고 한다. 아래 방법으로 투자할 때 지금 투자할 금액을 구하여라.
   (a) 단할인율이 5%인 채권 (b) 복할인율이 5%인 금융상품
16. 6개월 후에 만기가 도래하면 500만원을 지급하는 채권을 구입하였다. 6개월이 지난 후 수익율이 6%일 때 다음을 구하여라.
   (a) 할인율 (b) 할인액 (c) 구입가
17. 단리 6%로 투자할 때 n차년도의 실할인율을 구하여라.
18. 분기별복리의 이율 6%로 투자할 때 1차년도, 2차년도의 실이율과 할인율을 계산하여라.
19. 이력 $\delta = 5\%$로 투자할 때 n차년도의 실이율과 할인율을 계산하여라.
20. 다음 단위종가함수에 대해 할인율을 구하고 각각 n차년도의 할인율과 실이율을 구하여라.
   (a) $a(t) = \frac{1}{1-0.04t}$ $(0 \leq t < 25)$
   (b) $a(t) = 0.95^{-t}$

1.7 명목할인율과 단위종가함수, 실할인율

1.4절에서 명목이율과 실이율의 상호관계에 대하여 살펴보았다. 명목이율은 이자지급기간이 1년이 아닐 때 1년 동안의 이자율로 환산한 이자율이었다. 이자지급주기가 1년 미만인 명목이율 $i^{(m)}$에서는 $\frac{1}{m}$년마다 주기적으로 복리가 적용되었다. 비슷하게 할인주기가 1년 미만이고 주기적으로 복할인이 적용되는 경우를 생각할 수 있다.

연간할인율이 같아도 할인횟수가 다를 수 있으므로 구분하기 위해 명목할인율을 $d^{(m)}$로 나타내기로 하자. (단, m는 1년 동안의 할인횟수) 다음은 이 절에서 사용할 기호에 대한 설명이다.

명목할인율과 실할인율에서 사용하는 기호

- 명목할인율 : $d^{(m)}$ (보통 연할인율)
- 할인횟수 : m
- 할인주기 또는 할인기간 : $\frac{1}{m}$ 년 또는 $\frac{12}{m}$ 개월
- 할인주기당 (실)할인율 : $\frac{d^{(m)}}{m}$
- 실할인율 : d (보통 연할인율)

1.7.1 명목할인의 할인함수, 단위종가함수, 실할인율

이 절에서는 명목할인율이 $d^{(m)}$로 투자할 때 할인함수, 단위종가함수, 실할인율을 구체적으로 계산한다.

주기적 할인에서 할인함수와 단위종가함수

명목할인율이 $d^{(m)}$일 때 t년 후에 1을 지급받는 경우를 생각해보자. 1에 대해 할인율 $\frac{d^{(m)}}{m}$인 복할인이 mt번 일어난다. 따라서 복할인에서 1의 할인가를 나타내는 할인함수는 다음과 같이 주어진다.

$$v(t) = \left(1 - \frac{d^{(m)}}{m}\right)^{mt} \qquad t = 0, \frac{1}{m}, \frac{2}{m}, \ldots$$

따라서 단위종가함수 $a(t) = 1/v(t)$는 다음과 같다.

$$a(t) = \left(1 - \frac{d^{(m)}}{m}\right)^{-tm} \qquad t = 0, \frac{1}{m}, \frac{2}{m}, \ldots \tag{1.57}$$

할인율

주기적 복할인인 적용되는 명목할인 투자에서 할인율을 계산해 보자. 먼저 구간 $[t, t+\frac{1}{m}]$ 에서 실할인율과 실이율을 구해본다.

$$d_{[t,t+1/m]} = \frac{a(t+1/m)-a(t)}{a(t+1/m)} = \frac{d^{(m)}}{m}$$

$$i_{[t,t+1/m]} = \frac{a(t+1/m)-a(t)}{a(t)} = \left(1-\frac{d^{(m)}}{m}\right)^{-1} - 1 = \frac{\frac{d^{(m)}}{m}}{1-\frac{d^{(m)}}{m}}$$

할인주기마다 적용되는 할인율이 (구간) 실할인율과 같음을 보여준다.

이제 명목할인 투자에서 연간실할인율을 계산한다. 명복할인에서는 할인율이 $\frac{d^{(m)}}{m}$ 인 복할인이 1년 동안 m 번 적용되어 할인된 금액인 할인가를 투자한다. 명목할인율 $d^{(m)}$ 으로 투자할 때 1년 후에 1을 지급받기 위해 투자하는 금액은

$$\left(1-\frac{d^{(m)}}{m}\right)^m$$

이므로 1년 동안의 실질적 할인액은 다음과 같다.

$$1-\left(1-\frac{d^{(m)}}{m}\right)^m$$

이 할인액이 연간 실할인율이다.

이제 연간실할인율을 d로 두면 실할인율과 명목할인율 사이에 다음 관계가 성립한다.

$$1-d = \left(1-\frac{d^{(m)}}{m}\right)^m \tag{1.58}$$

한편, 연간실이율 d는, (1.58)로부터, 아래와 같다.

$$d = 1-\left(1-\frac{d^{(m)}}{m}\right)^m$$

이 식은 명목할인율로 투자할 때 n차년도의 실할인율과 실이율이 n에 무관한 상수임을 보여준다.

예제 1.53 은행에서 분기 복할인의 할인율이 3.6%인 저축상품을 광고하고 있다. 연간 실이율과 연간 실할인율을 계산하여라.

풀이 $m = 4$, $d^{(4)} = 0.036$이므로 연간실할인율은

$$d = 1-(1-0.036/4)^4 \approx 0.035516 \approx 3.55\%$$

이고 실이율은 $i = d/(1-d) \approx 0.03682 \approx 3.68\%$이다. □

1.7.2 실할인율과 동등한 명목할인율

이 절에서는 실할인율이 주어질 때 동등한 명목할인율을 구하는 방법에 대하여 알아본다. 먼저 $d^{(m)}$의 실할인율 d를 구하는 식 (1.58)로부터 다음을 알 수 있다.

- 명목할인율 $d^{(m)}$이 주어질 때 실할인율을 구할 수 있다. 실할인율 d는 다음과 같다.

$$d = 1 - \left(1 - \frac{d^{(m)}}{m}\right)^m$$

- 역으로, 실할인율 d가 주어질 때 주어진 m에 대해 연간실할인율이 d인 명목할인율 $d^{(m)}$을 구할 수 있음을 보여준다. 이 때 명목할인율은 다음과 같다.

$$d^{(m)} = m\left(1 - (1-d)^{\frac{1}{m}}\right)$$

이 관찰을 토대로 동등한 실할인율과 명목할인율 아래와 같이 정의한다.

동등한 할인율

$$d\text{와 } d^{(m)}\text{이 동등하다} \iff 1 - d = \left(1 - \frac{d^{(m)}}{m}\right)^m$$

이제 주어진 실할인율에 대해 동등한 명목할인율, 실이율, 명목이률을 구할 수 있다.

d와 동등한 $d^{(m)}$, i, $i^{(p)}$

다음 등식을 만족시키는 d, $d^{(m)}$, i 및 $i^{(p)}$는 모두 동등하다.

$$1 - d = \left(1 - \frac{d^{(m)}}{m}\right)^m \tag{1.59}$$

$$= (1-i)^{-1} \tag{1.60}$$

$$= \left(1 - \frac{i^{(p)}}{p}\right)^{-p} \tag{1.61}$$

(여기서 m과 p는 임의의 자연수이다.)

(1.59),(1.60)이나 (1.61)은 대출이나 투자를 다른 형태로 전환시킬 때 유용하다. 실할인율 d, 명목할인율 $d^{(m)}$, 실이율 i, 명목이율 $i^{(p)}$ 중에서 어느 하나가 주어지면 나머지를 모두 구할 수 있기 때문이다.

예를 통해 그 과정을 간단하게 설명해 본다. 명목할인율 $d^{(m)}$과 동등한 명목이율 $i^{(p)}$을 구해보자.

(a) 실할인율 d를 구한다.

(b) d와 동등한 실이율 i를 구한다.

(c) i와 동등한 명목이율 $i^{(p)}$를 구한다.

이제 다음 방정식에서 $i^{(p)}$가 구해진다.

$$\left(1+\frac{i^{(p)}}{p}\right)^{-p}=\left(1-\frac{d^{(m)}}{m}\right)^{m} \implies i^{(p)}=p\left[\left(1-\frac{d^{(m)}}{m}\right)^{-\frac{m}{p}}-1\right]$$

($i^{(p)}$를 구하는 이 식을 굳이 암기할 필요는 없다.)

명목할인율 $d^{(m)}$에 대해 동등한 명목이율 $i^{(p)}$를 찾을 때 다음 등시을 기억하자.

$$\left(1-\frac{d^{(m)}}{m}\right)^{m}=1-d=(1+i)^{-1}=\left(1+\frac{i^{(p)}}{p}\right)^{-p} \tag{1.62}$$

예제 1.54 주어진 $d^{(4)}=4\%$에 대해 (동등한) 월별복리의 이자율을 구하여라.

풀이 (1.62)에 의해 등식

$$(1-0.04/4)^{-4}=(1+i^{(12)}/12)^{12}$$

이 성립한다. 따라서 $i^{(12)}=12[1-0.99^{-1/3}]\approx 0.04026\approx 4.03\%$ □

표 1.13에서는 할인율과 동등한 명목할인율 및 명목이율을 계산하고 있다.

m	동등한 명목할인율$d^{(m)}$	동등한 명목이율 $i^{(m)}$
1	0.06	0.063829787
2	0.06092806	0.06284249
3	0.06124167	0.06251791
12	0.061716154	0.062035202
52	0.06183861	0.06191223
365	0.06187016	0.06188065
1000	0.06187349	0.06187732
5000	0.06187502	0.06187579
10000	0.06187521	0.06187560
100000	0.06187538	0.06187542

표 1.13: 실할인율 $d=6\%$와 동등한 명목할인율 및 명목이율

표 1.13은 주어진 할인율에 대해

- m이 커질수록 $d^{(m)}$이 커지면서 어떤 값에 수렴
- m이 커질 수록 $i^{(m)}$이 작아지면서 어떤 값에 수렴
- 동등한 명목할인율과 명목이율의 극한값이 일치

함을 보여준다. 이 극한값은 $\ln(1+i) = \ln(1-d)^{-1}$ 이고 i에 대응하는 이력이다.

예제 1.55 연간실할인율 d와 동등한 연간실할인율 $d^{(m)}$에 대해 다음 극한을 유도하여라.

$$\lim_{m\to\infty} d^{(m)} = \ln\left(\frac{1}{1-d}\right)$$

특히, i가 d와 동등하면 $\lim_{m\to\infty} d^{(m)} = \ln(1+i)$ 임을 설명하여라.

풀이

$$\begin{aligned}
\lim_{m\to\infty} d^{(m)} &= \lim_{m\to\infty} m\left[1-(1-d)^{\frac{1}{m}}\right] \\
&= \lim_{m\to\infty} \frac{1-(1-d)^{\frac{1}{m}}}{\frac{1}{m}} \\
&= -\lim_{h\to 0} \frac{f(h)-f(0)}{h}, \qquad \left(\frac{1}{m} = h\text{로 치환}\right) \\
&= -f'(0), \qquad f(x) = (1-d)^x = e^{x\ln(1-d)} \\
&= -\ln(1-d) = \ln\left(\frac{1}{1-d}\right)
\end{aligned}$$ □

표 1.13과 예제 1.55에서 살펴본 동등한 명목이율과 명목할인율의 성질을 요약한다.

동등한 명목이율과 명목할인율의 성질

동등한 i, d, $i^{(m)}$, $d^{(m)}$에 대해 다음이 성립한다.

- 부등식

$$i > i^{(2)} > i^{(3)} > \cdots > i^{(m)} > \cdots > d^{(m)} > \cdots > d^{(3)} > d^{(2)} > d$$

- $\lim_{m\to\infty} d^{(m)} = \ln\left(\frac{1}{1-d}\right) = \ln(1+i) = \lim_{m\to\infty} i^{(m)}$

예제 1.56 동등한 명목할인율과 명목이율 사이에 성립하는 다음 관계식을 증명하여라.

$$\left(1-\frac{d^{(m)}}{m}\right)\left(1+\frac{i^{(m)}}{m}\right) = 1$$

풀이 $p = m$인 등식 (1.62)에서 바로나온다.

$$\left(1-\frac{d^{(m)}}{m}\right)^m = \left(1+\frac{i^{(m)}}{m}\right)^{-m} \iff \left(1-\frac{d^{(m)}}{m}\right)^m \left(1+\frac{i^{(m)}}{m}\right)^m = 1$$ □

이력으로 연속할인할 때 할인함수와 단위종가함수

주어진 연간할인율 d와 명목할인율 $d^{(m)}$이 동일하다고 하자. $d^{(m)}$으로 할인할 때의 할인함수에 대해, 연속복리에서와 비슷하게, $m \to \infty$인 경우를 생각해 보자. 연속할인에서 할인함수 $v(t)$와 단위종가함수 $a(t)$는 다음과 같다.

$$\begin{aligned} v(t) &= \lim_{m\to\infty}\left(1-\frac{d^{(m)}}{m}\right)^{mt} \\ &= \lim_{m\to\infty}\left[(1-d)^{\frac{1}{m}}\right]^{mt} \\ &= (1-d)^t \end{aligned}$$

따라서 단위종가함수 $a(t) = 1/v(t) = (1-d)^{-t}$이다. 여기서 이력을 이용하여 할인함수와 단위종가함수를 다른 형태로 쓸 수 있다.

연간할인율 및 동등한 이력으로 연속할인할 때

연간할인율이 d가 연간실이율 i, 이력 δ와 동등하다고 하자. 그러면 연속할인의 할인함수와 단위종가함수는 다음과 같다.

- 연속할인의 할인함수 : $v(t) = (1-d)^t = (1+i)^{-t} = e^{-\delta t}$
- 연속할인의 단위종가함수 : $a(t) = \frac{1}{v(t)} = (1-d)^{-t} = (1+i)^t = e^{\delta t}$

결과적으로 연속복리와 연속할인은 같다.

지금까지 단리와 단할인, 복리와 복할인, 주기적복리와 주기적할인 (명목이율과 명목할인율), 연속복리와 연속할인 등의 이자계산기법과 할인에 대하여 공부하였다. 표 1.14에서 이런 이자계산과 할인의 단위종가함수와 현가함수를 정리한다.

누적 방법	이자계산 횟수(연당)	명목이율 명목할인율	미래가, 종가 (단위종가함수)	t년 후 1의 현가 (현가함수)
복리	1	r	$(1+r)^t$	$(1+r)^{-t}$
주기적복리	m	$r^{(m)}$	$\left(1+\frac{r^{(m)}}{m}\right)^{mt}$	$\left(1+\frac{r^{(m)}}{m}\right)^{-mt}$
연속복리	∞	r	e^{rt}	e^{-rt}
복할인	1	d	$(1-d)^{-t}$	$(1-d)^t$
주기적복할인	m	$d^{(m)}$	$\left(1-\frac{d^{(m)}}{m}\right)^{-mt}$	$\left(1-\frac{d^{(m)}}{m}\right)^{mt}$
단리		r	$1+rt$	$\frac{1}{1+rt}$
단할인		d	$\frac{1}{1-dt}$	$1-dt$

표 1.14: 여러 형태의 단위종가함수와 현가함수

연습문제 1.7

1. 반기별복리의 $i = 6\%$ 에 대해 (동등한) 다음을 구하여라.
   (a) 이자율
   (b) 월별복리의 이율
   (c) 주별복리의 이율
   (d) 할인율
   (e) 분기별 복할인의 할인율
   (f) 이력
2. 이자율 $i = 0.04$ 와 동등한 d, $d^{(4)}$, $d^{(12)}$ 를 계산하여라.
3. 연할인율 6%와 동등한 연이율, 분기별복할인의 명목할인율, 월별복할인의 명목할인율, 이력을 계산하여라.
4. 100만원을 투자하려고 한다. 1년 동안은 분기별복할인의 할인율 6%로 투자하고 원금과 수익금을 다시 2년 동안 월별복리의 이자율 7.2%로 투자한다.
   (a) 3년 후 종가를 계산하여라.
   (b) 3년 동안의 평균수익률은 얼마인가?
5. 분기별복할인의 명목할인율 12%에 대해 동등한
   (a) 연간할인율
   (b) 반기별복할인의 명목할인율
   (c) 월별복할인의 명목할인율
   (d) 주별복할인의 명목할인율
   (e) 일별복할인의 명목할인율이력

   을 계산하여라.
6. 4년 동안 다음 조건으로 투자할 때 4년 동안의 수익률을 구하여라. 단, 중간에 인출하지 않는다.
   - 1차년도에는 실할인율 6%
   - 2차년도에는 반기별복리의 이율 4%
   - 3차년도에는 분기별복할인의 할인율 5%
   - 4차년도에는 이력 4.8%
7. 대형 쇼핑몰에서 다음 두 조건으로 상품을 판매한다.
   - 현금구입시 할인
   - 신용카드로 결제

   카드회사는 수수료로 매출액의 3%를 제외한 카드 결제 후 1개월 후에 지급한다. 현금으로 구입할 때 할인율을 구하여라. 단, 연이자율은 4.5%이다.

8. 연간할인율 6%와 동등한 연간실이율, 분기별복리의 명목이율, 분기별복할인의 명목할인율을 각각 계산하여라.

9. 월별복리의 명목이율 18.9%와 동등한 월별복할인의 명목할인율을 구하여라.

10. 분기별복할인의 할인율 4.8%로 1,200만원을 투자할 때 5년후의 종가를 계산하여라. 1,200만원을 단리로 5년 동안 투자하여 같은 투자효과를 누릴 때 연간이자율을 계산하여라.

11. A 펀드는 월별복리의 명목이율 6%로 이자를 받는다. B펀드는 년당 3번할인하는 명목할인율로 이자를 받는다. 두 펀드가 받는 연간실이율이 같다. B 펀드의 명목할인율을 계산하여라.

12. 어떤 펀드에서 첫 2년 동안에는 분기분리의 명목이율 5%로 이자를 받고, 다음 2년 동안에는 월별할인의 명목할인율 4%로 이자를 받고 5차년도와 6차년도에는 상수이력 3%로 이자를 받는다. 6년 후 종가가 5,000만원이 되기위해 오늘 투자해야 금액을 구하여라.

13. 반기별 복할인의 할인율 4%로 투자하여 5차년도 말에 1,000만원을 받고 싶다. 얼마를 투자하는지 계산하여라.

14. $i^{(m)} = d^{(m)}(1+i)^{\frac{1}{m}}$ 임을 증명하여라.

1.8 이력과 할인력

이 절에서는 단위종가함수 $a(t)$ 가 미분가능할 때 구간 $[t, t+\Delta t]$ 에서의 실이자율 $i_{[t,t+\Delta t]}$ 을 Δt 로 나눈 단위시간당 실이자율(즉, 명목이율)의 거동에 대하여 살펴본다.

1.8.1 이력과 할인력

투자를 특정시점에서 분석하여 계획대로 잘 진행되고있는지 검토할 때 이자율(수익율)의 변동은 중요한 정보를 준다. 투자가 종료되기 전에 인출하거나 증액하지않으므로 이자율이 종가를 결정한다. 따라서 특정 시점을 기준으로 짧은 구간 $[t, t+\frac{1}{m}]$ 에서 측정된 명목이율

$$i^{(m)}(t) = \frac{i_{[t,t+1/m]}}{\frac{1}{m}} = \frac{1}{a(t)} \frac{a(t+1/m)-a(t)}{\frac{1}{m}} \tag{1.63}$$

의 변화를 관찰할 필요가 있다. 여기서 $i^{(m)}(t)$ 은 구간에서의 실이율 $i_{[t,t+1/m]}$ 을 구간의 길이로 나눈 값이므로 연단위로 환산한 명목이율임은 분명하다.

이 명목이율에 대하여 $m \to \infty$ 일 때의 극한을 생각하자. 단위종가함수 $a(t)$ 가 미분가능하면 다음 극한이 존재한다.

$$\begin{aligned}\lim_{m\to\infty} \frac{i_{[t,t+1/m]}}{\frac{1}{m}} &= \lim_{m\to\infty} \frac{1}{a(t)} \frac{a(t+\frac{1}{m})-a(t)}{\frac{1}{m}} \\ &= \frac{1}{a(t)} \lim_{h\to 0} \frac{a(t+h)-a(t)}{h} \qquad \left(\frac{1}{m} = h\text{로 치환}\right) \\ &= \frac{a'(t)}{a(t)}\end{aligned}$$

이 극한값을 단위종가함수 $a(t)$ 에 대응하는 **이력**(force of interest)이라고 부르고 보통 δ_t 또는 $\delta(t)$ 로 나타낸다.

이력을 계산할 때 종가함수 $A(t)$ 를 사용할 수도 있다. 이 때 $A(t) = A(0)a(t)$ 이므로 이력을 다음과 같이 계산할 수 있다.

$$\delta_t = \frac{a'(t)}{a(t)} = \frac{d}{dt}\ln\big(a(t)\big) \tag{1.64}$$

$$= \frac{A'(t)}{A(t)} = \frac{d}{dt}\ln\big(A(t)\big) \tag{1.65}$$

앞에서 공부한 단리, 복리 및 연속복리에 대해 이력을 구해보자.

- 단리의 이력 : 단리에서 단위종가함수가 $a(t) = 1+rt\,(t \geq 0)$ 이므로 이력은 $\delta_t = \frac{a'(t)}{a(t)} = \frac{r}{1+rt}$, $\quad t \geq 0$ 이다.
- 복리의 이력 : 복리에서 단위종가함수가 $a(t) = (1+i)^t\,(t \geq 0)$ 이므로 이력은

$\delta_t = \frac{d}{dt}\ln a(t) = \ln(1+i)$이다. 복리에서는 이력이 상수이므로 t를 생략하여 $\delta := \ln(1+i)$로 쓰고 i의 이력이라고 부른다.

- 연속복리의 이력 : 연속복리에서 단위종가함수가 $a(t) = e^{rt}$이므로 이력은 $\delta_t = \frac{d}{dt}\ln a(t) = r$이다. 특히, 이력 $r = \delta = \ln(1+i)$로 연속복리를 적용하면 복리의 이자계산과 일치한다.

금융수학이나 보험이론에서는 이력이 상수인 경우를 자주 볼 수 있다. 이력이 상수일 때 다음을 기억하자.

이력이 상수일 때

이력이 상수 δ이면 다음 사실이 성립한다.

- $e^\delta = 1+i$. 단, i는 연간실이율이다.
- 단위종가함수는 $a(t) = e^{\delta t}$이다.
- 현가율(할인요소)은 $v = (1+i)^{-1} = e^{-\delta}$
- 현가함수(할인함수)는 $v(t) = v^t = e^{-\delta t}$이다.

예제 1.57 200만원을 이력 $\delta = 4\%$로 $\sqrt{10}$년 투자했을 때 종가를 계산하여라.

풀이 이력으로 투자시 단위종가함수가 $a(t) = e^{0.04t}$이므로 200만원의 10년 후 종가는

$$200a(\sqrt{10}) = 200e^{0.04\sqrt{10}} = 226.9679\text{만원}$$

이다. □

이제 명목할인율의 변화를 관찰해 보자. 구간 $[t, t+\frac{1}{m}]$에서 측정된 실할인율 $d_{[t,t+1/m]}$를 구간의 길이로 나누면 명목할인율

$$d^{(m)}(t) = \frac{d_{[t,t+1/m]}}{\frac{1}{m}} = \frac{1}{a(t+1/m)}\frac{a(t+1/m)-a(t)}{\frac{1}{m}}$$

이 얻어진다. 이력을 유도하는 과정과 마찬가지로 위 식에 $m \to \infty$인 극한을 취하고 극한값을 계산하자. 명목이율의 극한값

$$\begin{aligned}\lim_{m\to\infty} d^{(m)}(t) &= \lim_{m\to\infty}\frac{1}{a(t+1/m)}\lim_{m\to\infty}\frac{a(t+1/m)-a(t)}{\frac{1}{m}}\\ &= \frac{a'(t)}{a(t)}\\ &= \delta_t\end{aligned}$$

을 $a(t)$의 **할인력**(force of discount)이라고 부른다. 할인력과 이력이 같아지므로 이력만 생각해도 충분함을 알 수 있다.

1.8.2 이력과 단위종가함수 및 현가함수

식 (1.64)의 양변을 구간 $[0,t]$에서 적분한 후 조건 $a(0)=1$을 적용하면 단위종가함수가 나온다. 이 과정을 자세히 쓰면 다음과 같다.

$$\begin{aligned}\int_0^t \delta_s ds &= \int_0^t \frac{a(s)}{a(s)}ds = \int_0^t (\ln a(s))' ds \\ &= \ln a(s)\Big|_{s=0}^{s=t} \\ &= \ln a(t) - \ln a(0) \\ &= \ln a(t) \qquad (\because a(0)=1,\ \ln 1 = 0)\end{aligned}$$

자연로그와 지수의 관계로부터 단위종가함수 $a(t)$를 다음과 같이 쓸 수 있다.

$$a(t) = \exp\left(\int_0^t \delta_s ds\right) \tag{1.66}$$

금융수학이나 보험수학에서는 미래의 지급금에 대해 현가를 계산하는 경우가 많다. 이때 이력이 주어지는데 이력으로부터 현가함수(할인함수)를 구해야한다. (1.66)을 이용하여 먼저 단위종가함수를 구하고 역수를 취하여 현가함수를 구한다.

이력이 주어질 때 단위종가함수와 현가함수

이력이 δ_t일 때

- 단위종가함수 : $a(t)=\exp\left(\int_0^t \delta_s ds\right)$,
  종가함수 $A(t)=A(0)a(t)=A(0)\exp\left(\int_0^t \delta_s ds\right)$
- 현가함수 : $v(t)=\frac{1}{a(t)}=\exp\left(-\int_0^t \delta_s ds\right)$
- 이력이 상수일 때 : $\delta_t=\delta$라고 하자. 그러면
  - 단위종가함수는 $a(t)=\exp(\int_0^t \delta ds)\exp(\delta t)=e^{\delta t}$
  - 현가함수는 $v(t)=\frac{1}{a(t)}=e^{-\delta t}$이다.
  - 이력 δ와 실이율 i가 동동하면 $1+ii=e^{\delta}$이고 $a(t)=(1+i)^t$이다.

예제 1.58 영숙이가 투자한 펀드의 이력이 $\delta(t)=0.02t$일 때 단위종가함수를 구하고 2차년도와 4차년도의 연간실이율을 계산하여라.

풀이 (1.66)에 의해 단위종가함수는 $a(t)=\exp\left(\int_0^t 0.02s ds\right)=e^{0.01t^2}$이다. 이제 연간실이율은 다음과 같다.

$$i_2 = \frac{a(2)-a(1)}{a(1)} = e^{0.01(2^2-1^2)}-1 = e^{0.03}-1 \approx 0.030454 = 3.0454\%$$

$$i_4 = \frac{a(4)-a(3)}{a(3)} = e^{0.01(4^2-3^2)}-1 = e^{0.07}-1 \approx 0.072508 = 7.2508\% \qquad \square$$

예제 1.59 이력이 $\delta_t = \frac{2t}{10+t^2}$ 일 때 다음을 계산하여라.
(a) 현재 투자한 500만원의 2년 후 종가
(b) 4차년도 말에 받을 100만원의 현가
(c) 3차년도 초에 투자한 500만원의 2년 후 종가

풀이 먼저 단위종가함수를 구하자. 이력을 구간 $[0, t]$에서 적분하면

$$\int_0^t \delta_s ds = \ln(10+s^2)\Big|_0^t = \ln(10+t^2) - \ln 10 = \ln\left(1 + \frac{t^2}{10}\right)$$

이므로 $a(t) = \exp\left(\ln(1+t^2/10)\right) = 1 + \frac{t^2}{10}$ 이다.
(a) 종가는 $500a(2) = 500(1+0.4) = 700$ 만원이다.
(b) 현가는 $100v(4) = 100/a(4) = 100/2.6 = 38.4614$ 만원이다.
(c) 종가는 $[500v(3)]a(5) = (500/1.9)3.5 = 921.0526$ 만원이다. □

1.8.3 이력과 변동이율

이 절에서는 이율이 변하는 변동이율과 관련된 현가 및 미래가에 대하여 알아보기로 한다. 예제 1.59에서는 이력을 써서 단위종가함수를 계산하고 현금의 시간가치를 계산하였다. 이력을 이용하여 단위종가함수 및 연간실이율을 계산한다. 특히 이자율이 이산적으로 변동될 때 종가와 현가를 구하는 식을 유도하겠다.

연속형 변동이율: 이력 δ_t가 주어질 때
이력이 주어질 때 단위종가함수 $a(t)$를 다음과 구할 수 있음을 알고 있다.

$$a(t) = e^{\int_0^t \delta_s ds} \tag{1.67}$$

(1.67)과 적분의 성질을 이용하여 실이율과 n차년도의 실이율을 이력을 포함하는 적분으로 나타낼 수 있다.

$$i_{[t_1,t_2]} = \frac{a(t_2) - a(t_1)}{a(t_1)} = \exp\left(\int_{t_1}^{t_2} \delta_s ds\right) - 1 \qquad \text{(구간에서의실이율)}$$

$$i_n = \frac{a(n) - a(n-1)}{a(n-1)} = \exp\left(\int_{n-1}^{n} \delta_s ds\right) - 1 \qquad \text{(n차년도의 실이율)}$$

구간에서의 실이율 $i_{[t_1,t_2]}$을 이용하여 't_1 시점에서 투자된 1의 t_2 시점의 종가'를 $a(t_1, t_2)$로 표시하자. 그러면 $a(t_1, t_2)$의 여러 표현식

- $a(t_1, t_2) = 1 + i_{[t_1,t_2]}$
- $a(t_1, t_2) = \exp\left(\int_{t_1}^{t_2} \delta_s ds\right)$
- $a(t_1, t_2) = \frac{a(t_2)}{a(t_1)} = \frac{A(t_2)}{A(t_1)}$

이 나온다.

$a(t_1, t_2)$에 대한 위 표현식을 이용하여 다음을 유도할 수 있다.

$$a(t_1, t_2)\, a(t_2, t_3) = a(t_1, t_3) \tag{1.68}$$

$$a(0, n) = a(0, 1)a(1, 2) \cdots a(n-1, n) \tag{1.69}$$

이산형 변동이율

매 주기마다 이자율이 변동되는 경우이다. 여기서는 1년마다 이자율이 달라지는 경우를 생각한다.

k차년도의 이율을 i_k로 두자. k가 자연수일 때 $a(t) = a(0, n)$이고 $a(k-1, k) = 1 + i_k$이므로, (1.69)에 의해, $a(t)$를 다음과 같이 쓸 수 있다.

$$\begin{aligned} a(t) &= (1+i_1)(1+i_2)\cdots(1+i_t) \\ &= \prod_{k=1}^{t}(1+i_k) \end{aligned} \tag{1.70}$$

또한 현가함수 $v(t)$를 아래와 같이 쓸 수 있다.

$$\begin{aligned} v(t) &= (1+i_1)^{-1}(1+i_2)^{-1}\cdots(1+i_t)^{-1} \\ &= \prod_{k=1}^{t}(1+i_k)^{-1} \\ &= \prod_{k=1}^{n} v_k \quad (\text{단, } v_k = 1/(1+i_k)\text{는 } k \text{ 번째 주기의 현가요소}) \end{aligned}$$

예제 1.60 500만원을 다음 조건으로 투자한다. 각각의 조건에 대해 5년 후 종가를 구하여라.

(a) 최초 2년은 연이율 5%, 다음 2년은연이율 4%, 5차년도에는 연이율 6%

(b) 최초 2년은 (연) 할인율5%, 다음 2년은 분기별복할인의 할인율 4%, 5차년도에는 이력 6%

풀이 각 주기의 실이율을 구하고 (1.70)을 이용한다.

(a) $A(5) = 500(1+0.05)^2(1+0.04)^2(1+0.06) = 632.0059$

(b) $A(5) = 500(1-0.05)^{-2}(1-0.04/4){-8}e^{0.06} = 637.5274$ □

대출금을 상환할 때 이자율이 변동이율인지 고정이율인지는 매우 중요하다. 일반적으로 은행대출에서는 3개월마다 이자율이 달라지고 대출상환금이 매월 달라진다. 이율의 변동시기와 변화폭을 예측할 수 없으므로 분석이 쉽진않지만 경제 및 금융에

많은 영향을 준다. (이자율의 변화를 확률을 이용하여 수학적으로 모형화하여 분석하는 분야가 금융공학이다.)

기하평균과 평균이율

실수 $a_i(i=1,2,\ldots,n)$에 대해 기하평균(geometric mean)은 $\sqrt[n]{a_1a_2\cdots a_n}$로 정의된다. 주로 물가 상승률, 인구 증가율, 투자에서의 수익률, 채권에서의 수익률을 구할 때 자주 나타난다.

예를 들어, 3년 투자할 때 연이율이 각 4%, 3%, 5%일 때 산술적으로 평균수익율은 $\frac{4+3+5}{3}=4\%$이라고 생각하기 쉽다. 옳게 계산하려면 기하평균을 이용하여 다음 식을 만족시키는 연평균실이율 r을 구해야한다.

$$(1+r)^3=(1+0.04)(1+0.03)(1+0.05)$$

그러므로 연평균 수익율은 $r=\sqrt[3]{(1+0.04)(1+0.03)(1+0.05)}-1\approx 0.03996794\approx 3.997\%$이다.

예제 1.61 최초 5년 간 연이율이 5%, 다음 5년은 4.5%, 마지막 5년은 4%라고 한다. 200만원을 투자했다면 15년 후에 받을 금액은 얼마인가? 이 경우 연평균 이율은 얼마인가?

풀이 종가는 $200\times1.05^5\times1.045^5\times1.04^5=387.0121857$이고 연평균 이율 r은 아래와 같다.

$$r=\sqrt[15]{1.05^5\times1.045^5\times1.04^5}-1=0.04499202546$$

□

연평균실이율

(a) 연간실이율이 $i_1,i_2,\cdots,i_n$일 때 **연평균실이율** i는 다음과 같이 계산한다.

$$i=\sqrt[n]{(1+i_1)(1+i_2)\cdots(1+i_n)}-1$$

(b) P을 투자하여 n년 후에 F를 받을 때 연평균실이율 i는 다음과 같이 계산한다.

$$i=\sqrt[n]{F/P}-1$$

예제 1.62 이력이 $\delta_t=0.02t$인 투자에서 처음 3년 동안의 평균수익율을 구하여라.

풀이 평균수익율을 i로 두면 다음 등식이 성립해야 한다.

$$(1+i)^3=\exp\left(\int_0^3\delta_s ds\right)$$

$\int_0^3 \delta_s ds = \int_0^3 0.02 s ds = 0.01 s^2 \Big|_0^3 = 0.09$ 이므로 평균수익율은 $i = e^{0.03} - 1 = 0.03045$ 이다. □

연습문제 1.8

1. $a(t) = (1+t)^2$ 일 때 δ_t 를 계산하여라.
2. $A(t) = 100(1+0.01)^{4t}$ 일 때 δ_t 를 계산하여라.
3. 이력 4.8%로 2,400만원을 4년 투자할 때 종가를 계산하여라.
4. 이력이 $\delta_t = \frac{0.06t}{1+0.03t^2}$ 일 때 실이율 i_2 와 실할인율 d_2 를 구하여라.
5. 500만원을 아래의 조건으로 투자한다. 각 조건에 대해 원금이 2배로 증가할 때까지 걸리는 시간을 계산하여라.
   (a) 연간 단리이자율 8%
   (b) 연간복리이자율 8%
   (c) 분기별복리의 이율 8%
   (d) 이력 8%
6. 이력 $\delta_t = \frac{2t}{2+t^2}$ 로 1,000만원을 투자한다.
   (a) 단위종가함수를 구하여라.
   (b) 3차년도에 발생한 이자는 얼마인가?
7. 연간할인율이 5%이다.
   (a) 단할인으로 투자할 때 단위종가함수와 이력을 구하여라.
   (b) 복할인으로 투자할 때 단위종가함수와 이력을 구하여라.
8. 벨리니가 반기별복리의 명목이율 10%로 이자를 주는 은행에 저축하려고 한다. 같은 시점에 베르디가 단리로 이자를 지급하는 은행에 1,000만원을 저축한다. 5년 후 두 계좌의 이력이 같을 때 베르디 계좌의 잔고는 얼마인가?
9. 연할인율이 6%인 복할인에 대해 다음을 구하여라.
   (a) 단위종가함수
   (b) 할인력
   (c) 연할인율 6%와 동등한 실이율
   (d) 연할인율 6%와 동등한 이력
10. A 펀드는 이율은 $i^{(12)} = 12\%$ 이고 B 펀드의 이력은 $\delta_t = \frac{t}{6}$ 이다. 지금 동일한 금액을 각 펀드에 투자할 때 미래가가 같아지는 시점은 언제인가?
11. 이력 8%와 동등해지도록 다음을 계산하여라.

(a) 연이자율
(b) 연할인율
(c) 분기별복리의 명목이율
(d) 분기별복할인의 명목할인율
(e) 할인력

12. 처음 2년은 연이율 6%로 투자하고 원리합계를 이력 $\delta_t = \frac{1}{2+t}$로 투자한다. 연평균실이율을 계산하여라.

13. 분기별 복할인의 명목할인율 8%와 동등해지도록 다음을 계산하여라.
    (a) 연간실할인율
    (b) 연이자율
    (c) 월별복할인의 명목할인율
    (d) 월별복리의 명목이율
    (e) 이력

14. 다음 조건으로 1,000만원을 투자할 때 종가를 계산하여라.
    - 1차년도는 단리 6%, 다음 2년은 복리 6%, 다음 2년은 이력 6%

15. 이력 $\delta_t = \frac{4}{100+4t}$로 2,000만원을 투자한다.
    (a) 5년 투자할 때 수익금(이자수익)을 계산하여라.
    (b) 6차년도 말의 종가는 얼마인가?

16. 이력이 $\delta_t = \frac{0.04}{1-0.04t}$일 때 100만원의 10년 후 종가를 구하여라. 10년 후에 2,000만원을 받기위한 투자금은 얼마인가?

17. A는 단리 5%로 투자하고, B는 할인율 5%인 단할인으로 투자한다. 이력이 같아지는 시점을 구하여라.

18. 이력이 다음과 같다.

$$\delta_t = \begin{cases} \frac{0.048}{1+0.048t}, & 0 \le t \le 5 \\ 0.05, & t > 5 \end{cases}$$

    (a) $a(t)$를 구하여라.
    (b) 10년 후에 받을 2,000만원의 현가를 계산하여라.
    (c) 5차년도 초에 500만원을 투자하고 7차년도 말에 받을 수 있는 금액을 계산하여라.

19. 연간실이율이 최초 5년은 7%, 다음 5년은 6%, 그 후 10년은 4%라고 한다. 20년 동안의 평균 연간실이율은 얼마인가?

20. 펀드가 이력 $\delta_t = 0.01t$로 이자를 받는다. 10차년도의 실이율을 구하여라.

21. 이력이 $\delta_t = \frac{t}{100}$이다. 15년차년도 말 원리합계가 1,000만원일 때 10차년도 말의 가치를 계산하여라.

22. 이력이 아래와 같을 때 예금 1의 10년 후 적립가가 2.7183이다. k를 구하여라.

$$\delta_t = \begin{cases} kt, & 0 < t \le 5 \\ 0.04t^2, & t < t \le 10 \end{cases}$$

23. 이력이 $\delta = \frac{t}{100}$ 이다. 5차년도 말에 투자된 1,000만원의 15차년도 말의 적립가(종가)를 계산하여라.

24. 이력이 $t > 0$에 대해 $\delta_t = \frac{0.2t}{1+0.1t^2}$ 이다. i_2의 값을 구하여라.

25. 질다가 $t = 0$에서 10,000 달러를 투자하려고 할 때 두 방식이 가능하다. 투자 A의 경우 이력이 $\delta_t = \frac{0.08}{1+0.08t}$ 이다. 투자 B는 연간실이율이 5%이다. 질다는 원금의 임의의 비율로 나누어 두 방식으로 투자할 수 있고 아무 때나 투자금을 옮길 수 있다. 질다가 $t = 20$에서 적립할 수 있는 최대금액은 얼마인가?

26. $t = 0$에서 이력이 $\delta_t = 0.006t^2$인 펀드에 K를 예치한다. 연간실이율 10%로 적립되는 다른 펀드 Y에 시점 $t = m$에서 $2K$를 예치한다. 시점 $n > m$에서 각 펀드의 종가가 $4K$일 때 m을 구하여라.

27. $t = 0$에서 1이 펀드 X와 펀드 Y에 예치된다. 펀드 X는 이력 $\delta_t = \frac{t^2}{k}$ 으로 적립되고 펀드 Y는 반기별복할인의 명목할인율 8%로 적립된다. $t = 5$에서 X의 종가와 Y의 종가가 같을 때 k를 구하여라.

28. 금액 1,000만원을 매년 년말에 5년 동안 투자한다. 이 금액들은 연간실이율 10%로 이자를 받는다. 이자를 처음 4년은 연간실이율 6%로, 그 후에는 연간실이율 k로 재투자한다. 5년 후 기금의 액수가 6,090만원이다. k를 구하여라.

29. 이력이 $\delta_t = \frac{0.04}{1+0.04t}$ 라고 하자.
    (a) 3년 후 500만원을 받기위해 현재 시점에 투자할 금액을 구하여라.
    (b) 4년 200만원을 투자하여 7차년도 말에 500만원을 받고 싶다. 투자할 금액을 계산하여라.

30. 이력 $\delta_t = \frac{1}{2+t}$ 로 몇 년 투자하면 원금의 5배가 되지는 계산하여라.

31. A 펀드는 1,000만원을 이력 $\delta_t = \frac{1}{20+t}$ 로 투자하고 B 펀드는 500만원을 이력 0.05로 투자한다. 2년후 각 펀드의 종가를 계산하여라.

32. A는 다음 이력으로 $t = 0$에서 1,000만원을 투자한다.

$$\delta_t = \begin{cases} 0.02t, & 0 \le t \le 3 \\ 0.045, & t > 3 \end{cases}$$

B가 1,000만원을 분기분리의 명목이율로 투자하니 4년 후 종가가 같았다. 명목이율을 계산하여라.

33. 100만원을 투자할 때 이력이 다음과 같다.

$$\delta_t = \frac{a}{1+a-at}, \quad 0 \le t \le 1$$

3개월 후 15만원을 더 투자하고 9개월 후에 20만원을 인출하였다. 1년 후 잔고가 110만원일 때 a를 구하여라.

34. 이력이 $\delta_t = \frac{t^2}{100}$인 펀드를 시작하면서 100만원을 투자하고 3년 후 K를 추가로 투자하였다. 기간 $[3,6]$에서 발행한 이자가 K일 때 K를 구하여라.

35. 이력이 다음과 같을 때 처음 5년 동안의 평균수익율을 구하여라.
(a) $\delta_t = 0.02t$ (b) $\delta_t = \frac{0.06}{1+0.06t}$ (c) $\delta_t = 0.06$

36. 이력 $\delta_t = p + \frac{s}{1+re^{st}}$일 때 다음을 유도하여라.

$$v(t) = \frac{1}{a(t)} = \frac{1}{1+r}\alpha^t + \frac{r}{1+r}\beta^t, \quad \alpha = e^{-(p+s)},\ \beta = e^{-p}$$

(이 등식을 Stoodley 공식이라고 부른다.)

CHAPTER 2

현금흐름과 수익률

인간이 살아가는 과정은 유무형의 상품을 소비하는 과정으로 상품과 재화의 교환을 수반하고 필연적으로 현금의 입출입이 자주 발생한다. 이렇게 발생하는 현금 입출입의 시점과 금액을 현금흐름이라고 한다. 현금흐름의 분석은 소비주체로서 뿐만아니라 생산주체로서의 기업, 국가 또는 개인에게도 매우 중요하다. 기업의 투자분석 및 재무관리, 개인의 노후준비나 투자 계획, 은퇴자금 설계 등의 경우에 현금흐름의 분석기법을 사용할 수 있다.

이 장에서는 현금흐름의 예와 현금흐름도 작성, 현금흐름의 가치 계산, 가치등식을 비롯하여 수익률 계산에 대하여 알아본다.

2.1 현금흐름 및 현금흐름도

기준 시점 이후로 발생하는 일련의 현금유입과 현금유출을 **현금흐름**(cash flow)이라고 한다. 현금흐름에서는 금액과 시점이 중요하다. 채권과 같이 지급액과 지급시점이 정해진 경우도 있다. 금액이 모두 동일할 수도 있고 그렇지 않을 수도 있을 뿐만 아니라 지급 시기가 주기적일 수도 있고 그렇지 않을 수도 있다.

현금흐름이 투자분석이나 재무관리에서 중요하므로 알아보기 쉽게 현금흐름을 나타낼 필요가 있다. 주로 표로 작성하거나 현금흐름도를 많이 사용한다.

특별히 현금흐름을 시각화하여 그림으로 표현한 것을 **현금흐름도**(cash flow diagram)라고 한다. 현금흐름도에서 가로축은 시간을 나타내고 현시점 또는 기준 시간은 $t = 0$로 표시한다. 시간축의 간격은 단위간격으기로 일년, 한달 또는 분기를 나타낸다. 현금흐름에서 특정 시점에 발생하는 현금유출이나 유입은 화살표로 나타낸다. 현금흐름도를 그리는 요령을 간단히 설명하면 다음과 같다.

- 금액에 비례하여 화살표의 길이를 정한다.

- 유출이면 화살표의 방향을 아래쪽으로 유입이면 위쪽 방향으로 그린다.
- 동일한 시점에서 현금유입과 현금유출이 동시에 있을 경우에는 유입금액은 +를 붙이거나 부호없이, 유출 금액은 −를 붙여 합산한다. 이렇게 작성한 현금흐름을 **순현금흐름**(net cash flow)이라고 한다.

예제 2.1 과거에 투자한 회사로부터 매년 말에 1000만원을 n년 동안 받는다. 현금흐름도를 그려라.

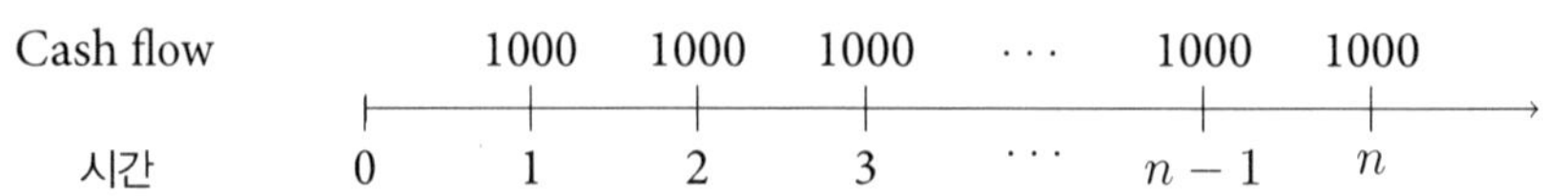

예제 2.2 n년 동안 매년 초에 1을 받을 때 현금흐름도를 그려라.

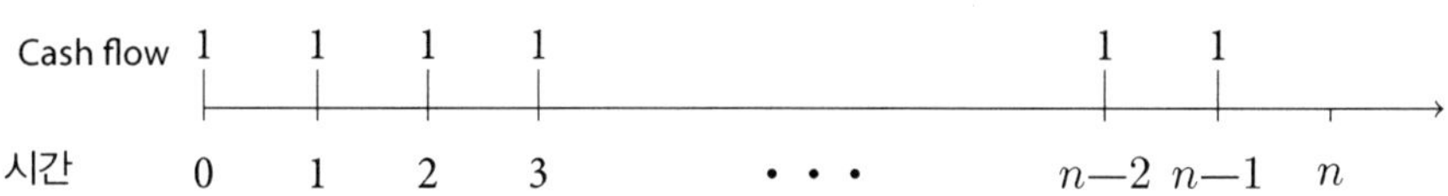

예제 2.3 액면가인 500만원을 투자하여 채권을 구입하였다. 구입한 후 매년 말에 5%의 이자를 받고 10년 째 말에는 이자와 채권의 액면가인 500만원을 받는다. 이 현금흐름에 대해 현금흐름도를 작성하여라.

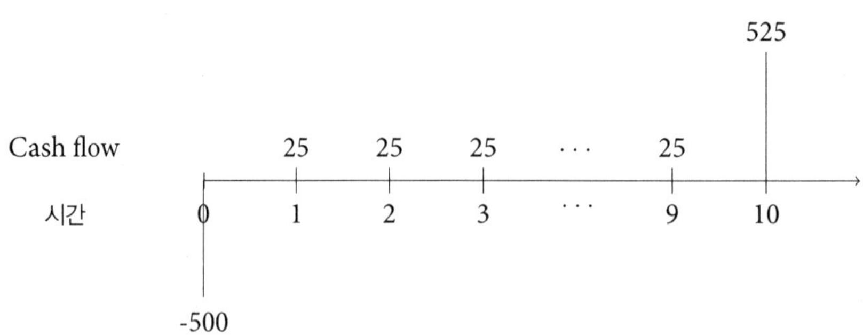

예제 2.4 은행에 100만원을 예치한 후 2년 동안 복리 10%로 이자를 받고 계좌를 폐쇄할 때 현금흐름도를 그려라. 단, 이자는 중간에 인출하지 않는다.

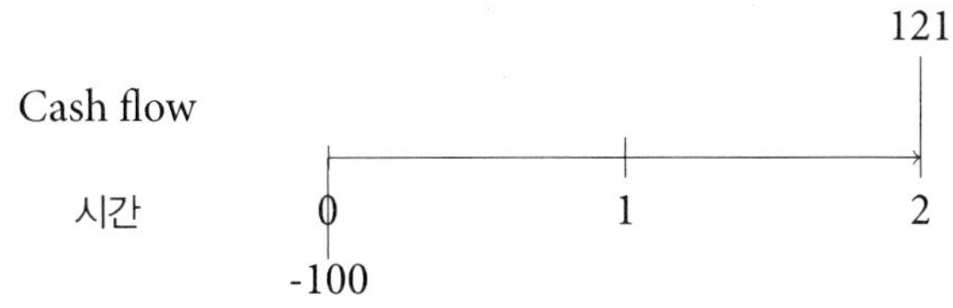

예제 2.5 영수가 올해 초부터 개인사업을 시작하였다. 초기 투자투자금으로 1,000만원을 투자하고 3개월 후에 200만원, 9개월 후에 500만원이 추가로 투자되었다. 이 사업에서는 2년 후에 3,000만원의 수익이 예상되고 있다. 현금흐름도를 작성하시오.

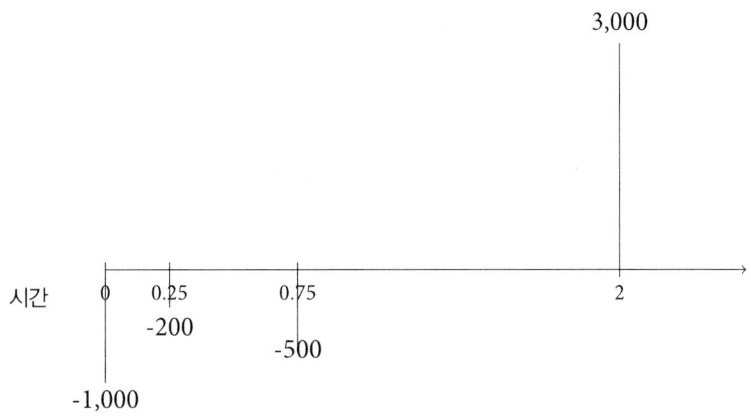

지금까지는 현금흐름도를 그리는 과정에 대하여 알아 보았다. 현대인의 경제생활과 보험 및 금융에서 자주 접할 현금흐름의 예를 소개한다.

- 무이표채권(zero coupon bond) - 채권의 일종으로 채권에 표시된 금액(액면가)보다 작은 금액으로 구입하고 만기에 표시된 금액을 받는다.
- 이표채권 - 채권의 액면가에 이표율(이자율)을 곱한 이표를 주기적으로 지급받고 만기에 액면가를 돌려받는다. 국채나 회사채에서 볼 수 있다.
- 신탁연금 - 일정 금액을 예탁하고 시간이 경과된 후 지급받음
- 지분에 대한 배당 - 회사의 지분을 소유한 주식소유자에게 영업실적에 따라 지급되는 이익금. 단, 지급액은 매회 달라질 수 있다.
- 정기적금 - 매월 또는 매년 동일금액을 예치한다.
- 연금 - 정해진 기간 동안 주기적으로 현금을 지급받음. 지급되는 금액은 동일할 수도 있고 지급 시점마다 다를 수도 있다.

- 할부금 상환 - 자동차나 주택을 구입할 때 주기적으로 상환금을 은행이나 금융기관에 납부한다.

연습문제 2.1

1. 다음에 대해 현금흐름도를 작성하시오.
   (a) 대학 신입생이 학자금으로 매년 초 600만원을 졸업할 때까지 대출받는다.
   (b) 4년 후에 해외여행을 가기위해 1년 후부터 100만원을 저축한다.
2. 2년 전에 입주한 아파트에 살고 있는 영수의 부모님은 매월 월말에 관리금으로 25만원을 관리사무소에 납부한다. 현금흐름도를 작성하여라.
3. 수철이는 중학교 때부터 설에 받은 세배돈을 은행에 저축해왔다. 중학교 1학년일 때 3만원을 받고 그후 매년 2만원씩 더 받았다. 대학교 신입생인 수철의 현금흐름을 그림으로 나타내어라.
4. 대학교 신입생인 효민이는 매월 초에 용돈으로 40만원을 받는다. 매월 생활비로 35만원을 지출하는데 7월 8월에는 아르바이트로 60만원의 수입을 얻었다. 10월말까지의 현금흐름을 도시하여라.
5. 잔고가 1,000만원인 통장에서 생활비로 매월 80만원을 1년 동안 지출한다. 현금흐름도를 작성하여라.
6. 대학에 입학한 후 졸업할 때까지 필요한 자금을 예상하여 현금흐름도를 작성하여라.

2.2 현금흐름의 가치 계산

현금흐름은 미래에 이루어질 사업계획의 분석이나 자금관리에서 자주 나타나고 중요하다. 현금흐름이 주어질 때 이 현금흐름의 가치를 평가하는 것이 중요한데 평가에 사용할 이자율과 평가시점의 선택이 현금흐름의 가치에 영향을 준다.

현금흐름(cash flow)이란 기준시점($t = 0$) 이후에 발생하는 현금입출입의 발생시점과 금액을 나타낸 수열이라고 볼 수 있다. 시점 $t = t_k (1 \leq k \leq n)$에서 유입되거나 유출되는 금액을 C_{t_k} 일 때 이 현금흐름을 수열

$$C_{t_1}, C_{t_2}, \cdots, C_{t_n}$$

로 나타내겠다. 현금흐름의 분석에서는 임의의 시점에서 가치를 평가하는 경우가 많고 가치평가는 현재가치 계산에 바탕을 두고 있다. 이 절의 주요 내용은 현금흐름의 가치 계산, 가치등식, 내부수익률 계산 및 현금흐름의 활용이다.

2.2.1 단위종가함수를 이용한 현금의 가치 평가

어떤 투자에서 투자금의 성장을 설명하는 단위종가함수가 $a(t)$라고 하자. 미래 시점 $t = t_k$에서 발생하는 지급액 C_{t_k}의 가치를 시점 $t = m$에서 계산하는 식이 아래와 같음을 알고 있다.

$$(C_{t_k}\text{의 } m\text{-시점 가치}) = [C_{t_k} v(t_k)] a(m) = C_{t_k} \frac{a(m)}{a(t_k)} \tag{2.1}$$

(2.1)은 투자금 C_{t_k}의 현재가치 $C_{t_k} v(t_k)$에 해당하는 금액이 기간 $[0, m]$ 동안 투자될 때의 미래가치가 미래시점 t_m에서의 가치임을 보여준다. 다수의 입출금으로 구성된 현금흐름에서 가치를 평가할 때도 이 사실을 이용한다. 곧, 현금흐름 $C_{t_1}, C_{t_2}, \cdots, C_{t_n}$의 현재가치

$$PV := C_{t_1} v(t_1) + C_{t_2} v(t_2) + \cdots + C_{t_n} v(t_n) = \sum_{k=1}^{n} C_{t_k} v(t_k)$$

에 $a(m)$을 곱하면 현금흐름의 $t = m$ 시점 가치가 얻어진다. 식으로 쓰면 다음과 같다.

$$PV \times a(m) = \sum_{k=1}^{n} C_{t_k} v(t_k) a(m) = \sum_{k=1}^{n} (C_{t_k}\text{의 } m\text{-시점 가치}) \tag{2.2}$$

2.2.2 복리와 현금흐름의 가치

현금흐름의 가치를 평가할 때 복리를 이용하는 경우가 대부분이다. 계산의 편의를 위해 아래와 같이 가정하겠다.

- 주기당 (실) 이자율 i는 일정
- 현금의 입출입 주기와 이자계산주기가 같다.
- 이자는 복리로 계산된다.

주기당 이자율이 i일 때 복리의 단위종가함수가 $a(t) = (1+i)^t$이므로 현금흐름 C_{t_1}, C_{t_2}, $\ldots$, C_{t_n}의 $t = m$시점 가치를 나타낸 식 (2.2)를 아래와 같이 고쳐 쓸 수 있다.

$$\begin{aligned} PV \cdot a(m) &= \sum_{k=1}^{n} C_{t_k}(1+i)^{m-t_k} \\ &= \sum_{t_k \le m} C_{t_k}(1+i)^{m-t_k} + \sum_{t_k > m} C_{t_k}(1+i)^{m-t_k} \end{aligned} \tag{2.3}$$

현금흐름의 m-시점 가치를 나타낸 식 (2.3)에 다음과 같이 의미를 부여할 수 있다.

- 첫번째 합 : 평가시점 이전에 발생한 금액의 적립가를 더한 금액
- 두번째 합 : 평가시점 이후에 발생한 금액의 현가를 더한 금액

현금금흐름의 현가 PV

각 지급액 C_{t_k}에 대해 시점 $t = 0$에서의 가치인 현가 $\frac{C_{t_k}}{(1+i)^{t_k}}$ 를 모두 더한 금액인 현가를 식으로 쓰면 다음과 같다.

$$\begin{aligned} PV &= \frac{C_{t_0}}{(1+i)^{t_0}} + \frac{C_{t_1}}{(1+i)^{t_1}} + \frac{C_{t_2}}{(1+i)^{t_2}} + \cdots + \frac{C_{t_n}}{(1+i)^{t_n}} \\ &= \sum_{k=0}^{n} C_{t_k} v^{t_k} \end{aligned}$$

현금흐름의 m-시점 가치(중도가)

중도가는 각 지급액 C_{t_k}의 $t = m$ 시점 가치 $C_{t_k}(1+i)^{m-t_k}$를 모두 합한 금액으로 식으로 쓰면 다음과 같다.

$$PV \cdot (1+i)^m = \sum_{k=1}^{n} C_{t_k}(1+i)^{m-t_k} \quad (\text{단, } t_1 \le m \le t_n)$$

현금흐름의 종가 FV

투자가 종료되는 주기의 끝점 $t = t_f$에서 각 지급액 C_{t_k}의 종가 $C_{t_k}(1+i)^{t_f-t_k}$를 모두 더한 금액이다. 식으로 쓰면 다음과 같다.

$$\begin{aligned} FV &= C_{t_0}(1+i)^{t_f-t_0} + C_{t_1}(1+i)^{t_f-t_1} + \cdots + C_{t_{n-1}}(1+i)^{t_f-t_{n-1}} + C_{t_n(1+i)^{t_f-t_n}} \\ &= \sum_{k=0}^{n} C_{t_k}(1+i)^{t_f-t_k} \end{aligned}$$

예제 2.6 현금흐름이 다음과 같다. 연이율이 6%일 때 단리와 복리를 써서 다음을

지급시점	0	3	4	7	9	10	15
현금(만원)	-500	300	200	50	40	20	5

계산하여라.

(a) 현재가치

(b) $t = 7$ 시점에서 현금흐름의 가치

풀이 (a) 복리의 현가함수 $v_c(t) = 1.06^{-t}$ 와 단리의 현가함수 $v_s(t) = \frac{1}{1+0.06t}$ 를 써서 각 지급액의 현가를 계산한 후 더한다. 복리에서의 현가는 $PV_C = 59.6969$ 만원이고 단리에서의 현가는 $PV_S = 72.4896$ 만원이다. (표 2.1)

(b) 복리에서의 가치는 $PV_C \times a_C(7) = 89.7621$ 만원이고, 단리에서의 가치는 $PV_S \times a_S(7) = 102.9353$ 만원이다. □

n	현금	복리현가	단리현가		복리 7시점 가치	단리 7시점 가치
0	-500	-500.0000	-500.0000		-751.8151	-710.0000
3	300	251.8858	254.2373		378.7431	361.0169
4	300	237.6281	241.9355		357.3048	343.5484
7	50	33.2529	35.2113		50.0000	50.0000
9	40	23.6759	25.9740		35.5999	36.8831
10	20	11.1679	12.5000		16.7924	17.7500
15	5	2.0863	2.6316		3.1371	3.7368
total		59.6969	72.4896		89.7621	102.9353

표 2.1: 단리와 복리에서의 현가 -예제 2.6

연습문제 2.2

1. 올해 말에 1,000만원, 내년 말에 2,000만원을 투자하려고 한다. 연간이자율이 6%일 때 5년 후 연말에 이 현금흐름의 가치를 계산하여라.
   (a) 복리로 투자할 때 (b) 단리로 투자할 때
2. 프로야구 선수의 연봉 계약이 다음과 같다. (단위는 백만 달러이다.) 연이율이 5%일 때

연봉 수령 연차	1	2	3	4	5	6	7
연봉	13	15	17	19	21	23	25

연봉계약의 현가를 계산하여라.

3. 올해 초 2억원으로 토지를 구입하고 9월 말에 택지개발 비용으으로 4,000만원을 지급할 예정이다. 또한 조성한 택지를 12월 말에 2억원에 판매하려고 한다. 이 현금흐름의 현재가치를 계산하여라. 단, 연이자율은 12%이다.
4. 5년 전 2,000만원을 투자한 사업에서 1년 후부터 매년 500만원의 수익이 발생하였다.
   (a) 몇차년도에 투자금을 회수는지 말하여라.
   (b) 8차년도 말의 투자계좌의 잔고를 계산하여라.

   단, 이자율은 분기별복리의 명목이율 8%이다.

2.3 가치등식

두 현금흐름의 가치가 특정시점에서 같다면 가치를 나타내는 식을 등식으로 연결하여 방정식을 얻을 수 있다. 이런 방정식을 **가치등식**(equation of value)이라고 부른다. 가치등식을 이용하여 문제를 해결하려면 가치 평가시시점을 잘 택하여 현금흐름의 가치를 계산한 후 등식을 만들어야 한다.

참고 2.1 두 현금흐름의 가치가 어떤 특정시점에서 같다면 임의의 시점에서 가치가 동일하게 된다. 가치가 동일한 현금흐름을 **경제적으로 등가**(economically equivalent)라고 부른다.

예제 2.7 어떤 사람이 1년 후에 100만원을 갚고 다시 3년이 지나서 200만원을 상환해야 한다. 연이자율이 6%이고 복리가 적용될 때 이런 부채를 지금 당장 상환한다면 얼마를 상환해야 되는지 알아보자.

풀이 가치등식을 이용하여 문제를 해결하는 과정은 다음과 같다.

(a) 문제에서는 다음 2개의 현금흐름을 생각한다.
   - 예정된 현금흐름 : 1년 후 100만원, 4년 후 300만원 상환
   - 현시점에서 x원 상환

(b) 두 현금흐름의 가치가 특정시점에서 같아야 한다. 지금 시점인 $t = 0$에서 각 현금흐름의 가치를 계산한다.
   - 예정된 현금흐름의 가치 : $100(1 + 0.06)^{-1} + 300(1 + 0.06)^{-4}$
   - 현시점 $t = 0$에서 x원 상환하는 현금흐름의 가치 : x

(c) 가치등식

$$x = 100(1 + 0.06)^{-1} + 300(1 + 0.06)^{-4}$$

의 해를 구한다.

위 식의 우변을 계산하면 $x = 331.9677216$만원이다. □

예제 2.8 어떤 사람이 1년 후에 100만원을 갚고 다시 3년이 지나서 300만원을 상환해야 한다. 지금부터 2년 후에 채권자에게 상환할 금액을 계산하여라. 단, 연이자율이 6%이고 복리가 적용된다.

풀이 문제에서 생각했던 두 현금흐름의 가치를 2년 후인 $t = 2$에서 계산하여 가치등식을 만든 후 이 방정식을 풀면 된다. 2년 후 상환할 금액을 y로 두면 다음의 가치등식이 나온다.

$$y = 100(1 + 0.06) + 300(1 + 0.06)^{-2}$$

따라서 $y = 372.998932$만원이다. □

위 예제 2.7와 예제 2.8에서는 동일한 현금흐름에 대해 서로 다른 시점에서 가치를 계산하여 문제를 해결하고 있다. 상환시점이 2년 차이가 나므로 당연히 등식 $y = x \times 1.06^2$이 성립한다.

예제 2.9 현재 잔액이 350만원인 은행계좌에서 2년 후에 150만원을 인출하고 10년 후에 모두 찾으려고 한다. 10년 후에 찾을 수 있는 금액은 얼마인가? 단, 연간이율은 5%이다.

풀이 현재 잔액으로 구성된 현금흐름과 인출로 구성된 현금흐름을 생각하자. 10년 후에 찾을 금액을 x로 두고 $t = 10$에서의 가치를 계산하여 가치등식을 세우자.

- 350만원의 $t = 10$에서의 가치 : $350 \times (1 + 0.05)^{10}$
- 인출 현금흐름의 $t = 10$에서의 가치 : $150 \times 1.05^8 + x$

가치등식

$$350 \times (1 + 0.05)^{10} = 150 \times 1.05^8 + x$$

의 해로 10년 후에 찾을 수 있는 금액은 $x = 350 \times 1.05^{10} - 150 \times 1.05^8 = 348.4948028$이다. □

지금까지는 복리와 관련된 가치등식에 대하여 생각하였다. 아래에서는 단리와 관련된 가치등식을 포함하는 문제를 해결하는 과정에 대하여 알아본다.

예제 2.10 영수가 친척에게 빌린 돈을 올 해 초에 100만원, 1년 후에 210만원을 상환해야 한다. 여러가지 경제 상황을 고려하여 2년 후에 한꺼번에 계획하고 있다. 얼마를 갚아야 되는지 계산하여라. 단, 이자율은단리로 5%이다.

풀이 다음의 두 현금흐름을 생각하자.

- CF_1: 올해 초 100만원, 1년 후 210만원
- CF_2: 2년 후 x

두 현금흐름의 가치가 같다는 점을 이용하여 문제를 해결할 수 있다.

- $t = 0$에서의 가치등식을 이용한 풀이

$$100 + \frac{210}{1.05} = \frac{x}{1 + 0.05 \times 2}$$

- $t = 2$에서의 가치등식을 이용한 풀이

$$(100 + \frac{210}{1.05})(1 + 0.05 \times 2) = x$$

가치등식의 해를 구하면 $x = 330$이므로 2년 후에 갚을 금액은 330만원이다. □

가치등식(equation of values)

현금흐름 $C_{t_1}, C_{t_2}, \ldots, C_{t_n}$에서 각 지급액의 부호가 양수이면 현금유입을 나타내고 음수이면 현금유출에 해당한다. 시점 T에서 투자를 정산하여 잔액 B가 남았다고 하자. 특정시점 τ을 선택하여 수익과 지출의 가치를 계산하여 합한다면 이 값은 정산금액인 B의 가치와 같아야 할 것이다. 그런데 $t = t_k$에서 지급된 금액 C_{t_k}의 τ-시점 가치는 현가에 단위종가함수를 곱한 $\frac{C_{t_k}}{a(t_k)}a(\tau)$이고, 정산금액 B의 τ-시점 가치는 $\frac{B}{a(T)}a(\tau)$이다.

이 사실로부터 현금유입 및 현금유출로 구성된 현금흐름의 τ-시점 등식을 얻게 된다.

$$\sum_{k=1}^{n} C_{t_k} \frac{a(\tau)}{a(t_k)} = B\frac{a(\tau)}{a(T)} \qquad (\tau\text{-시점 등식 })$$

여기서 특별하게 $\tau = 0$인 경우와 $\tau = T$인 경우를 살펴보자.

- $\tau = 0$인 경우 : $a(0) = 1$, $v(t) = \frac{1}{a(t)}$임을 이용하면 현금흐름의 현가를 포함하는 다음 가치등식을 얻는다.

$$\sum_{k=1}^{n} C_{t_k} v(t_k) = Bv(T) \qquad (0\text{-시점 등식 })$$

- $\tau = T$인 경우 : 투자 정산시점에서 계산된 가치등식으로 다음과 같다.

$$\sum_{k=1}^{n} C_{t_k} \frac{a(T)}{a(t_k)} = B \qquad (T\text{-시점 등식 })$$

예제 2.11 1,000만원을 연간실이율 6%로 빌려준 채권자가 1년 후에 x원, 2년 후에 x원을 받으면 채무관계가 정리된다. x를 구하라.

풀이 현금흐름은 $C_0 = -1000$, $C_1 = x$, $C_2 = x$ 이고 $t = 2$ 에서의 잔액은 $B = 0$ 이다. 따라서 2-시점 가치등식은

$$-1000 \times 1.06^2 + x \times 1.06 + x = 0$$

이고 해는 $x = \frac{1000 \cdot 1.06^2}{1+1.06} = 545.4368932$ 이다. □

예제 2.12 주은이가 저축계좌를 개설하면서 500만원을 예치하였다. 1년 후에 300만원을 예치하였더니 2년 지난 시점의 잔액이 900만원이다. 이 저축계좌의 (복리) 이자율을 구하여라.

풀이 현금흐름은 $C_0 = 500$ 만원, $C_1 = 300$ 만원이고 $t = 2$ 에서 정산한 잔액이 900 만원이다. 계산을 쉽게하기위해 2-시점 가치등식을 생각한다. 2-시점 방정식

$$500(1+i)^2 + 300(1+i) = 900 \iff 5(1+i)^2 + 3(1+i) - 9 = 0$$

의 해는 $1 + i = \frac{-3 \pm \sqrt{189}}{10}$ 이다. 따라서 $i = \frac{-3+\sqrt{189}}{10} - 1 = 0.07477270849 \approx 7.4772708\%$ 이다. □

투자와 관련된 이자율(실제로는 수익률)을 구하는 문제가 위 문제처럼 2차방정식으로 나타나는 경우는 많지 않다. 여러 번의 지급으로 이루어진 현금흐름에 대해 수익률을 구하는 문제는 고차방정식을 포함하고 푸는 것도 쉽지는 않다. 2.6절에서 조금 더 자세히 공부한다.

현금흐름의 가치등식을 활용하여 지급시점을 알아내는 상황을 살펴보자.

예제 2.13 1,000만원을 투자하여 공장기계를 구입하고 700만원씩 2번에 걸쳐 상환하려고 한다. 구입시점부터 동일한 시간간격으로 상환할 때 첫번째 지급이 이루어지는 시점을 구하여라. 단, 연간실이율은 8%로 가정한다.

풀이 첫 번째 상환이 이루어지는 시점을 n 년 후라고 하자. 대출과 상환의 두 현금흐름의 가치가 동등하므로 현가도 동일하다. 따라서 가치등식

$$1000 = 700(1+0.08)^n + 700(1+0.08)^{2n}$$

이 생긴다. $x = 1.08^n$ 로 두면 가치등식은 $x^2 + x - \frac{10}{7} = 0$ 와 동치이다. $x > 0$ 이므로 해는 $x = \frac{-1+\sqrt{1+40/7}}{2}$ 이다. 따라서 첫 번째 지급시점은

$$n = \frac{\ln x}{\ln 1.08} = 6.0353 \text{ 년}$$

이다. □

집중현금흐름법(Method of equated time)

현금흐름에서는 일반적으로 현금이 입출입되는 시점이 다르다. 주어진 현금흐름의 현재가치가 전체지급액 $C = \sum_{k=0}^{n} C_{t_k}$ 의 현재가치가 같아지는 시점을 찾을 필요가 있다. 이런 시점 T를 equated time이라고 부르고 아래와 같이 계산한다. 두 현금흐름의 현재가치가 같다는 조건에 의해 방정식

$$Cv^T = \sum_{k=1}^{n} C_{t_k} v^{t_k} \implies v^T = \frac{1}{C} \sum_{k=1}^{n} C_{t_k} v^{t_k}$$

이 얻어진다. 이 방정식의 양변에 자연로그를 취하면 T는 아래와 같다.

$$T = \frac{1}{\ln(v)} \ln\left(\frac{1}{C} \sum_{k=0}^{n} C_{t_k} v^{t_k}\right)$$

공학계산기를 사용할 수 없을 때에는 함수의 근사식을 사용하여 T의 근사값 $\overline{T}$을 구할 수 있다.

$$\overline{T} = \frac{1}{C} \sum_{k=0}^{n} t_k C_{t_k}$$

일반적으로 T와 $\overline{T}$ 사이와 다음 부등식이 성립한다.

$$\overline{T} \geq T$$

예제 2.14 영철이는 채권자에게 지금부터 5년 후에 500만원, 10년 후에 1,000만원을 지급하고 12년 후에 또 1,000만원을 지급해야 한다. 채권자가 2,500만원을 한꺼번에 상환하도록 요구했다면 지금부터 몇년 후에 상환하는 것이 좋은가? 단, 연이자율은 4% 라고 가정한다.

풀이 상환시점을 T로 두고 두 현금흐름의 현재가치가 같아지는 T를 구하자.

- 첫번째 현금흐름의 현재가치 : 5년 후 500만원, 10년 후 1,000만원, 12년 후 1,000만원을 지급하는 현금흐름의 현재가치는 아래와 같다.

$$500 \cdot 1.04^{-5} + 1000 \cdot 1.04^{-10} + 1000 \cdot 1.04^{-12}$$

- 두 번째 현금흐름 : T년 후 2,500만원을 지급할 때 현금흐름의 현가는 $2500v^T$ 이다.

가치등식

$$2500v^T = 500 \cdot 1.04^{-5} + 1000 \cdot 1.04^{-10} + 1000 \cdot 1.04^{-12}$$

으로부터 지급시점 T를 구할 수 있다.

$$T = \frac{1}{-\ln(1+0.04)} \ln\left(\frac{500 \cdot 1.04^{-5} + 1000 \cdot 1.04^{-10} + 1000 \cdot 1.04^{-12}}{2500}\right)$$
$$= 9.666826$$

한편, 근사값 $\overline{T}$를 구하면

$$\overline{T} = \frac{500 \cdot 5 + 1000 \cdot 10 + 1000 \cdot 12}{2500} = 9.8$$

이므로 $\overline{T} \geq T$ 임을 확인할 수 있다. □

연습문제 2.3

1. 대출금 1,000만원을 상환하기위해 4년 후에 500만원을 상환하고, 첫 번째 상환 후 8년이 지나서 962.6096만원을 상환한다. 첫 번째 상환 후 2년이 지나서 나머지를 모두 갚을 때 상환금액은?

2. 실할인율 6%로 투자하여 3년 후에 480만원을 받았다. 투자금은 얼마인가?
   (a) 단할인으로 투자할 때 (b) 복할인으로 투자할 때

3. 올해 연말부터 4년 동안 1,000만원을 상환해야 한다. 1년 6개월 후에 나머지를 모두 갚을 때 갚을 금액은 얼마인가? 단, 이자율은 분기별복리의 연이율 8%이다.

4. 영희가 재직 중인 회사에서는 퇴직금으로 매월 50만원을 적립한다. 영희가 5년 후 퇴직할 때 받을 퇴직금은 얼마인가? 단, 이자율은 월별복리의 명목이율 6%이다.

5. 5년 전에 빌린 대출금을 올해 말부터 5년 동안100만원씩 갚으면 부채가 없어진다. 이자율이 5%일 때 대출원금을 구하여라.

6. 어느 학과의 졸업생이 조성한 장학기금에서 6개월마다 장학금 200만원을 지급한다. 5년 지급한 후 장학기금에 76만원이 남았다면 얼마의 장학기금을 조성했는지 계산하여라. 단, 이자율은 분기별복리의 연이자율 6%이다.

7. 1,200만원을 대출받았다. 일년 후에 400만원, 2년 후에 X, 3년 후에 300만원을 갚으면 상환이 끝난다. 대출금의 복리이자율과 동등한 할인율이 6%일 때 X를 구하여라.

8. 올해 완성한 공장의 시설 관리 비용이 다음과 같이 예측되었다.

년차	1	2	3	4	5
비용	40,000	45,000	45,000	50,000	50,000

이 비용을 별도의 계좌에 예치한 기금의 이자로 충당하고 싶다. 이자율이 8%일 때 계좌에 예치할 금액을 계산하여라.

2.4 이산 현금흐름의 순현재가치

새로운 사업을 구상하거나 투자계획을 비교할 때 돈의 시간적 가치를 고려하는 것이 1950년대에 널리 받아들여지면서 의사결정의 수단으로 사용되었다. 우리가 공부할 순현재가치는 미래에 발생하는 현금유출(초기 투자금, 운영 비용)과 현금유입(수익, 처분가치) 등을 모두 고려하여 수입과 지출의 현시점 가치를 비교하여 계산된 값이다. 순현재가치를 분석하는 절차는 다음과 같다.

1. 새로운 사업이나 투자에서 기대할 수 있는 수익률을 사전에 정한다. (대개의 경우, 여유자금을 투자하여 얻을 수 있는 수익률이다.) 이 수익률을 **최저요구수익률**(MARR, minimum attractive rate of return)이라고 부른다.
2. 사업기간이나 투자기간을 정한다.
3. 현금유입과 현금유출을 추정한다.
4. 순현금흐름(=현금유입-현금유출)을 구한다.
5. MARR을 이용하여 순현금이름의 (순)현재가치를 구한다.
6. 계산된 순현재가치를 기준으로 의사결정을 한다.
   - 순현재가치가 양수 - 수익의 가치가 비용의 가치보다 크므로 새로운 사업계획을 채택한다.
   - 순현재가치가 음수 - 비용의 가치가 수익의 가치보다 크므로 새로운 사업계획을 기각한다.

현금흐름 $C_{t_1}, C_{t_2}, \cdots, C_{t_n}$의 현재가치는 투자기간 동안의 수익률(또는 이자율)에 따라 달라진다. 이 현재가치를 현금흐름의 **순현재가치**(NPV, net present value)라고 한다. 현금흐름의 순현재가치 $NPV(i)$를 식으로 쓰면 다음과 같다.

$$NPV(i) = \frac{C_{t_1}}{(1+i)^{t_1}} + \frac{C_{t_2}}{(1+i)^{t_2}} + \cdots + \frac{C_{t_n}}{(1+i)^{t_n}} \quad (i > -1) \tag{2.4}$$

일반적으로 이자율이 커지면 현금흐름의 순현재가치는 감소한다. 다음 예제에서 확인해 보자.

예제 2.15 현금흐름이 다음과 같다. 각 이자율 $i = 2\%$, $i = 4\%$, $i = 6\%$, $i = 10\%$에 대해 이 현금흐름의 순현재가치를 계산하여라.

시간	0	1	2	3	4	6	8	10
지급액	-500	50	50	50	50	100	100	200

풀이 Excel을 이용하여 각 지급액의 현가를 계산하고 합하여 구한 순현재가치를 정리하였다. (표 2.2) □

시점	현금흐름	$i = 2\%$	$i = 4\%$	$i = 6\%$	$i = 10\%$
0	-500	-500	-500	-500	-500
1	50	49.0196	48.0769	47.1698	45.4545
2	50	48.0584	46.2278	44.4998	41.3223
3	50	47.1161	44.4498	41.9810	37.5657
4	50	46.1923	42.7402	39.6047	34.1507
6	100	88.7971	79.0315	70.4961	56.4474
8	100	85.3490	73.0690	62.7412	46.6507
10	200	164.0697	135.1128	111.6790	77.1087
순현재가치		28.6023	-31.2919	-81.8285	-161.2999

표 2.2: 이자율에 따른 순현재가치 - 예제 2.15

현금흐름의 순현재가치를 계산하는 것은 반복적이고 지루하다. 이 작업을 Excel을 써서 계산하면 편리하다. 엑셀에서 순현재가치를 계산하는 다음 함수를 잘 사용할 수 있도록 공부해 두자.

- PV(rate,nper,pmt,[fv],type) - 평준 기말급 또는 기시급 연금의 현재가치 계산
- NPV(rate, values) : 주기적으로 기말에 지급되는 현금흐름의 현재가치를 계산한다. 초기에 현금의 입출입이 있는 경우 유의해야 한다.
- XNPV(rate, values,date) : 비주기적으로 지급되는 현금흐름의 순현재가치를 계산한다.

미래의 투자와 사업계획에서 예상된 현금흐름에 대해 기대수익률(또는 이자율)이 설정되면 순현재가치를 의사결정에 사용한다. 이때 다음 원칙을 적용한다.

최저요구수익률과 의사결정

단일 신규투자에서 분석된 순현금흐름과 최저요구수익률 i^*가 주어졌다고 하자.

- $NPV(i^*) > 0$이면 신규투자를 승인한다.
- $NPV(i^*) < 0$이면 신규투자를 기각한다.

예제 2.16 어떤 회사에서 700만원을 투자하여 기계를 구입하면 향후 3년 동안 아래 표와 같은 수익을 얻을 수 있다고 예상되었다. 기계구입 비용을 다른 곳에 투자할 때 수익률이 15%와 18%로 예상될 때 이 기계를 구입하는 것이 좋은지 결정하여라.

시점	순현금흐름
0	-700
1	200
2	300
3	500

풀이 먼저 $i = MARR = 0.15$로 두고 순현재가치 $NPV(15\%)$를 계산한다.

$$NPV(15\%) = -700 + \frac{200}{1.15} + \frac{300}{1.15^2} + \frac{500}{1.15^3} = 29.51$$

$NPV(15\%) > 0$이므로 투자비용보다 수익의 가치가 크다. 따라서 기계를 구입한다. 반면에 $i = MARR = 18\%$ 일 때에는 $NPV(18\%) = -10.73770931$이므로 기계를 구입하지 않는 것이 좋다. □

연습문제 2.4

1. 가격이 7,500만원인 생산장비를 구입할 때 현금흐름이 다음과 같다. 최저요구수익률이 15%일 때 이 기계의 구입을 추천할지 결정하여라.

n	0	1	2	3
	-7500	2500	2700	6000

2. 다음 현금에 대해 순현재가치를 계산하여라. 단, 이자율은 15%이다.

n	현금흐름 A	현금흐름 B	현금흐름 C
0	-500	-1000	500
1	250	3900	-100
2	250	-5030	-200
3	250	2145	-300

3. 다음과 같은 현금흐름을 갖는 투자에 대하여 투자제안을 받았다. 어떤 투자가 유리한지 말하여라.
   (a) 1억원을 투자하고 3년 동안 매년 말에 3,000만원, 4,000만원, 5,000만원을 지급받음
   (b) 1억원을 투자하고 3년 동안 매년 말에 5,000만원, 4,000만원, 3,000만원을 지급받음

4. 반기 초에 400만원씩 4년 동안 지불받는 현금흐름을 생각하자.
   (a) 이 현금흐름의 현가를 계산하여라.
   (b) 3번째 지급 직후 현금흐름의 가치를 계산하여라.
   (c) 4년이 지나는 시점에서 이 현금흐름의 종가를 계산하여라.

2.5 연속 현금흐름의 현재가치와 미래가치

지금까지는 기준 시점을 $t = 0$ 이후에 일정한 시간간격으로 지급되는 현금흐름을 생각하였다. 이런 흐름을 이산적 현금흐름(discrete cash flow)이라고 한다. 이 절에서는 이산 현금흐름에서 지급간격이 무한히 작아지는 극한적인 경우를 살펴본다. 지급간격이 무한히 작으므로 수직선으로 나타낸 시간선의 임의의 점에서 현금흐름이 나타나는 것으로 이해할 수 있기때문에 연속현금흐름(continuous cash flow)이고 부르겠다.

총지급액과 순간지급률

연속현금흐름을 분석하기 위해 총지급액 $F(t)$와 **순간지급률**(intstanteous rate of payment) $f(t)$를 도입하자.

- 총지급액 $F(t)$: 시점 t까지 지급된 전체 지급액으로 구간미분가능한(picewise differentiable) 함수이다.
- 순간지급률 $f(t)$: 총지급액의 순간변화율로 수학적으로는 $F(t)$의 도함수이다. 곧, $f(t) := \frac{d}{dt}F(t)$이다.

예제 2.17 총지급액이 다음과 같을 때 순간지급률을 계산하여라.

(a) $F(t) = 1000t$ (b) $F(t) = 500t^2$

풀이 (a) $f(t) = \frac{d}{dt}F(t) = (1000t)' = 1000$

(b) $f(t) = \frac{d}{dt}500t^2 = 1000t$ □

총지급액이 먼저 주어지고 미분하여 순간지급률이 얻어졌지만 여기서는 순간지급률이 먼저 지정되었다고 가정하겠다. 다음 형태의 순간지급률을 사용한다.

- $f(t) = c$: 순간지급률이 상수함수이므로 총지급액이 지급구간의 길이에 비례한다.
- $f(t) = a\lfloor t \rfloor + b$: 순간지급률이 동일년도에는 일정하고 년도가 지나면서 순간지급률이 감소하거나 증가하는 비율이 일정하다.
- $f(t) = at + b$: 순간지급률이 증가하거나 감소하는 순간변화율이 일정하다.

순간지급률 $f(t)$와 총지급액 $F(t)$의 관계는 아래와 같다.

- $F(t) = \int_0^t f(s)ds$
- $F(t)$=구간 $[0, t]$에서 순간지급률함수 $f(t)$의 그래프와 축 사이의 넓이

예제 2.18 순간지급률 $f(t)$가 다음과 같을 때 총지급액을 구하여라.

$$f(t) = \begin{cases} 2, & 0 \le t < 5 \\ 4, & 5 \le t < 20 \end{cases}$$

풀이 $0 \le t < 5$ 이면 $F(t) = \int_0^t f(s)ds = \int_0^t 2ds = 2t$ 이다. 한편, $5 \le t < 20$ 이면 $F(t)$ 는 다음 적분과 같다.

$$\begin{aligned} F(t) &= \int_0^5 f(s)ds + \int_5^t f(s)ds \\ &= \left[2s\right]_0^5 + \left[4s\right]_5^t \\ &= 10 + 4(t-5) = 4t - 10 \end{aligned}$$

곧, 총지급액 $F(t)$ 를 다음과 같이 쓸 수 있다.

$$F(t) = \begin{cases} 2t, & 0 \le t < 5 \\ 4t - 10, & 5 \le t < 20 \end{cases}$$

순간지급률이 불연속함수임에도 불구하고 총지급액은 $t = 5$ 를 제외한 모든 점에서 미분가능한 함수이다. (그림 6.2) □

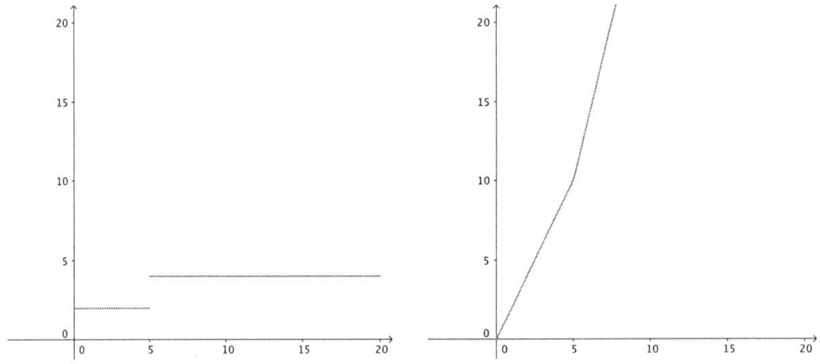

(a) 순간지급률 (b) 총지급액

그림 2.1: 예제 2.17의 순간지급률과 총지급액

연속현금흐름에 대한 순현재가치의 적분 표현

순간지급률이 $f(t)$ 인 연속현금흐름에서 현금흐름의 현재가치를 구해보자. 지급구간(혹은 투자기간) $[0, T]$ 를 n 등분한 점이 $t_0, t_1, \ldots, t_n$ 이라고 하자. 단, $t_k = \frac{T}{n}k$ 이다.

n 이 매우 크면 k 번째 소구간 $[t_{k-1}, t_k]$ 의 길이는 매우 짧고 이 구간에서 순간지급률은 거의 상수이고 $f(t) \approx f(t_k)$ 이다. 또한 이 기간동안 받은 액수는 $(t_k - t_{k-1})\rho(t_k)$ 와 거의 같고 이 금액의 현재가치가 $(t_k - t_{k-1})f(t_k)v(t_k)$ 라고 생각할 수 있다. 각 소구간 기간 동안 받은 금액의 현재가치를 모두 합한 후 $n \to \infty$ 인 극한을 취해 보자. 그러면

정적분의 정의에 의해 다음을 알 수 있다.

$$\sum_{k=1}^{n}(t_k - t_{k-1})f(t_k)v(t_k) \to \int_0^T f(s)v(s)ds$$

이제 순간지급률이 $f(t)$ 인 연속현금흐름의 순현재가치 $\overline{NPV}$ 가 아래 정적분으로 표현된다.

$$\overline{NPV}_t = \int_0^t f(s)v(s)ds \tag{2.5}$$

한편, 시점 t 에서의 종가 $A(t)$ 는 아래와 같다.

$$A(t) = \overline{NPV}_t\, a(t) \tag{2.6}$$

평준 연속현금흐름의 순현재가치

순간지급률이 상수함수인 경우로 $f(t) = 1$ 일 때만 생각해도 충분하다. 이런 연속현금흐름에서

- 1년 동안의 지급액은 1이고
- 시점 t 까지 받은 총지급액은 $\int_0^t 1ds = t$
- 시점 t 까지연속적으로 지급받은 금액의 순현재가치는 $\overline{NPV}_t = \int_0^t v(s)ds$
- 시점 t 에서 미래가치는 $A(t) = \overline{NPV}_t \cdot a(t)$

이다. 연속현금흐름의 순현재가치를 계산하기위해 현가함수 $v(t)$ 를 알아야한다. 많은 경우에 이력이 주어지고 가끔은 연이자율만 주어질 수도 있다.

- 이력이 주어질 때 : 이력이 $\delta(t)$ 일 때 현가함수는 아래와 같다.
  - 단위종가함수 : $a(t) = \exp\left(\int_0^t \delta_s ds\right)$
  - 현가함수 : $v(t) = \frac{1}{a(t)} = \exp\left(\int_0^t \delta_s ds\right)$
  - 특히 이력이 상수 δ 이면 현가함수는 $e^{-\delta t}$ 이다.
- 연이자율이 주어질 때 : 이자율 i 가 동일하면 동등한 이력 $\delta = \ln(1+i)$ 를 사용하여 연속복리를 적용한다. 종가함수와 현가함수는 다음과 같다.

$$a(t) = e^{\delta t} = (1+i)^t$$
$$v(t) = \frac{1}{a(t)} = (1+i)^{-t}$$

예제 2.19 매년 1,000만원이 2년 동안 연속적으로 지급된다고 하자. 지급기간 동안 연간이자율이 5% 일 때 지급된 돈의 순현재가치와 2차년도 말의 종가를 구하여라.

풀이 연간이율 $i = 0.05$와 동등한 명목이자율 $\bar{i} = \delta(t) = \ln(1+i) = \ln 1.05$를 사용한다. 따라서 현가함수는 $v(t) = \exp(-\int_0^t \delta(s)ds) = \exp(-t\ln 1.05) = 1.05^{-t}$이다. $f(t) = 1000$로 두고 (2.5)와 (2.6)을 이용하여 순현재가치와 종가를 계산한다.

- 현재가치 $\overline{NPV}_2 = \int_0^2 1000v(s)ds = 1000\left[-\frac{1.05^{-t}}{\ln 1.05}\right]_0^2 = 1905.517703$
- 종가 $A(2) = \overline{NPV}_2\, a(2) = 1905.517703 \times 1.05^2 = 2100.8333$ □

연속현금흐름의 현가와 종가

지급기간 동안 연이자율이 i이고 t년 동안 연속적으로 지급받는다고 하자. t년 동안 연속적으로 지급받을 때 (순)현재가치 $\overline{NPV}_t$와 종가 $A(t)$는 다음과 같다.

- $\overline{NPV}_t = \int_0^t \frac{f(s)}{(1+i)^s}ds = \int_0^t f(s)e^{-\delta s}ds, \quad \delta = \ln(1+i)$
- $A(t) = \int_0^t f(s)(1+i)^{t-s}ds$

예제 2.20 (생명연금) 수영이 할아버지는 지금부터 20년 동안 매년 1,200만원을 연속적으로 지급받고 있다. 연이자율이 6%일 때 생명연금의 현가와 종가를 구하여라.

풀이 이력이 $\delta = \ln 1.06$이므로 현가함수는 $v(t) = e^{-\delta t} = 1.06^{-t}$, 순간지급률은 $f(t) = 1200$이다. 현재가치는

$$\begin{aligned}\overline{NPV}_{20} &= 1000\int_0^{20} 1.06^{-t}dt = 1000\Big[-\frac{1.06^{-t}}{\ln 1.06}\Big]_0^{20} \\ &= \frac{1000}{\ln 1.06}(1 - 1.06^{-20}) \\ &= 11810.6774\text{ 만원}\end{aligned}$$

이고, 종가는

$$\overline{NPV}_{20}a(20) = 11810.6774 \times e^{20\ln 1.06} = 37878.4423\text{ 만원}$$

이다. □

연습문제 2.5

1. 이자율이 4%일 때 매년 1,000만원이 10년 동안 지급되는 현금흐름을 생각하자.
   (a) 기말급으로 지급될 때 현금흐름의 현가와 종가를 계산하여라.
   (b) 연속적으로 지급될 때 현금흐름의 현가와 종가를 계산하여라.

2. 이력이 6%일 때 매년 1,000만원이 10년 동안 연속적으로 지급되는 현금흐름의 현가와 종가를 계산하여라.

3. 이력이 6%일 때 매년 1,000만원이 영원히 연속적으로 지급되는 현금흐름의 현가를 계산하여라.

4. 이력 δ_t가 다음과 같다.

$$\delta_t = \begin{cases} 0.045, & 0 \le t < 3 \\ 0.045 + 0.005t, & 3 \le t < 10 \end{cases}$$

   (a) 단위종가함수를 계산하여라.
   (b) 지금 500만원을 투자하면 7년 후 얼마를 받을 수 있는가?
   (c) 5차년 초에 300만원을 투자할 때 10차년도에 받는 금액은?

5. 이력이 다음과 같을 때 10년 동안 1,000만원이 연속적으로 지급될 때 현가와 종가를 계산하여라.

$$\delta_t = \begin{cases} 0.06, & 0 \le t < 5 \\ 0.056, & 6 \le t < 10 \end{cases}$$

2.6 내부수익률

우리는 동일한 현금흐름 $C_{t_1}, C_{t_2}, \cdots, C_{t_n}$ 의 순현재가치가 이자율에 따라 달라짐을 알고 있다. 순현재가치는 이자율에 대한 연속함수이고 이자율이 커지면 순현재가치는 일반적으로 작아진다.

예제 2.16의 경우 15%와 18% 사이의 수익률에 대해 순현재가치가 0이 될 것으로 생각된다. 순현재가치를 0으로 만드는 이자율은 어떤 면에서 손익분기점이 된다.

내부수익률의 정의

어떤 이자율 i^* 에 대해 순현재가치가 0일 때 이 이자율을 현금흐름의 **내부수익률**(IRR, internal rate of return)이라고 부른다. 곧, 내부수익률 i^* 는 다음 식을 만족시키는 이자율이다.

$$NPV(i^*) = \frac{C_{t_1}}{(1+i^*)^{t_1}} + \frac{C_{t_2}}{(1+i^*)^{t_2}} + \cdots + \frac{C_{t_n}}{(1+i^*)^{t_n}} = 0 \qquad (2.7)$$

내부수익률의 의미를 여러가지로 해석할 수 있다.

- 투자에서 현금유입과 현금유출의 현재가치를 같게 만드는 이자율로 손익분기이자율이라고 부를 수 있다.
- 투자에서 미회수 투자금에 부과되는 이자율로 투자금 및 (투자금에 대한) 이자를 모두 회수할 수 있는 이자율이다.

예제 2.21 은행에서 1,000만원을 대출하고 3년 동안 매년 말에 402.1만원을 받고 있다. 이 현금흐름에 대해 방정식

$$NPV(i) = -1000 + \frac{402.1}{1+i} + \frac{402.1}{(1+i)^2} + \frac{402.1}{(1+i)^3} = 0$$

을 풀면 내부수익률은 $i = 0.1$ 이다. 이 내부수익률은 미회수잔액에 적용되어 대출금 및 이자를 회수하는 이자율이다.

시간	연초 미회수 잔액	미회수 잔액에 대한 이자	상환액	연말 미회수 잔액
0	-1000.0			-1000.0
1	-1000.0	-100.0	402.1	-697.9
2	-697.9	-69.8	402.1	-365.6
3	-365.6	-36.6	402.1	0.0

투자자로서 은행의 입장에서 보면 1,000만원을 투자하여 매년 402.1만원의 미회수자금에 대해 10%의 수익을 얻고 있음을 볼 수 있다.

투자를 계획하거나 사업을 구상할 때에는 미래에 예상되는 현금의 입출입을 잘 추정하여야 한다. 또한 이 현금흐름의 내부수익률을 계산하여 (사전에 설정한) 최소요구수익률과 비교한 후에 의사결정을 내려야 한다.

방정식 (2.7)이 해를 갖는지 판단할 때 현금흐름에서 부호가 바뀌는 횟수를 조사하면 편리하다. 부호가 변화하는 횟수에 따라 현금흐름을 둘로 나눌 수 있다.

- 단순 현금흐름 : 부호변화가 단 1번만 일어나는 현금흐름으로 내부수익률은 유일하다.
- 비단순 현금흐름 : 부호변화가 여러 번 일어나는 현금흐름으로 내부수익률이 존재할 수도 있고 그렇지 않을 수도 있다. 또 내부수익률이 존재하더라도 의미를 해석하기 어렵다.

예제 2.22 다음 현금흐름에서 부호가 변화하는 횟수를 조사하여 어떤 것이 단순 현금흐름인지 말하여라.

시점	현금흐름 A	현금흐름 B	현금흐름 C
0	-500	-1000	500
1	250	3900	-100
2	250	-5030	-200
3	250	2145	-300

풀이 현금흐름 A와 C에서는 부호변화가 1번 발생하므로 단순 현금흐름이다. 반면에, 현금흐름 B는 부호가 2번 변화하는 비단순 현금흐름이다. □

예제 2.22의 세 현금흐름에 대해 내부수익률이 존재하는지 조사해 보자. 각 현금흐름에 대응하는 순현재가치를 이자율을 변화시킬 때 순현가치 함수

$$F_A(i) = -500 + \frac{250}{1+i} + \frac{250}{(1+i)^2} + \frac{250}{(1+i)^3}$$
$$F_B(i) = -1000 + \frac{3900}{1+i} - \frac{5030}{(1+i)^2} + \frac{2145}{(1+i)^3}$$
$$F_C(i) = 500 - \frac{100}{1+i} - \frac{100}{(1+i)^2} - \frac{100}{(1+i)^3}$$

의 그래프를 그려보면 내부수익률의 존재여부를 확인할 수 있다.

현금흐름 A의 내부수익률은 23.38%, 현금흐 C의 내부수익률은 8.21%이다. 한편, 현금흐름 B는 3개의 내부수익률 $i = 30\%, 50\%, 10\%$을 갖는다.

내부수익률의 존재성

주어진 현금흐름에 대해 내부수익률의 존재성을 조사하기 위해 (2.7)에서 $x = (1+i)^{-1}$로 두고 계수가 실수인 다항방정식의 근에 대해 살펴보자. 일반적인 다항방정식은 차수(degree)만큼의 복소수근을 가짐이 알려져 있다.

다음 정리는 다항방정식에서 실근의 갯수에 대해 유용한 정보를 제공한다.

데카르트 부호법칙, IRR의 존재성

내림차순으로 정리된 다항방정식 $f(x) = 0$의 모든 계수가 실수라고 하자.

1. 양수인 근의 갯수는 0이 아닌 계수에서 부호가 변화한 횟수와 같거나 짝수개를 뺀 것과 같다.
2. 음수인 근의 갯수는 방정식 $f(-x) = 0$의 양수 근의 갯수와 같다.

예제 2.22의 현금흐름에 대한 순현재가치 함수에서 $x = 1/(1+i)$두고 데카르트 부호법칙을 적용해 보자. 각 다항식의 양근의 갯수가 각각 1개, 3개, 1개 존재할 수 있음을 알 수 있고 실제 결과와 잘 일치한다는 것을 확인할 수 있다.

다음 정리는 처음에 투자금이 지출된 후 계속해서 수익이 발생하는 특수한 형태의 현금흐름에 대한 내부수익률의 유일성을 설명한다.

내부수익률의 유일성

현금흐름 $C_0, C_1, C_2, \ldots, C_n$에 대해 $F(i)$를 아래와 같이 정의하자.

$$F(i) = C_0 + \sum_{k=1}^{n} \frac{C_k}{(1+i)^k}, \quad i > -1$$

여기서 $C_0 < 0$이고 $C_k \geq 0\,(k = 1, 2, \ldots, n-1)$, $C_n > 0$라고 하자. 그러면

1. $F(i)$는 감소함수이고 $\lim_{i \to -1^+} F(i) = \infty$, $\lim_{i \to \infty} F(i) = C_0 < 0$이다.
2. 임의의 $C_0 < 0$에 대해 유일한 $i^* > -1$이 존재하여 $F(i^*) = 0$이다.

[증명] 함수 $F(i)$가 미분가능한 함수이다. 특히, 모든 $i > -1$에 대해 $F(i) < 0$이므로 감소함수이다. 그런데 $\lim_{i \to \infty} F(i) = C_0 < 0$이므로 $F(i)$의 그래프가 i축과 단 한번 만난다. 그러므로 $F(i^*) = 0$인 내부수익률이 존재하고 유일하다. □

2.6.1 내부수익률 계산하기

이제 내부수익률을 계산하는 다양한 방법에 대하여 알아보자.

이분법(bisection method)

내부수익률을 포함하는 구간 $[a, b]$를 찾은 후 이 구간을 이등분하여 근의 근사값을 찾는 방법이다. (그림 2.2) 내부수익률을 포함하는 구간을 찾을 때 그래프를 그려보거나 중간값정리를 이용한다.

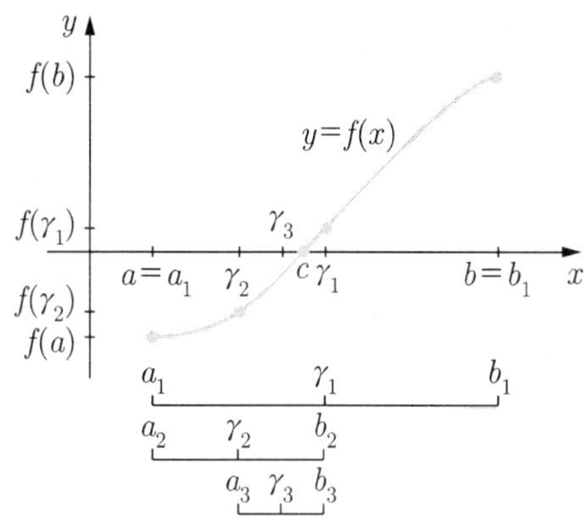

그림 2.2: 이분법

1. $[a, b]$를 이등분한 점 $\gamma = \frac{a+b}{2}$을 계산한다.
2. $f(\gamma) = 0$을 계산하여 $f(\gamma) = 0$이면 γ가 내부수익률이다.
3. $f(\gamma) \neq 0$라고 하자.
   - $f(a)f(\gamma) < 0$이면 $[a, \gamma]$에 내부수익률이 속하므로 $[a, b] \leftarrow [a, \gamma]$로 두고 1을 계속한다.
   - $f(a)f(\gamma) > 0$이면 $[\gamma, b]$에 내부수익률이 속한다. $[a, b] \leftarrow [\gamma, b]$로 두고 1을 계속한다.
4. 근사값의 허용오차를 고려하여 계산을 끝내고 γ를 방정식 근의 근사값으로 택한다.

예제 2.23 이분법을 이용하여 $e^{-x} - x = 0$의 해를 구하여라. 단, 초기치는 $x_0 = 0$와 $x_1 = 2$, 허용오차는 0.00001로 택한다.

풀이 표 2.3에 실행결과를 수록하였다. □

n	a_n	b_n	c_n	오차
1	0.	2.	1.	1.
2	0.	1.	0.5	$5.\times10^{-1}$
3	0.5	1.	0.75	2.5×10^{-1}
4	0.5	0.75	0.625	1.25×10^{-1}
5	0.5	0.625	0.5625	6.25×10^{-2}
6	0.5625	0.625	0.59375	3.125×10^{-2}
7	0.5625	0.59375	0.578125	1.5625×10^{-2}
8	0.5625	0.578125	0.570313	7.8125×10^{-3}
9	0.5625	0.570313	0.566406	3.90625×10^{-3}
10	0.566406	0.570313	0.568359	1.95313×10^{-3}
11	0.566406	0.568359	0.567383	9.76563×10^{-4}
12	0.566406	0.567383	0.566895	4.88281×10^{-4}
13	0.566895	0.567383	0.567139	2.44141×10^{-4}
14	0.567139	0.567383	0.567261	1.2207×10^{-4}
15	0.567139	0.567261	0.5672	6.10352×10^{-5}
16	0.567139	0.5672	0.567169	3.05176×10^{-5}
17	0.567139	0.567169	0.567154	1.52588×10^{-5}
18	0.567139	0.567154	0.567146	7.62939×10^{-6}

표 2.3: 이분법의 실행 예

선형근사를 이용하는 방법

구간 $[i_1, i_2]$가 내부수익률을 포함하고 i_1과 i_2가 충분히 가깝다고 하자. 그러면 순현재가치함수 $F(i)$의 그래프가 두 점 $(i_1, F(i_1))$, $(i_2, F(i_2))$를 지나는 직선과 비슷하다고 볼 수 있고 이 직선이 i-축과 만나는 점의 좌표를 내부수익률의 근사값으로 선택할 수 있다.

먼저 두 점 $(i_1, F(i_1))$, $(i_2, F(i_2))$을 지나는 직선의 방정식

$$Y = \frac{F(i_2) - F(i_1)}{i_2 - i_1}(i - i_1) + F(i_1)$$

에서 $Y = 0$으로 두고 i를 구하자. 아래와 같이 내부수익률 i^*의 근사값을 얻을 수 있다.

$$i^* \approx i_1 - \frac{F(i_1)}{F(i_2) - F(i_1)}(i_2 - i_1) \tag{2.8}$$

이항급수의 근사식을 이용하기

모든 $x \in (-1, 1)$에 대해 $(1 + x)^a$를 다음 무한급수로 쓸 수 있음이 알려져 있다. 이 등식을 이항전개(binomial expansion)라고 한다.

$$(1 + x)^a = 1 + \binom{a}{1}x + \binom{a}{2}x^2 + \binom{a}{3}x^3 + \cdots \quad (a \neq -1, -2, \ldots) \tag{2.9}$$

(2.9)에서 x^k의 계수 $\binom{a}{k}$를 이항계수(binomial coefficient)라고 부른다. 이항계수는 아래와 같이 계산한다.

$$\binom{a}{k} = \frac{a(a-1)(a-2)\cdots(a-k+1)}{k!}, \quad \binom{n}{1} = n!,\ 0! = 1$$

이항전개 공식 (2.9)에서 $x \approx 0$이면 다음 근사식(approximation)이 성립한다.

$$(1+x)^a \approx 1 + ax \tag{2.10}$$

이제 이항전개식에 대한 근사식을 써서 내부수익률에 대한 (썩 좋지는 않은) 근사값을 구하는 과정에 대하여 알아보자. 이항전개식의 근사식 (2.10)을 써서 순현재가치를 구하는 식 $NPV(i) = \sum_{k=1}^{n} C_{t_k}(1+i)^{-t_k}$를 아래와 같이 쓰자.

$$\sum_{k=1}^{n} C_{t_k}(1 - t_k i) = 0$$

이 방정식의 해

$$i^* \approx i = \frac{\sum_{k=1}^{n} C_{t_k}}{\sum_{k=1}^{n} t_k C_{t_k}}$$

가 내부수익률 IRR의 근사값이 된다.

참고 2.2 방정식 $NPV(i) = 0$의 근의 근사값을 구하는 대신 $(1+i)^{t_n} NPV(i) = 0$을 생각하여 근의 근사값을 구할 수도 있다.

$$(1+i)^{t_n} \sum_{k=1}^{n} C_{t_k}(1+i)^{-t_k} = \sum_{k=1}^{n} C_{t_k}(1+i)^{t_n - t_k} \approx \sum_{k=1}^{n} C_{t_k}\left[1 + (t_n - t_k)i\right] = 0$$

이 경우 IRR의 근사값은 아래와 같다.

$$i^* \approx -\frac{\sum_{k=1}^{n} C_{t_k}}{\sum_{k=1}^{n}(t_n - t_k)C_{t_k}}$$

뉴턴 반복법(Newton method)

방정식의 해에 대한 초기 근사값을 이용하여 더 좋은 근사값을 찾아가는 알고리즘으로 방정식의 근사해를 구할 때 많이 사용된다. 근사값을 잘 택하면 적은 수의 반복으로 매우 정확한 근사값이 계산된다는 장점을 갖고 있다.

1. IRR에 대한 초기 근사값 i_0을 찾는다.
2. 곡선 위의 점 $(i_0, F(i_0))$에서 그은 접선이 i축과 만나는 점 $(i_1, 0)$을 구한다.
   - 접선의 방정식은 $Y = F'(i_0)(i - i_0) + F(i_0)$이다.
   - $i_1 = i_0 - \frac{F(i_0)}{F'(i_0)}$

3. $i_0 \leftarrow i_1$로 두고 1, 2를 반복한다.

이 과정을 다음 반복법(혹은 점화식)으로 나타낼 수 있다. (그림 2.3)

$$i_{k+1} = i_k - \frac{F(i_k)}{F'(i_k)} \quad (k = 0, 1, 2, \ldots) \tag{2.11}$$

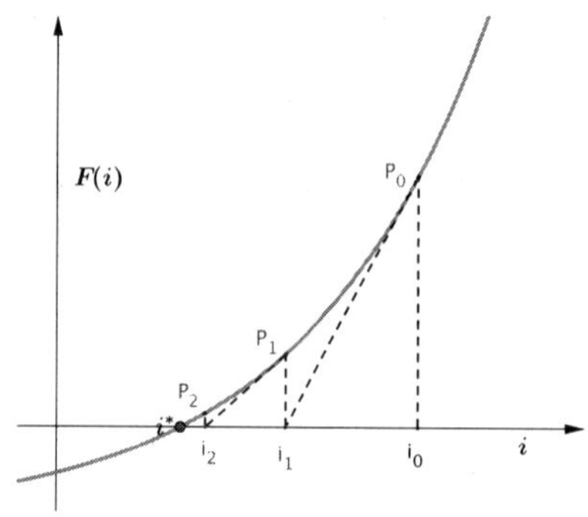

그림 2.3: 뉴턴 반복법

예제 2.24 표 2.4는 뉴턴반복법을 써서 방정식 $e^{-x} - x = 0$의 근을 초기치 $x_0 = 3$일 때 허용오차 $\varepsilon = 10^{-7}$를 만족하도록 구한 수치해이다.

k	x_k	오차
1	0.189703	2.8103
2	0.538598	3.48894×10^{-1}
3	0.566995	2.83969×10^{-2}
4	0.567143	1.4872×10^{-4}
5	0.567143	4.00255×10^{-9}

표 2.4: 뉴턴 방법의 실행 예

임의의 현금흐름에 대해 (존재한다면) 내부수익률을 계산할 수 있지만 동일액이 지급되는 현금흐름의 내부수익률을 일상생활에서 볼 수 있다. 지급액이 1이면 현금흐름의 순현재가치가 연금의 현가에 해당한다. 이 때 수익률을 구하는 문제는 상수 c가 주어질 때 다음 등식을 만족시키는 이자율 i를 구하는 문제로 서술할 수 있다.

$$a_{\overline{n}|i} = v + v^2 + \cdots + v^n = c$$

이 식을 아래와 같이 바꿀 수 있다.

$$F(i) := \frac{1 - (1+i)^{-n}}{i} = c \tag{2.12}$$

(2.12)의 근을 근하는 뉴턴반복법의 점화식을 결과만 쓰면 다음과 같다.

$$\begin{aligned} i_{k+1} &= i_k\Big[1 + \frac{1-(1+i_k)^{-n} - ci_k}{1-(1+i_k)^{-n-1}[1+(n+1)i_k}\Big] \\ &= i_k\big[1 + \frac{(1-ci_k)(1+i_k)^{n+1} - i_k - 1}{(1+i_k)^{n+1} - (n+1)i_k - 1}\big] \end{aligned}$$

Excel 재무함수 이용하기

엑셀에서 제공하는 여러 재무함수 중에 내부수익률을 계산하는 함수를 사용한다.

- IRR(values, guess) : 주기적으로 지급되는 현금흐름 vlaues에 대해 내부수익률의 초기 근사값 guess를 입력하면 IRR이 계산된다.
- XIRR(values, date, guess) : 비주기적으로 지급되는 현금흐름에 대한 내부수익률을 계산하는 함수이다.

2.6.2 내부수익률을 활용한 의사결정

공학적 투자사업을 선택하거나 기각하는 의사결정기준으로 내부수익률이 널리 사용된다. 투자의 현금흐름이 단순현금흐름인 경우에는 내부수익률이 (존재한다면) 유일하고 이 내부수익률을 기준으로 순현재가치의 부호가 바뀐다.

내부수익률과 단일투자안

초기에 투자금이 지출되고 이후에 수익이 발생하는 단순현금흐름에서 NPV를 분석해 보자.

- $i_{marr} < i^*$ 이면 $NPV(i_{marr}) > 0$ 이므로 투자에서 순익을 기대할 수 있다. 그러므로 투자안을 선택한다.
- $i_{marr} > i^*$ 이면 $NPV(i_{marr}) < 0$ 이므로 투자에서 손실이 예상된다. 그러므로 투자안을 기각한다.

곧, 단순현금흐름이 예측되는 투자에서는 내부수익률을 (미리 설정된) 최소요구수익률과 비교하여 투자안의 채택여부를 결정할 수 있다.

투자에서 예상되는 비단순현금흐름이 예상되는 경우에는 다수의 내부수익률이 존재할 수 있고 내부수익률을 의사결정기준으로 사용하기에 부적절하다. 어떤 내부수익률을 의사결정의 기준으로 사용할지 알 수 없기 때문이다.

내부수익률을 이용한 여러 개의 투자안 비교 - 증분분석

여러 개의 투자안 중에서 단 1개를 선택하는 경우[1]에 어떤 방식으로 의사결정하는 것이 좋은지 생각해보자. 내부수익률은 미회수자금에 발생한 이자율로 해석할 수 있으므로

내부수익률이 높은 투자안이 더 유리한 투자라고 생각할 수 있다. 이 생각이 항상 옳지는 않다. 투자의 궁극적 목표는 부(wealth)를 증가시키는 것이므로 수익 전체의 가치가 큰 투자가 바람직한 투자이다. 따라서 의사결정에서 내부수익률만 사용하는 것은 부적절할 수도 있다.

예제 2.25 두 투자안의 현금흐름이 아래와 같이 예측되었다.

n	투자안 A		투자안 B
0	-2000		-3000
1	1400		2400
2	1640		2000

(a) 각 투자안의 현금흐름에 대한 IRR을 구하여라.

(b) 각 투자안의 현금흐름에 대한 NPV를 계산하여라. 단, MARR=10%이다.

(c) 어떤 투자안을 선택할지 의견을 말하여라.

풀이 (a) 내부수익률을 구하기위해 엑셀 재무함수 IRR(values, guess)를 사용한다.

(b) 순현재가치를 구하기위해 엑셀 재무함수 NPV(rate, values)를 사용한다.

n	투자안 A		투자안 B
0	-2000		-3000
1	1400		2400
2	1640		2000
IRR	32.08%		30.92%
NPV(10%)	570.9992		758.8279

표 2.5: 투자안의 비교 - 예제 2.25

(c) 투자안 A의 내부수익률이 높음에도 불구하고 순현재가치는 낮다. (표 2.5 참조) 여기서는 (투자금이 충분하다면) 투자안 B를 선택하는 것이 옳다. □

예제 2.25에서는 좋은 투자안을 선택하기위해 IRR을 사용할 수 없었다. IRR을 상대적 비율인 백분율(%)로 계산하는 반면 NPV는 절대적인 크기로 특정되었고 투자액의 크기가 총수익을 결정했다. 이런 한계를 **증분분석**이라는 기법으로 극복할 수 있다. 이 기법은 증분현금흐름을 구성하는 것에서 출발한다.

[1]상호배타적 투자안이라고 한다.

증분분석

두 투자안의 현금흐름에 대해 증분분석하는 과정은 다음과 같다.

(i) 증분현금흐름을 구성한다.

(ii) 증분현금흐름에 대한 IRR을 계산한다.

(iii) IRR을 최소요구수익률과 비교한다.

- MARR<IRR이면 투자안 B를 선택
- MARR>IRR이면 투자안 A를 선택

예제 2.25에 증분분석을 적용해 보자.

(a) 투자안 B에서 투자안 A의 현금흐름을 뺀다. 첫 번째 지급액이 음수가 되어 순수 투자를 생각하게 된다.

(b) 증분현금흐름의 IRR을 구한다. IRR=28.10%이다.

(c) MARR=10%<IRR이므로 투자안 B를 선택한다.

n	투자안 A	투자안 B	증분현금흐름(B-A)
0	-2000	-3000	-1000
1	1400	2400	1000
2	1640	2000	360
IRR	32.08%	30.92%	28.10
NPV(10%)	570.9992	758.8279	187.8287

이 판정법은 NPV를 사용한 의사결정과 동일하다. 실제로 증분분석은 투자안 B에 1,000만원을 투자하여 28.10%의 추가이익을 얻음을 보여주고 이 수익률이 MARR보다 높기 때문에 B에 투자하는 것이 경제적임을 말해준다.

연습문제 2.6

1. 두 펀드의 수익률이 각각 4%, 8%이다. 잔고가 2배로 될 때까지 걸리는 시간을 구하여라.
   (a) 72 법칙으로 구한 근사값
   (b) 정확한 기간
2. 5년 후에 찾을 수 있는 펀드에 1,000만원을 투자하고 5년 후에 1290.31만원을 받았다. 펀드의 연간 수익률을 계산하여라.
3. 영수가 기안 중인 프로젝트의 현금흐름이 다음과 같이 예측되었다.

n	현금흐름
0	-5000
1	0
2	4840
3	1331

(a) MARR가 8%일 때 투자계획의 선택여부를 말하여라.

(b) MARR가 15%일 때 투자계획의 선택여부를 말하여라.

(c) 내부수익률을 계산하여라.

4. 1,000만원을 투자하여 기계를 구입한 후 4년 동안 연말에 300만원의 수익을 얻고 기계를 350만원에 처분하였다. 수익률을 구하여라.

5. 1,600만원를 대출받은 후 매 분기말에 100만원씩 5년 동안 상환하여 대출을 청산하였다. 적용된 이자율 $i^{(4)}$를 구하여라.

6. 다음 현금흐름의 내부수익률을 구하여라.

t	0	1	2
현금	-1000	2280	-1296

7. 다음 현금흐름의 내부수익률을 구하여라.

t	0	1	2
현금	-100	-82	2360

8. 다음 현금흐름의 내부수익률을 구하여라.

t	0	1	2	3
	-1000	350	3335	-2730

9. 다음 현금흐름의 내부수익률을 구하여라.

t	0	1	2	3
	-100	40	40	40

10. 다음 현금흐름의 내부수익률을 계산하여라.

t	0	1	2	3	4	5
	-300	100	100	100	100	100

11. 제안된 2개의 투자계획에서 현금흐름이 다음과 같이 예측되었다. 다음 각 방법에 기반하여 어떤 투자계획을 선택할지 결정하여라.

n	투자계획 A	투자계획 B
0	-900	-900
1	48	580
2	370	325
3	655	200
4	378	156.1

(a) 두 현금흐름의 순현재가치

(b) 두 현금흐름의 내부수익률

(c) 증분현금흐름의 내부수익률

12. 상호배타적인 두 투자안의 현금흐름이 다음과 같다.

n	A	B
0	-12,000	-16,000
1	4,000	6,000
2	4,000	6,000
3	4,000	6,000
4	4,000	6,000

(a) 증분현금흐름에 대한 내부수익률을 구하여라.

(b) 최저요구수익률이 20%라면 어떤 투자계획을 선택하겠는가?

2.7 비주기적 현금흐름의 수익률 계산(Hardy formula)

지금까지는 이자계산 시점에 현금의 입출입이 발생하는 경우에 수익률을 계산하는 여러 가지 방법을 공부하였다. 현실적으로 현금흐름의 주기 말에 집중되어 발생하는 경우는 매우 드물다. 현금 입출입이 이자 계산 주기 사이에 발생할 때 모든 현금 입출입의 발생시점을 이자계산 시점으로 미루기도 한다. 이 방식은 계산이 용이하다는 장점이 있는 반면에 이자계산 시점까지 이자계산이 누락되어 계산이 부정확해지는 단점이 있다.

이 절에서는 비주기적으로 현금의 입출입이 발생할 때 수익률을 계산하는 방법에 대하여 알아본다.

이자계산주기는 1년으로 가정하고 연이자율은 i로 나타내자. 분석을 위해 다음 기호를 도입한다.

- C_t : 시점 $t \in [0,1]$에서 발생하는 순현금흐름
- $C := \sum_t C_t$: 1년 동안의 총현금흐름
- A : 연초$(t=0)$ 잔고

- B : 연말($t = 1$) 잔고
- I : 1년 동안의 이자 수입

그러면 다음 등식이 성립한다.

$$B = A + C + I \quad \text{또는} \quad I = B - A - C \tag{2.13}$$

한편, 이자 I는 연초의 잔고에 발생한 이자 및 순현금흐름 C_t에 발생한 이자를 합한 금액이다. 따라서 이자는

$$I = Ai + \sum_t C_t i_{[t,1]} \tag{2.14}$$

이다. 한편, 복리로 이자를 계산할 때 $[t, 1]$에서 원금 1에 발생한 이자는 실이자율과 같고 다음 식으로 쓸 수 있다.

$$i_{[t,1]} = (1 + i)^{1-t} - 1$$

이 식을 (2.14)에 대입하면 수익률(또는 이자율) i에 대한 다음 방정식을 유도할 수 있다.

$$Ai + \sum_t C_t\big[(1 + i)^{1-t} - 1\big] = I \tag{2.15}$$

수익률을 구하려면 방정식 (2.15)를 풀어서 i를 구해야 한다. 여러 번의 현금발생이 있는 경우에 (2.15)의 정확한 해를 구하는 것은 거의 불가능하다. 여기서는 이자율 i의 근사값을 구하는 간단하게 방법에 대해 알아본다. (이자율 i의 근사값을 높은 정확도로 구하려면 수치해석학적 방법을 이용할 수 있다.)

2.7.1 단리 근사

(2.15)에 이항전개를 이용하여 $(1 + i)^{1-t} - 1$을 근사식

$$(1 + i)^{1-t} - 1 \approx [1 + (1 - t)i] - 1 = (1 - t)i$$

로 바꾸자. (이 근사식을 사용하는 것은 구간 $[t, 1 - t]$에서 단리를 적용하는 것과 같다.) 그러면 (2.15)이 다음 식으로 바뀐다.

$$I \approx Ai + i\sum_t C_t(1 - t)$$

이 방정식의 해가 이자율의 근사값이 된다.

$$i \approx i^* = \frac{I}{A + \sum_t C_t(1 - t)} \tag{2.16}$$

(현금흐름의 금액 C_t가 연초 잔고 A보다 충분히 작을 때 이 값은 실제 값의 매우 좋은 근사값이 된다.)

현금흐름이 특정 시점에 집중된다면 (2.16)의 근사값을 더욱 간단한 형태로 바꿀 수 있다.

- 현금 입출입의 발생시점이 평균적으로 $t = \frac{1}{2}$ 일 때 (현금 입출입의 발생 시점이 균등할 때)

$$i \approx \frac{2I}{A+B-I} \tag{2.17}$$

- 현금 입출입의 발생시점이 평균적으로 $t = k$ 일 때

$$i \approx \frac{I}{A+(1-k)(B-A-I)} \tag{2.18}$$

[증명] (2.17)은 (2.18)에서 나온다. 따라서 (2.18)만 유도해도 충분하다. 모든 현금의 입출입이 $t = k$ 에서 발생한다고 가정하는 것과 같으므로 (2.16)이 다음 식으로 바뀐다.

$$i \approx \frac{I}{A+\sum_t C_t(1-k)} = \frac{I}{A+(1-k)C} = \frac{I}{A+(1-k)(B-A-I)}$$ □

참고 2.3 이자계산주기가 1년보다 짧다고 하자. 주기가 $\frac{1}{m}$ 년 일 경우에는 주기 초 및 주기 말의 잔고와 발생한 현금흐름을 이용하여 $i^{(m)}/m$ 을 구한다.

예제 2.26 어느 펀드의 1년 동안 현금의 입출입이 다음과 같다고 한다.

t	금액
2016.1.1	2000
2016.4.30	400
2016.6.30	-300
2016.8.31	-200
2016.10.31	-100
2016.12.31	2150

(2.16)과 (2.17)을 써서 수익률을 계산하여라.

풀이 $A = 2000, B = 2150, C = 400-(300+200+100) = -200, I = B-A-C = 350$ 이므로 복리를 가정할 때 수익률 i는 다음 방정식의 해이다.

$$2000i + 400(1+i)^{\frac{2}{3}} - 300(1+i)^{\frac{1}{2}} - 200(1+i)^{\frac{1}{3}} - 100(1+i)^{\frac{1}{6}} = 350 \quad (*)$$

(a) (2.17)을 사용하여 구한 이자율은 $i = \frac{2I}{A+B-I} = \frac{700}{3800} = 18.18\%$ 이다.

(b) 현금흐름의 발생은 $t = 1/3$에서 400, $t = 1/2$에서 -300, $t = 2/3$에서 -200, $t = 5/6$에서 -100이다. 그러므로 (2.16)을 이용하여 계산한 수익률은 다음과 같다.

$$i = \frac{350}{2000 + 400(1-\frac{1}{3}) - 300(1-\frac{1}{2}) - 200(1-\frac{2}{3}) - 100(1-\frac{5}{6})} = 17.21\%$$

□

2.7.2 선형 종가함수와 이력을 이용한 근사

월말의 잔고를 $A(k/12)\ (k = 0, 1, \ldots, 11)$로 나타내자. 이 기호에서 $A(0) = A$, $A(1) = B$이다. 이력의 표현식 $\delta_t = \frac{A'(t)}{A(t)}$을 이용하여 1년 동안 발생한 이자 $A(1) - A(0)$를 계산하면 다음과 같다.

$$\begin{aligned} I = A(1) - A(0) &= \int_0^1 A'(s)ds \\ &= \int_0^1 A(s)\delta_s ds \end{aligned}$$

여기서 이력 δ_t가 상수이고 $A(t)$가 구간 $[\frac{k}{12}, \frac{k+1}{12}]$에서 1차함수[2]라고 가정하자. 그러면

$$\int_{\frac{k}{12}}^{\frac{k+1}{12}} A(s)\delta_s ds = \frac{\delta}{12}\frac{1}{2}\Big[a(\frac{k}{12}) + a(\frac{k+1}{12})\Big]$$

이고 이자 I를 다음과 같이 쓸 수 있다.

$$\begin{aligned} I &= \int_0^1 A(s)\delta_s ds = \sum_{k=0}^{12} \int_{\frac{k}{12}}^{\frac{k+1}{12}} A(s)\delta_s ds \\ &= \delta \cdot \frac{1}{12}\Big[\frac{1}{2}A(0) + A(1/12) + A(2/12) + \cdots + A(11/12) + \frac{1}{2}A(1)\Big] \\ &= \delta \cdot \underbrace{\frac{1}{12}\Big[\frac{1}{2}A + A(1/12) + A(2/12) + \cdots + A(11/12) + \frac{1}{2}B\Big]}_{\overline{A}_{12}} \end{aligned}$$

이제 상수이력의 값은 $\delta = \frac{I}{\overline{A}_{12}}$이다. 이 이력을 이용하여 동등한 이자율 i를 표현할 수 있다.

$$\begin{aligned} i &= e^{\delta} - 1 \\ &= \delta + \frac{\delta^2}{2!} + \frac{\delta^3}{3!} + \cdots \\ &\approx \delta\Big(1 + \frac{\delta}{2}\Big) \end{aligned}$$

---

[2] 이력이 상수일 때 중도에 인출과 신규투자가 없다면 종가함수는 당연히 $A(t) = Ke^{ct}$꼴이다.

$$\approx \delta\Big(1 - \frac{\delta}{2}\Big)^{-1}$$

(마지막 식에서는 $x \approx 0$일 때 $1 - x \approx \frac{1}{1+x}$ 임을 이용하였다.)

이제 위 식에 $\delta = \frac{I}{\overline{A}_{12}}$ 를 대입하여 i의 근사값을 구하는 새로운 형태의 공식을 유도하게 된다.

$$i \approx \frac{I}{\overline{A}_{12}} \frac{1}{1 - \frac{I}{2\overline{A}_{12}}} = \frac{I}{\overline{A}_{12} - \frac{I}{2}} \tag{2.19}$$

지금까지는 1개월 단위로 현금흐름이 정리된 경우에 이자율을 구하는 문제를 생각하였다. 좀더 일반적으로 잔고를 정리하는 기간이 1달보다 짧은 경우에도 이자율의 근사값 공식을 유도할 수 있다.

일반적인 경우로써 $\frac{1}{n}$ 마다 잔고가 주어질 때 이자율을 구해보자. $[0,1]$을 n등분한 점에서 잔고가 $A(0), A(1/n), \cdots, A(n/n)$ 이라고 하자. (2.19)은 $n = 12$인 경우의 유도과정에 해당하므로 일반적인 경우에도 공식을 유도하는 것이 어렵지는 않다. 결과는 다음과 같다.

$$i \approx \frac{I}{\overline{A}_n - \frac{I}{2}}, \quad \overline{A}_n = \frac{1}{n}\Big[\frac{1}{2}A + A(1/n) + A(2/n) + \cdots + A((n-1)/n) + \frac{1}{2}B\Big]$$

참고 2.4 1주일 단위로 장부를 정리하면 1년을 52등분하는 $n = 52$인 경우에 해당한다.

CHAPTER 3

기본확정연금

사전에 정한 기간(연금지급기간) 동안 일정한 시간 간격(연금지급주기)으로 현금이 지급(payment)되는 것을 **연금**(annuity)이라고 한다. 여기서 지급이란 입금(예치, deposit) 또는 출금(인출, withdrawal)을 뜻하고 금액이 같을 필요는 없다. 주기적으로 지급되는 이런 형태의 현금흐름(cash flow)을 생명보험금 납부, 정기저축, 대여금 상환 및 퇴직연금 수령 등에서 볼 수 있다.

연금은 일년에 한번 지급이 있는 경우를 의미했지만 현재는 월 또는 분기를 포함하여 주기적 지급이 있는 경우를 통칭한다. 이 시간적 간격을 **지급주기**(payment period)라고 부르겠다.

연금은 지급 기간과 지급횟수가 미리 정해진 **확정연금**(annuity certain)과 그렇지 않은 **비확정연금**(contingent annuity)으로 나눌 수 있다. 특히, 생존을 조건으로 연금 형태로 지급되는 연금을 종신연금(생명연금, life annuity)이라고 부르는데 보험이론의 중요한 분야로 다루어진다. 특수한 경우로 지급이 무한히 계속되는 경우 영구연금(perpetuity)이라고 부른다.

연금은 지급주기당 지급되는 금액에 따라 평준연금과 변액연금으로 구분된다.

- 평준연금(level annuity) - 지급액이 동일한 연금
- 변액연금(varying annuity) - 지급액이 지급시점에 따라 달라지는 연금

연금의 형태는 지급주기와 이자계산주기에 따라 다양하다. 이 장에서는 가장 간단한 경우로 다음을 가정한다.

- 지급기간 동안 이자율은 불변
- 이자는 연금지급주기의 말에 복리로 계산
- 이자 계산 주기(이자산입 주기 또는 전화주기, interest conversion period)와 연금 지급주기(payment period)가 같음
- 각 주기의 지급액은 지급주기의 초 또는 말에 지급된다.

이 장에서는 특별한 형태를 갖는 현금흐름인 연금에 대해 현가와 종가를 계산하고 문제해결에 활용할 수 있도록 공부한다. 우리가 이 절에서 살펴볼 확정연금은 다음과 같다.

- 지급횟수가 주어진 평준확정연금 - 지급횟수가 유한하고 지급액이 모두 같은 연금
- 지급횟수가 무한한 영구연금 - 동일한 금액이 무한히 계속하여 지급되는 연금
- 거치연금 - 최초 지급이 미루어지는 연금
- 변액연금 - 지급액이 시점마다 다른 연금
  - 증액연금
  - 감액연금
  - 등비연금

일반적인 연금의 현가와 종가

연금의 현가와 종가를 다음과 같이 정의한다.

(a) 연금의 현가 : 각 지급액에 대해 (최초 지급주기의 초에) 계산한 현가를 모두 더한 금액

(b) 연금의 종가(또는 미래가, 적립가) : 각 지급액에 대해 마지막 지급주기의 말에 계산한 미래가를 모두 더한 금액

참고 3.1 연금의 지급이 끝나는 주기의 말에 계산된 현금흐름의 가치를 뜻하는 여러 개의 용어가 사용된다.

- 연금의 종가 : 가장 자주 사용되는 용어로 연금 지급이 끝나는 시점을 강조하는 느낌이 있다.
- 연금의 미래가 : 지급이 끝나기 전의 시점에서 미래의 가치임을 의미할 때 사용된다.
- 연금의 적립가 : 연금의 형태로 현금을 적립(저축)할 때 찾는 시점의 가치를 강조하기위해 사용한다.

3.1 평준연금

이 절에서는 **평준연금**(level annuity)에 대하여 알아본다. 여기서 평준(level)이란 지급액이 모든 시점에서 동일하다는 것을 의미한다. 모든 평준연금은 지급이 이루어지는 시점에 따라 기말급과 기시급으로 구분된다.

> «기사 속의 금융» 기존에 만기 일시상환 조건으로 변동금리(3.48%≒3.5%), 만기 20년 대출을 받은 사람은 매월 58만원의 이자만 내다가 만기에 2억원을 한꺼번에 내야 했다. 이를 20년 만기에 고정금리(2.8%) 분할상환 조건으로 갈아타면 매월 109만원을 내야 한다.

기사에서는 20년 동안 1개월마다 상환금을 지급하는데 지급기간이 정해진 평준연금에 해당한다. 이율 3.5%나 2.8%는 연이율이지만 월별복리의 명목이율 $i^{(12)} = 2.8\%$로 이해해야한다.

이 절에서는 주로

- 지급기간이 정해진 평준연금의 현가와 종가
- 최초지급이 미루어진 평준연금의 현가와 종가
- 영구히 지급되는 평준연금의 현가와 종가

의 계산과 응용에 대하여 공부한다. 먼저 사용하게 될 연금기호(annuity symbol) 몇 개를 간단히 소개한다.

- 지급주기당 실이율은 i, 현가율(또는 할인요소, discount factor)은 $v = \frac{1}{1+i}$
- 기말급연금의 현가 $a_{\overline{n}|}$와 종가 $s_{\overline{n}|}$

$$a_{\overline{n}|} = v + v^2 + \cdots + v^n,$$
$$s_{\overline{n}|} = (1+i)^{n-1} + (1+i)^{n-2} + \cdots + (1+i) + 1$$

- 기시급연금의 현가 $\ddot{a}_{\overline{n}|}$와 종가 $\ddot{s}_{\overline{n}|}$

$$\ddot{a}_{\overline{n}|} = 1 + v + v^2 + \cdots + v^{n-1},$$
$$\ddot{s}_{\overline{n}|} = (1+i)^n + (1+i)^{n-1} + \cdots + (1+i)^2 + (1+i)$$

이자율을 특별히 강조하는 경우에는 다음과 같이 쓰기도 한다.

$$a_{\overline{n}|} = a_{\overline{n}|i}, \quad s_{\overline{n}|} = s_{\overline{n}|i}, \quad \ddot{a}_{\overline{n}|} = \ddot{a}_{\overline{n}|i} \quad \ddot{s}_{\overline{n}|} = \ddot{s}_{\overline{n}|i}$$

(여기서 기호 $a_{\overline{n}|i}$는 "a angle n i"로 읽는다. 비슷하게, $\ddot{a}_{\overline{n}|i}$는 "a double dot angle n i"로 읽는다.)

이 외에도 여러가지 연금에 대해 현가와 종가를 나타내는 다양한 기호가 있으나 어렵지 않게 기호를 확장해 나갈 수 있다.

3.1.1 평준 기말급연금

평준 기말급연금은 지급이 기말에 이루어지고 금액이 동일한 연금을 의미한다. 회사원의 급여, 국민연금의 월지급 등은 평준기말급연금의 예이다.

액수가 1 인 지급이 기말에 n 번 이루어지고 이자가 기말에 발생한다고 하자. 이런 연금을 기본 기말급연금 ((basic) annuity-immediate 또는 ordinary annuity) 이라고 부르거나 간단하게 **기말급연금**이라고 한다. (그림 3.1 참고) 지급금액이 동일하고 P 일 때에는 기본 기말급연금의 현가나 종가에 P 를 곱하면 되므로 지급액이 1 인 경우만 생각해도 좋다.

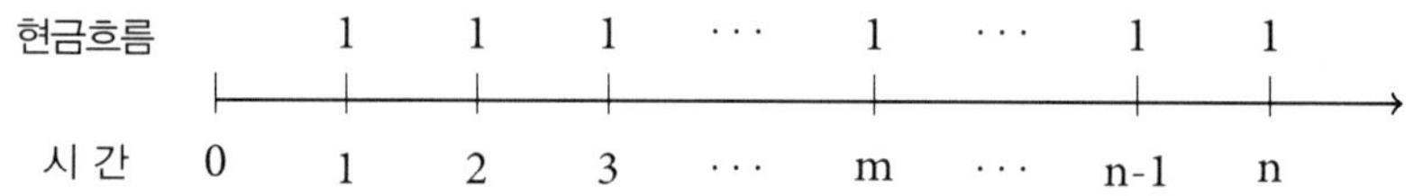

그림 3.1: 기말급연금의 시간 그림

먼저 기말급연금, 기말급연금의 현가 및 미래가 (종가, 적립가, accumulated value) 에 대하여 알아보자.

지급횟수가 n 인 평준기말급연금의 현가 및 종가

- 기말금 연금 : 첫 번째 지급은 $t = 1$ 에서 이루어지고 최종지급은 $t = n$ 인 시점에서 이루어진다. (그림 3.1)
- 기말급연금의 현가 : 각 주기 말 지급액 1 에 대한 현가의 전체 합
- 기말급연금의 종가 : 각 주기 말 지급액 1 에 대한 $t = n$ 시점에서 미래가의 전체 합

예제 3.1 올해부터 5년동안 연말에 10만원을 지급받는다. 올해 초를 기준으로 이 기말급연금의 가치를 평가해 보자. 단, 연이율은 6%이다.

풀이 각 지급액의 현가를 구하면 다음과 같다.

- 1년 후 받을 10만원의 현가 : $10v = \frac{10}{1.06} = 9.433962264$
- 2년 후 받을 10만원의 현가 : $10v^2 = \frac{10}{1.06^2} = 8.8999644$
- 3년 후 받을 10만원의 현가 : $10v^3 = \frac{10}{1.06^3} = 8.39619283$

- 4년 후 받을 10만원의 현가 : $10v^4 = \frac{10}{1.06^4} = 7.920936632$
- 5년 후 받을 10만원의 현가 : $10v^5 = \frac{10}{1.06^5} = 7.472581729$

이 기말급연금의 가치는 각 지급액의 현가를 모두 더한 금액과 같다. 따라서 연금의 현가는 $10v + 10v^2 + \cdots + 10v^5 = 42.12363786$(만원) 이다. □

기말급연금의 현가

각 주기 말에 1을 n 번 지급하는 기말급연금에서 현가와 종가를 결정하는 문제를 생각해 보자. k 번째 주기인 k 번째 년도 말에 지급되는 1의 현가는 v^k 이다.

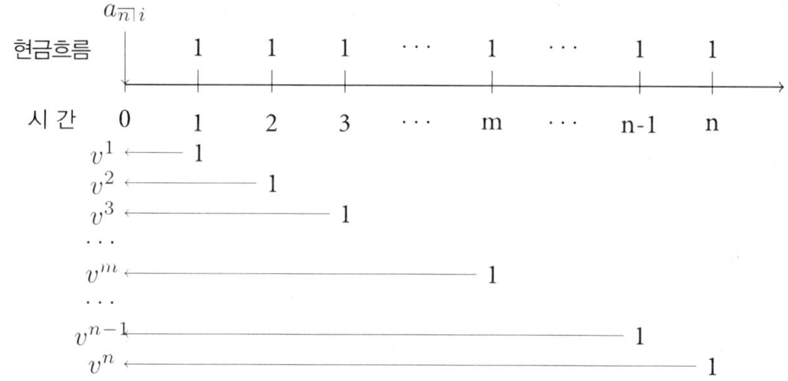

그림 3.2: 기말급연금의 현가

그림 3.2를 참조하여 각 지급액의 현가를 모두 합하면 **기말급연금**의 현가 $a_{\overline{n}|}$ 는 다음과 같다.

$$\begin{aligned} a_{\overline{n}|} &= v + v^2 + \cdots + v^n \\ &= v \times \frac{1 - v^n}{1 - v} \\ &= \frac{1 - v^n}{i} \quad (\because\ 1 - v = d,\ d = \frac{i}{1+i} = iv) \\ &= \frac{1 - (1+i)^{-n}}{i} \quad (\because\ v = (1+i)^{-1}) \end{aligned} \tag{3.1}$$

예제 3.2 다음 연금의 현가를 계산하여라. 단, 연이자율은 6%이다.

(a) 앞으로 20년 동안 연말에 100만원씩 지급받는 배당금

(b) 6개월마다 300만원씩 4년 동안 받는 상여금

풀이 (a) $n = 20$, $i = 0.06$ 인 기말급연금이므로 현가는

$$100a_{\overline{20}|0.06} = 100\frac{1 - 1.06^{-20}}{0.06} = 1146.9921 \text{ 만원}$$

이다.

(b) 기말급연금을 생각하고 있으므로 이자율을 반기복리의 명목이율로 파악한다. 이제 $n = 8$, $i = 0.03$이고 지급액수가 300만원인 기말급연금의 현가는

$$300a_{\overline{8}|0.03} = 300\frac{1 - 1.03^{-8}}{0.03} = 2105.9077 \text{ 만원}$$

이다. □

기말급연금의 종가

n년 후 연말에 기말급연금의 종가(적립가, accumulated value) $s_{\overline{n}|}$는 각 기말에 지급된 1의 미래가의 합과 같다.

예제 3.3 연이율 6%로 5년동안 매년 말에 10만원을 지급한다. 각 주기의 말에 지급하는 지급액의 미래가를 구하여라. 또한 이 기말급 연금의 종가를 계산하여라.

풀이 각 지급액에 대해 $t = 5$에서의 미래가(원리합계)를 계산한다.

- $t = 1$에 지급된 10만원의 미래가 : $10(1 + 0.06)^4 = 12.6248$만원
- $t = 2$에 지급된 10만원의 미래가 : $10(1 + 0.06)^3 = 11.9102$만원
- $t = 3$에 지급된 10만원의 미래가 : $10(1 + 0.06)^2 = 11.236$만원
- $t = 4$에 지급된 10만원의 미래가 : $10(1 + 0.06) = 10.6$만원
- $t = 5$에 지급된 10만원의 미래가 : 10만원

각 지급액의 미래가를 모두 더하면 연금의 종가는 56.3709만원이다. □

각 주기의 이자율이 i일 때 n번 지급되는 기말급연금의 종가를 계산해보자. (그림 3.3 참조)

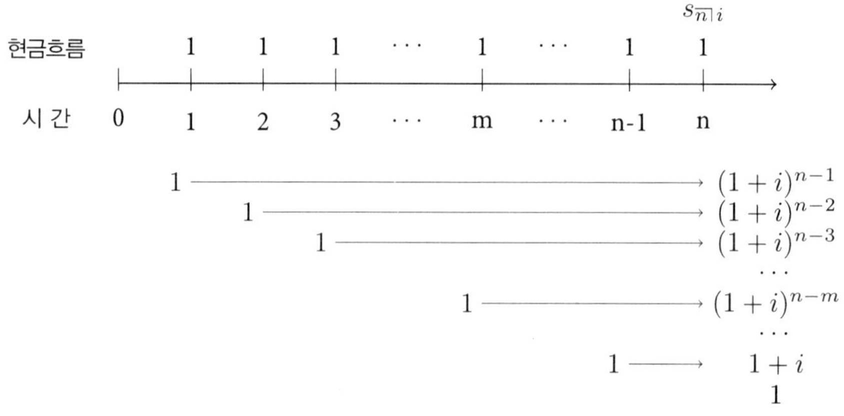

그림 3.3: 기말급연금의 현가

각 지급액에 대해 $t = n$ 에서의 종가를 모두 합하면 **기말급연금의 종가**(미래가)가 다음과 같다.

$$
\begin{aligned}
s_{\overline{n|}} &= (1+i)^{n-1} + (1+i)^{n-2} + (1+i) + 1 \\
&= 1 + (1+i) + (1+i)^2 + \cdots + (1+i)^{n-1} \\
&= \frac{(1+i)^n - 1}{i}
\end{aligned}
\tag{3.2}
$$

기말급연금에서 현가와 종가의 관계

이제 기말급연금의 현가와 종가 사이의 상호관계를 관찰해 보자. 동일한 현금흐름에 대해 서로 다른 시점에서 가치를 계산하고 있다. 따라서 두 금액의 가치는 같아야한다.

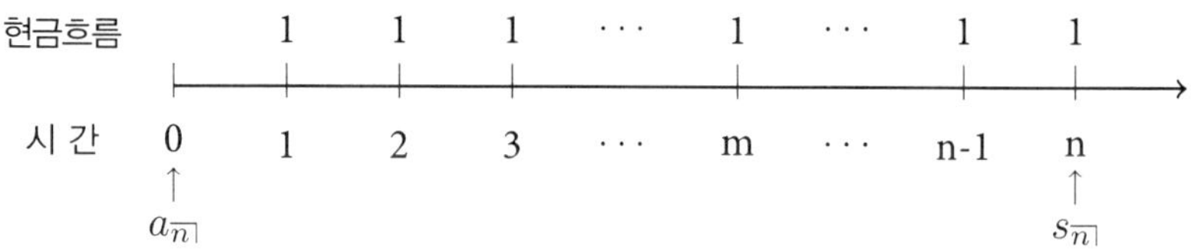

그림 3.4: 기말급연금의 현가와 종가

그림 3.4에서 기말급연금의 종가를 기말급연금의 현가 $a_{\overline{n|}}$에 n번 복리이자가 발생할 때의 원리합계로 이해할 수도 있다. 이렇게 해석하면 기말급연금에서의 기본 등식을 쉽게 유도할 수 있고 기억할 수 있다.

n번 지급하는 기말급연금에서 현가와 종가의 관계

기말급연금의 현가와 종가 사이에 아래의 등식이 성립한다.

$$s_{\overline{n|}} = a_{\overline{n|}}(1+i)^n \tag{3.3}$$

$$a_{\overline{n|}} = s_{\overline{n|}}v^n \tag{3.4}$$

[증명] 우변을 변형하여 좌변으로 유도한다.

$$(1+i)^n a_{\overline{n|}i} = (1+i)^n \frac{1-(1+i)^{-n}}{i} = \frac{(1+i)^n - 1}{i} = s_{\overline{n|}i}$$

$$s_{\overline{n|}i}v^n = \frac{(1+i)^n - 1}{i}(1+i)^{-n} = \frac{1-(1+i)^{-n}}{i} = a_{\overline{n|}i} \qquad \square$$

참고 3.2 연금 지급기간 동안에 연이자율이 i로 동일하고 복리가 적용되고 있다. 이제 단위종가함수 $a(t) = (1+i)^t$를 이용하여 적립가와 현가 사이에 성립하는 등식 (3.3)과 (3.4)를 다음과 같이 쓸 수 있다.

$$s_{\overline{n}|} = a_{\overline{n}|}a(n), \quad a_{\overline{n}|} = v(n)s_{\overline{n}|} \quad \text{단, } v(n) = \frac{1}{a(n)} \tag{3.5}$$

등식 (3.5)는 일반적인 단위종가함수 $a(t)$에 대해서도 성립한다.

지금까지는 지급액이 1인 경우를 고려하였다. 퇴직연금 수령을 비롯한 실생활 문제에서는 지급액이 A인 기말급연금을 접하게 될 것이다. 이런 기말급연금에서 다음 내용을 기억해야 한다.

주기 말 지급액이 A인 기말급연금의 현가와 종가

주기당 이자율이 i일 때 지급액 A가 n번 지급되는 기말급연금의 현가와 종가는 다음과 같다.

- A씩 지급되는 기말급연금의 현가 : $Aa_{\overline{n}|} = A\frac{1-v^n}{i}$
- A씩 지급되는 기말급연금의 미래가(종가, 적립가) : $As_{\overline{n}|} = A\frac{(1+i)^n-1}{i}$

지금까지는 1년에 한 번씩 연말에 지급이 이루어지는 기말급연금의 현가와 종가를 계산하였다. 이제 일년에 여러 번 지급이 이루어지고 지급주기 말에 이자가 계산되는 경우를 살펴보자. 일상생활에서 볼 수 있는 지급주기는 다음과 같다.

- 반기(6개월)별로 지급될 때
- 분기(3개월)별로 지급될 때
- 월(1개월)별로 지급될 때
- 주(1주일) 별로 지급될 때

지급주기가 1년보다 짧은 기말급연금의 현가나 종가를 계산하려면 이자율을 알아야 한다. 명목이율의 경우에는 지급주기에 맞게 이자계산주기가 주어진다고 볼 수 있지만 그렇지 않은 경우도 있다. 단순하게 연이율이 주어지면 연금지급주기와 이자계산주기를 일치시키는 명목이율로 간주하여 계산하기 바란다.

예제 3.4 500만원을 지불한 후에 월 말에 80만원 씩 36개월 상환하는 조건으로 자동차를 구입하였다. 이자율이 $i^{(12)} = 4.8\%$일 때 일시불로 구입할 수 있는 자동차의 가격은?

풀이 매월 80만원을 월말에 상환하므로 기말급연금이고 이자율은 $\frac{4.8}{12}\% = 0.4\% = 0.004$이다. 이 때 연금의 현가가 $80a_{\overline{36}|}$이므로 자동차의 가격은 다음과 같다.

$$500 + 80a_{\overline{36}|} = 500 + 80\frac{1-1.004^{-36}}{0.004} = 3,177.270071$$

□

위 예제는 기말급연금의 현가를 이용하여 자동차 가격(일시불 가격, 현가)을 구하고 있다. 다음 예제에서는 학자금 대출금의 월 상환액을 구한다.

예제 3.5 영수가 다음 학기 등록금을 납부하기위해 500만원을 매월 복리이자 0.3%로 대출하였다. 한 달 후부터 동일한 금액을 지불하여 1년 동안에 상환을 끝내려고 한다. 월 상환액은 얼마인가?

풀이 월 상환액을 P로 둘 때 월 상환액의 현가를 더한 금액이 대출액과 같아야 한다. 따라서 다음 등식이 성립한다.

$$500 = Pa_{\overline{12}|},\ a_{\overline{12}|} = 11.7692395 \implies P = \frac{500}{11.7692395} = 42.48362863$$

따라서 영수가 매월 월 말에 상환할 금액은 $P = 42.4836$만원이다. □

예제 3.6 영철이가 매월별복리의 이자율 3.6%로 이자를 지급하는 적금에 가입하려고 한다. 한 달 후부터 10만원을 불입할 때 4년 후에 찾는 금액을 계산하여라.

풀이 $i^{(12)} = 0.036$이므로 월별 이자는 $\frac{0.036}{12} = 0.003 = 0.3\%$이다. 찾을 금액은 기말급연금의 종가와 같다. 따라서 4년 후에 찾을 수 있는 금액은 다음과 같다.

$$10s_{\overline{48}|0.003} = 10 \times \frac{1 - 1.003^{-48}}{0.003} \approx 515.4506 \text{ 만원}$$ □

대출금 상환이나 할부금 상환은 연금이론이 활용되는 가장 중요한 분야 중의 하나이다. 대출이나 할부에서는 당사자 누구도 일방적인 이익을 얻지않는 공정한 거래를 가정한다. 할부상환금을 결정하는 원리는 다음과 같다.

기말에 지급하는 할부 상환액 구하기

대출금액 L을 동일한 금액으로 주기 말에 n번 상환할 때 주기 당 상환액 A를 결정하는 원리는 다음과 같다. 단, 주기당 실이율이 i라고 가정한다.

- 각 상환액의 현가를 더한 금액이 대출액과 같다. (즉, 기말급연금의 현가와 대출금액이 같다.)

$$Aa_{\overline{n}|i} = L \iff A = \frac{L}{a_{\overline{n}|i}} \tag{3.6}$$

- 상환액의 미래가를 더한 금액이 대출금액의 미래가와 같다. (즉, 기말급연금의 미래가와 대출금액의 미래가와 같다.)

$$As_{\overline{n}|i} = L(1+i)^n \iff A = \frac{L(1+i)^n}{s_{\overline{n}|i}} \tag{3.7}$$

참고 3.3 (3.6)의 양변에 $(1+i)^n$을 곱하면 (3.7)이 나온다. 역으로, (3.7)의 양변에 v^n을 곱하면 (3.6)이 나온다.

예제 3.7 가격이 96만원인 테블릿 PC를 6개월 할부로 구입하였다. 신용카드의 할부이자율이 10%일 때 월 상환액을 계산하여라.

풀이 96만원이 대출금에 해당한다. 할부이자율이 연이자율로 주어지므로 월별복리의 명목이율로 주어졌다고 생각해야한다. 이제 (3.6)을 이용하여 월상환액을 계산할 수 있다. 월이자율이 $0.1/12 = 0.00833$, $a_{\overline{6}|0.0083} = 5.82882$이므로 월상환액은

$$A = \frac{96}{a_{\overline{6}|0.0083}} = \frac{96}{5.82882} = 12.4699\text{ 만원}$$

이다. □

참고 3.4 신용카드의 할부이자율은 카드 회사, 카드 종류, 할부기간 등에 따라 달라진다.

3.1.2 평준 기시급연금

지급이 각 주기의 시작 시점에 이루어지는 현금흐름을 **기시급연금**(annuity-due)이라고 한다. 평준 기시급연금은 지급액이 동일한 기시급연금이다. 평준 기시급연금의 현가와 종가를 계산할 때 지급액이 1인 경우만 생각해도 충분하다.

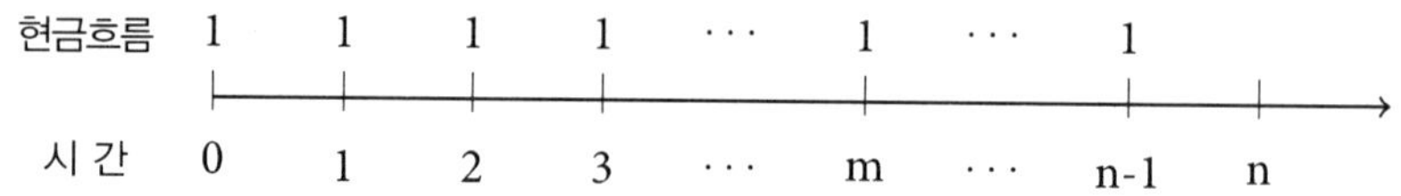

그림 3.5: 기시급연금의 시간 그림

지급횟수가 n인 평준 기시급연금의 현가 및 종가

- 기시급연금 : 첫 번째 지급은 $t = 0$, 최종지급은 $t = n-1$인 시점에서 이루어진다. (그림 3.1)
- 기시급연금의 현가 : 각 주기 초 지급액 1에 대한 현가의 전체 합
- 기시급연금의 종가 : 각 주기 초 지급액 1에 대한 $t = n$ 시점에서 미래가의 전체 합

기시급연금의 현가는 연금기호 $\ddot{a}_{\overline{n}|i}$로 나타내고 종가는 $\ddot{s}_{\overline{n}|i}$로 나타낸다.

기시급연금의 현가

기시급연금의 현가 $\ddot{a}_{\overline{n}|i}$ 는 각 주기의 초에 지급된 금액 1에 대한 현가의 합으로 정의하였다. (그림 3.6)

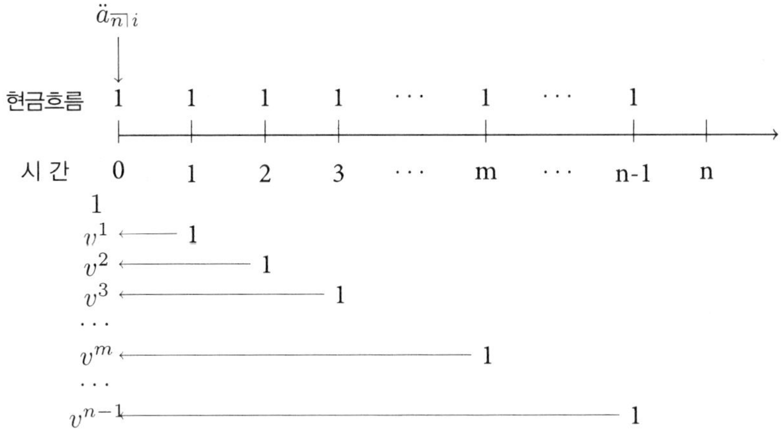

그림 3.6: 기시급연금의 현가

그림 3.6을 참고하여 각 지급액의 현가를 모두 더하면 **기시급연금의 현가** $\ddot{a}_{\overline{n}|}$ 는 다음과 같다.

$$
\begin{aligned}
\ddot{a}_{\overline{n}|} &= 1 + v + v^2 + \cdots + v^{n-1} = \frac{1-v^n}{1-v} \\
&= \frac{1-v^n}{d} \quad (1-v=d) \qquad (3.8) \\
&= \frac{(1+i)[1-(1+i)^{-n}]}{i} \qquad (3.9)
\end{aligned}
$$

(3.8)은 현가와 종가 사이의 관계식을 유도하거나 간편한 서술을 위해 자주 사용한다. 반면에 실제적인 계산이 필요한 경우에는 (3.9)를 사용한다.

예제 3.8 주기당 실이율이 5%일 때 $\ddot{a}_{\overline{6}|}$과 $a_{\overline{6}|}$을 계산하여라.

풀이 실이율과 동등한 할인율이 $d = \frac{i}{1+i} = \frac{0.05}{1.05} = \frac{1}{21} = 0.04762$이다. 따라서 $\ddot{a}_{\overline{6}|}$는

$$
\begin{aligned}
\ddot{a}_{\overline{6}|} &= \frac{1-(1+i)^{-n}}{d} = \frac{1-1.05^{-6}}{0.04762} = 5.32947 \\
a_{\overline{6}|} &= \frac{1-(1+i)^{-n}}{i} = \frac{1-1.05^{-6}}{0.05} = 5.0769
\end{aligned}
$$

이다. □

기시급연금의 종가

기시급연금의 미래가(종가) $\ddot{s}_{\overline{n}|}$는 각 주기의 초에 지급된 금액 1의 미래가를 $t = n$에서 계산하여 합한 금액으로 정의되었다. (그림 3.7)

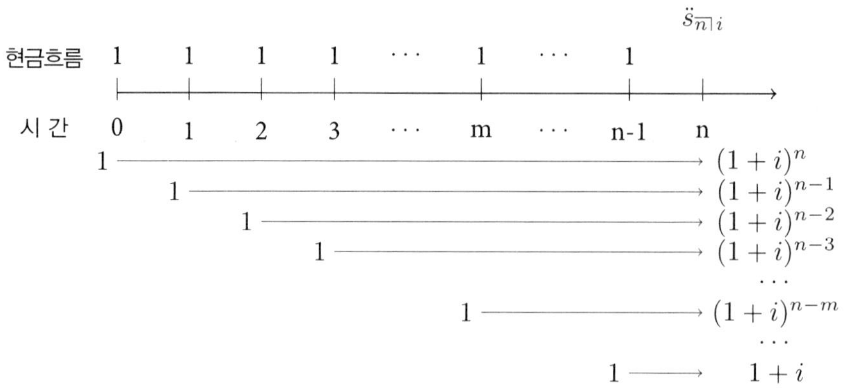

그림 3.7: 기시급연금의 종가

이제, 그림 3.7을 참고하여, 다음과 같이 **기시급연금의 종가**(미래가) $\ddot{s}_{\overline{n}|}$를 구할 수 있다.

$$\begin{aligned}
\ddot{s}_{\overline{n}|} &= (1+i)^n + (1+i)^{n-1} + \cdots + (1+i)^2 + (1+i) \\
&= (1+i) + (1+i)^2 + \cdots + (1+i)^n \\
&= (1+i)\frac{(1+i)^n - 1}{i} \\
&= \frac{(1+i)^n - 1}{d} \qquad \left(d = \frac{i}{1+i}\right)
\end{aligned} \tag{3.10}$$

예제 3.9 B가 앞으로 12년 째 말에 1,000만원이 필요하여 매년 초에 예금하기로 계획하였다. 연이율이 7%일 때 매년 얼마를 예금하면 되겠는가?

풀이 예금액을 P로 두면 $P\ddot{s}_{\overline{12}|0.07} = 1000$이다. 이제 매년 적립할 금액은

$$P = \frac{1000}{\ddot{s}_{\overline{12}|0.07}} = 1000 \times \frac{0.07}{1.07(1.07^{12} - 1)} = 52.24484921$$

이다. □

예제 3.10 매 분기초에 30만원을 2년 동안 저축하였다. 은행에서 분기별복리의 이율 4%로 이자를 지급한다. 2년 후 찾을 금액을 계산하여라.

풀이 주기당 이자율이 1%일 때 30만원을 8번 지급하는 기시급연금의 종가를 계산하는

문제이다. 찾을 금액은

$$30\ddot{s}_{\overline{8}|0.01} = 30 \times \frac{1.01(1.01^8 - 1)}{0.01} = 251.0558\,\text{만원}$$

이다. □

연금의 현가와 종가는 같은 현금흐름에 대해 가치를 서로 다른 시점에서 평가하여 나타난 결과이다. 서로 값은 다르지만 시간의 경과에 따라 복리가 적용되면 가치는 동등해진다.

기시급연금의 현가 $\ddot{s}_{\overline{n}|}$와 종가 $\ddot{a}_{\overline{n}|}$의 상호관계를 파악할 때 다음 그림 3.8은 매우 유용하다.

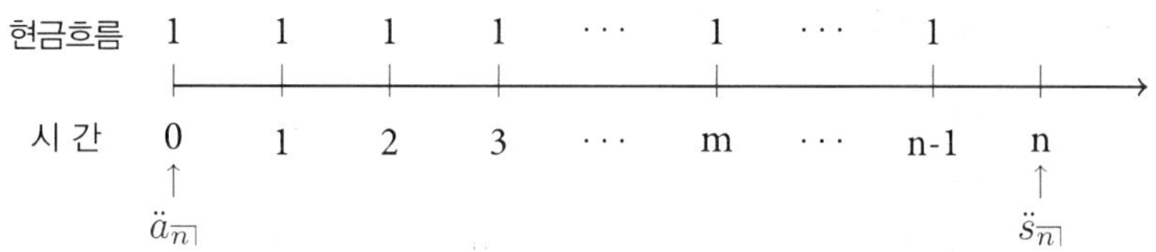

그림 3.8: 기시급연금의 현가와 종가

그림 3.8을 참조하여 기시급연금의 종가 $\ddot{s}_{\overline{n}|}$를 $\ddot{a}_{\overline{n}|}$의 n년 후 미래가로 이해할 수 있다. 따라서 다음 등식이 성립한다.

$$\ddot{s}_{\overline{n}|} = \ddot{a}_{\overline{n}|}(1+i)^n$$

여으로, $\ddot{a}_{\overline{n}|}$은 $\ddot{s}_{\overline{n}|}$의 현가이다. 따라서 다음 식이 유도된다.

$$\ddot{a}_{\overline{n}|} = \ddot{s}_{\overline{n}|}v^n$$

n번 지급하는 기시급연금에서 현가와 종가의 관계

기시급연금의 현가와 종가 사이에 아래의 등식이 성립한다.

$$\ddot{s}_{\overline{n}|} = \ddot{a}_{\overline{n}|}(1+i)^n \qquad (3.11)$$

$$\ddot{a}_{\overline{n}|} = \ddot{s}_{\overline{n}|}v^n \qquad (3.12)$$

예제 3.11 어떤 회사에서 55세인 근로자의 퇴직연금에 대한 계획을 세우고 있다. 회사는 65세에 퇴직한 근로자에게 퇴직 후 1년 후부터 매년 700만원씩 15년간 연금을 주려고 한다. 회사가 10년의 기시급연금으로 퇴직연금을 조성할 때 매년 초에 얼마를 적립해야하는가? 단, 연이율은 5%이다.

풀이 퇴직 후에 받을 연금의 현가는 $700a_{\overline{15}|}$이다. 이 금액이 회사가 연초에 P씩 적립하는 (기시급) 연금의 종가 $P\ddot{s}_{\overline{10}|}$와 같으므로 다음 방정식을 얻는다.

$$P\ddot{s}_{\overline{10}|} = 700a_{\overline{15}|}$$

이자율이 $i = 0.05$일 때 $\ddot{s}_{\overline{10}|} = 13.206787$, $a_{\overline{15}|} = 10.379658$이므로 매년 적립할 금액은

$$P = 700\frac{a_{\overline{15}|}}{\ddot{s}_{\overline{10}|}} = 700 \times \frac{10.379658}{13.206787} = 550.1535\,\text{만원}$$

이다. □

기말급연금과 기시급연금의 관계

앞에서 기말급연금과 기시급연금의 현가와 종가를 구하는 문제를 살펴보았다. 이제 4가지 연금기호 사이의 관계를 유도하기로 한다.

그림 3.9는 n번 지급하는 현금흐름을 시간선 위에 나타낸 그림이다. 최초 지급시점의 설정에 따라 이 현금흐름을 기말급연금과 기시급연금으로 간주할 수 있다.

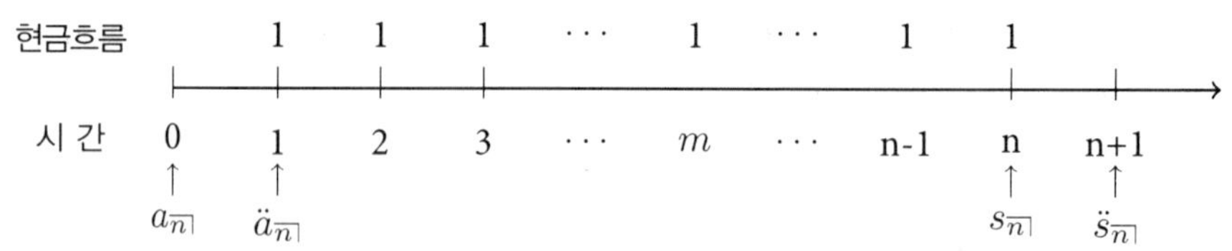

그림 3.9: 기말급 및 기시급연금의 현가와 종가

- 연금의 시점은 $t = 0$이고 종점이 $t = n$인 기말급연금이다.
  - 기말급연금의 현가 $a_{\overline{n}|}$는 $t = 0$에서 계산됨
  - 기말급연금의 종가 $s_{\overline{n}|}$는 $t = n$에서 계산됨
- 지급이 $t = 1$에서 시작하여 $t = n + 1$에서 끝나는 기시급이다.
  - 기말급연금의 현가 $\ddot{a}_{\overline{n}|}$는 $t = 1$에서 계산됨
  - 기말급연금의 종가 $\ddot{s}_{\overline{n}|}$는 $t = n + 1$에서 계산됨

동일한 현금흐름을 서로 다른 연금으로 파악하여 계산한 현가와 종가가 주어졌다.(그림 3.9) 이 값들은 서로 다른 시점에서 계산되었지만 가치가 같다.

예를 들어, 1주기가 지난 후 $a_{\overline{n}|}$의 원리합계는 $\ddot{a}_{\overline{n}|}$일 것이다. 이런 관찰을 아래와 같이 정리한다. (이 관계식을 수학적으로 쉽게 증명할 수 있다.)

n번 지급하는 기말급연금과 기시급연금의 상호 전환공식 1

각 주기의 이자율이 i, 지급액이 1인 기말급연금과 기시급연금 사이에는 다음 관계식이 성립한다.

(a) $\ddot{a}_{\overline{n}|} = a_{\overline{n}|}(1+i)$ 또는 $a_{\overline{n}|} = \ddot{a}_{\overline{n}|}v$

(b) $\ddot{s}_{\overline{n}|} = s_{\overline{n}|}(1+i)$ 또는 $s_{\overline{n}|} = \ddot{s}_{\overline{n}|}v$

n번 지급하는 기시급연금을 단일지급과 기말급연금으로 분해하여 연금의 가치를 계산할 수 있다.

현금흐름	1	1	1	1	···	1	···	1	
시 간	0	1	2	3	···	m	···	n-1	n

위 그림을 참조하여 기시급연금을 $t=0$에서 지급된 1과 $n-1$번 지급된 기말급연금으로 나눈 후 $t=0$에서 현가를 구하면 등식

$$\ddot{a}_{\overline{n}|} = 1 + a_{\overline{n-1}|}$$

이 나온다. 비슷한 과정에 의해 다음 관계식을 유도할 수 있다.

n번 지급하는 기말급연금과 기시급연금의 상호 전환공식 2

지급기간 동안 이자율이 i이고 지급액이 1인 기밀급연금과 기시급언금 사이에는 다음 관계식이 성립한다.

(a) $a_{\overline{n}|} = 1 + a_{\overline{n-1}|}$

(b) $\ddot{s}_{\overline{n}|} + 1 = s_{\overline{n+1}|}$

참고 3.5 이자론을 다룬 책에서는 여러 이자율과 기간에 대한 기말급연금의 현가와 종가가 도표로 주어진다. 기시급연금의 현가나 종가를 계산하고 활용할 때 위 전환공식 1, 2를 이용한다.

수식을 변형하여 기말급연금과 기시급연금의 상호 전환공식을 증명하는 것은 어렵지 않다. 이 등식들을 설명하거나 증명할 때 시간선을 그린 후에 식의 의미를 고려하여 등식을 유도하는 것이 더 바람직하다. 이 관계식은 금융이나 보험과 관련되어 자주 사용된다.

예제 3.12 다음 등식을 증명하고 의미를 설명하여라.

$$\ddot{a}_{\overline{n}|} = a_{\overline{n}|} - v^n + 1 \tag{3.13}$$

풀이 (3.13)의 우변을 변형하여 좌변을 유도한다.

$$\begin{aligned} a_{\overline{n|}} - v^n + 1 &= (v + v^2 + \cdots + v^n) - v^n + 1 \\ &= 1 + v + v^2 + \cdots + v^{n-1} \\ &= \ddot{a}_{\overline{n|}} \end{aligned}$$

(3.13)에서 우변은 기말급연금에서 마지막 지급금을 지불하지 않고 $t = 0$에서 1을 지급하는 연금의 현가이다. 마지막 지급금을 빼는 것은 $t = n$인 시점의 지급액 1의 현가 v^n을 빼는 것과 같다. □

3.1.3 평준 거치연금

> «기사 속의 금융»
> 복지부는 29일부터 국민연금액 일부를 61세 이후에 타기로 연기 신청을 하면 연기한 일부 금액에 대해선 연 7.2% 이자를 붙여 지급하는 '부분 연기연금' 제도를 시행한다고 28일 밝혔다. 연금 수령 연령을 61세에서 62~66세로 늦추면 연 7.2% 이자를 붙여 연금액을 올려주는 제도다.

기사의 내용처럼 연금지급이 미루어지는 경우가 여러가지 이유로 발생할 수 있다. 생활 속에서도 최초 지급이 몇 주기 연기된 후 그 다음부터 빠짐없이 지급이 이루어지는 거치연금을 생활 속에서 찾아 볼 수 있는데 금융기관에서 돈을 빌린 후 1년 후부터 원금과 이자를 갚기 시작한 경우를 들 수 있다.

지급을 연기하면 두 가지 효과가 생긴다.

- 지급자의 입장에서는 (당장 지급할 필요가 없으므로) 지급에 대한 부담을 줄일 수 있고 물가인상이나 이자율의 변화를 통해 지급액의 가치를 낮출 가능성이 생기고
- 받는 사람은 수령을 연기했으므로 이자가 발생하여 받을 금액이 증가한다.

m년 동안 지급이 없다가 다음 해부터 n년 동안 지급되는 연금을 **m년거치 n년 거치연금**(deferred annuity)이라고 한다.

두 가지 형태의 m년거치 n년 거치연금을 생각할 수 있는데 각 경우에 연금의 현가를 평가할 필요가 있다.

- m년거치 n년 기말급연금의 현가 ${}_{m|}a_{\overline{n}|i}$와 종가 ${}_{m|}s_{\overline{n}|i}$
- m년거치 n년 기시급연금의 현가 ${}_{m|}\ddot{a}_{\overline{n}|i}$와 종가 ${}_{m|}\ddot{s}_{\overline{n}|i}$

기말급 거치연금의 현가와 종가

기말급 거치연금은 최초의 지급이 $t = m + 1$인 시점에서 이루어지고 최종지급은 $t = m + n$일때 이루어진다.

이제 기말급 거치연금의 현가를 계산해 보자. (그림 3.11 참고) 각 지급액의 현가를 모두 합한 **m년거치 n년 기말급 거치연금의 현가** ${}_{m|}a_{\overline{n}|}$는 다음과 같다.

$$\begin{aligned}
{}_{m|}a_{\overline{n}|i} &= v^{m+1} + v^{m+2} + \cdots + v^{m+n} = v^m(v + v^2 + \cdots + v^n) \\
&= v^m a_{\overline{n}|i} \\
&= v^m \frac{1 - v^n}{i} \\
&= (1+i)^{-m} \frac{1 - (1+i)^{-n}}{i}
\end{aligned}$$

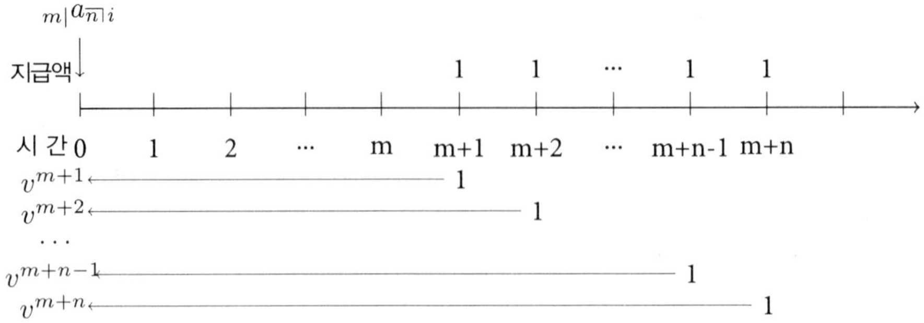

그림 3.10: 기말급 거치연금의 현가

예제 3.13 33세인 회사원 영수는 58세에 퇴직예정이다. 38세가 되는 1월 말부터 매월 50만원씩 퇴직연금에 적립하기로 마음먹었다. 영수가 퇴직할 때까지 적립한 퇴직연금의 현가를 구하여라. 단 이율은 월별복리의 명목이율 $i^{(12)} = 6\%$ 이다.

풀이 $i = \frac{0.06}{12} = 0.005$, $m = 60$, $n = 240$ 이므로 퇴직연금의 현가는 다음과 같다.

$$50 {}_{60|}a_{\overline{240}|0.005} = 50 \times 1.005^{-60} \times \frac{1 - 1.005^{-240}}{0.005} = 5,174.065163 \qquad \square$$

한편, m 년거치 n 년 기말급 거치연금은 $t = m$ 인 시점에서 지급이 시작되고 지급횟수가 n 인 기말급연금으로 볼 수 있다. 따라서 다음과 같이 거치연금의 현가 ${}_{m|}a_{\overline{n}|i}$ 를 계산할 수 있다.

$$\begin{aligned} {}_{m|}a_{\overline{n}|i} &= v^m a_{\overline{n}|i} \qquad (3.14) \\ &= v_m \times \frac{1 - v^n}{i} \\ &= \frac{v^m - v^{m+n}}{i} = \frac{(1 - v^{m+n}) - (1 - v^n)}{i} \\ &= a_{\overline{m+n}|i} - a_{\overline{n}|i} \qquad (3.15) \end{aligned}$$

시점 $t = 1, 2, \ldots, m$ 에서도 지급이 있다고 가정하고 $(m + n)$ 번 지급하는 기말급 연금에서 m 번 지급하는 기말급연금을 제외하면 m 년 거치연금이다. 이렇게 계산한 거치연금의 현가가 (3.15)다.

(3.14)와 (3.15)로 부터 기말급 거치연금의 현가 사이에 성립하는 다음 등식을 유도할 수 있다.

$$\begin{aligned} a_{\overline{m+n}|} &= a_{\overline{m}|} + v^m a_{\overline{n}|} \\ &= a_{\overline{n}|} + v^n a_{\overline{m}|} \end{aligned} \qquad (3.16)$$

그림 3.11은 등식 (3.16)의 의미를 설명한다.

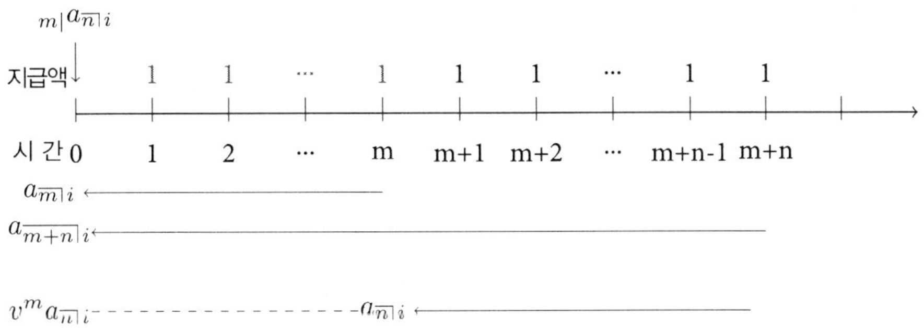

그림 3.11: 기말급 거치연금의 현가

한편, 다음 식은 기말급 거치연금의 종가는 거치기간에 무관하고 지급기간에만 의존한다는 것을 보여준다.

$$
\begin{aligned}
{}_{m|}s_{\overline{n}|i} &= (1+i)^{n-1} + (1+i)^{n-2} + \cdots + (1+i) + 1 \\
&= s_{\overline{n}|i}
\end{aligned}
$$

즉, 거치연금의 종가(미래가)는 거치기간 m에 무관하고 ${}_{m|}s_{\overline{n}|i} = s_{\overline{n}|i}$이다.

예제 3.14 액면가가 1,000만원인 채권을 구입하면 2년 후부터 6개월마다 3%의 쿠폰 이자[1]를 지급하고 7년 후에는 액면가를 돌려준다. 이자율은 반기복리의 이율로 8%일 때 이 채권의 가격을 산정하여라.

풀이 채권을 구입하면 두 현금흐름의 현가

- 4주기 거치 후 40만원을 10번 지급받는 거치연금의 현가 : $40 \times {}_{4|}a_{\overline{10}|0.04}$
- 14주기 후 받는 1,000만원의 현가 : $1000v^{14}$

를 지불하는 것과 동일하다. 따라서 합당한 채권의 가격은 아래와 같다.

$$40 \times {}_{4|}a_{\overline{10}|0.04} + 1000v^{14} = 277.3292 + 577.4751 = 854.8042\text{ 만원}$$ □

기시급 거치연금의 현가와 종가

m년거치 n년 기시급 거치연금은 최초의 지급이 $t = m$인 시점에서 이루어지고 최종지급은 $t = m + n - 1$일때 이루어진다. (그림 3.12)

[1]채권에 기재된 액면가와 쿠폰 이자율(이표율, coupon rate)을 적용하여 지급하는 이자로 쿠폰(coupon) 또는 이표라고 한다.

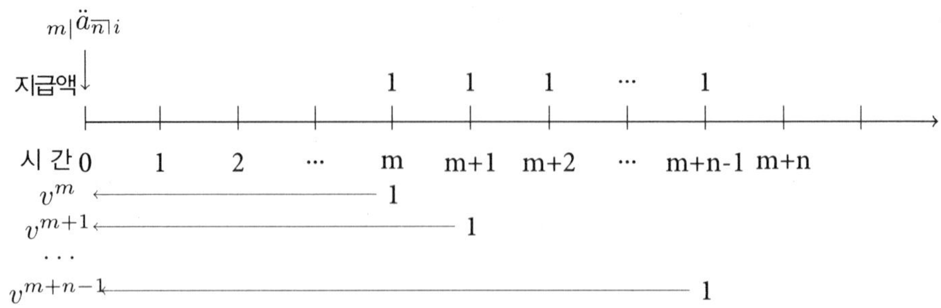

그림 3.12: 기시급 거치연금의 현가

각 지급액의 현가를 모두 더하면 **기시급 거치연금의 현가**는 다음과 같다. (그림 3.12 참조)

$$
\begin{aligned}
{}_{m|}\ddot{a}_{\overline{n}|i} &= v^m + v^{m+1} + \cdots + v^{m+n-1} \\
&= v^m(1 + v + v^2 + \cdots + v^{n-1}) \\
&= v^m \ddot{a}_{\overline{n}|i}
\end{aligned}
$$

m 년거치 n 년 **기시급 거치연금의 종가**는 거치기간과 무관하고 기시급연금의 종가와 같다. 다음 식에서 확인할 수 있다.

$$
{}_{m|}\ddot{s}_{\overline{n}|i} = (1+i)^n + (1+i)^{n-1} + \cdots + (1+i) = \ddot{s}_{\overline{n}|i}
$$

(3.16)의 양변에 $1+i$ 를 곱하면 기시급 거치연금의 현가에 대한 등식이 유도된다.

$$
\begin{aligned}
\ddot{a}_{\overline{m+n}|} &= \ddot{a}_{\overline{m}|} + v^m \ddot{a}_{\overline{n}|} \\
&= \ddot{a}_{\overline{n}|} + v^n \ddot{a}_{\overline{m}|}
\end{aligned}
\tag{3.17}
$$

비슷하게 (3.17)의 양변에 $(1+i)^{m+n}$ 을 곱하면 기말급연금의 종가에 대해 등식

$$
\begin{aligned}
s_{\overline{m+n}|} &= (1+i)^n s_{\overline{m}|} + s_{\overline{n}|} \\
&= (1+i)^m s_{\overline{n}|} + s_{\overline{m}|}
\end{aligned}
$$

이 성립한다. 또한 기시급연금의 종가를 포함하는 다음 등식이 유도된다.

$$
\begin{aligned}
\ddot{s}_{\overline{m+n}|} &= (1+i)^n \ddot{s}_{\overline{m}|} + \ddot{s}_{\overline{n}|} \\
&= (1+i)^m \ddot{s}_{\overline{n}|} + \ddot{s}_{\overline{m}|}
\end{aligned}
$$

<신문기사 : 은퇴한 야구 선수 바비 보니아(52)의 '분할 지급 계약'>

보니아는 지난 2011년부터 25년 동안 매년 7월 1일 119만 3248달러 20센트의 월급을 지급받는다. 이번이 다섯 번째 월급날이었다.

바비 보니아는 2011년부터 25년간 지난 2000년에 받아야 했을 연봉을 분할 지급받는다. 보니아는 지난 2000년 1월 뉴욕 메츠와 이 내용에 합의했다. 당시 그는 메츠와 590만 달러 규모의 계약이 남아 있었지만, 메츠는 이를 2011년부터 분할지급하는 방식으로 그와 결별을 택했다. 지급 기한을 11년이나 미룬 덕분에 메츠는 자금의 여유를 갖게 됐고 선발 투수 마이크 햄튼, 외야수 데릭 벨, 1루수 토드 질을 영입하는데 1510만 달러를 투자했다. 그 결과 1986년 이후 처음으로 월드시리즈에 진출했다.

그러나 한 가지 실수를 저질렀다. 보니아의 연봉을 분할 지급하는 과정에서 8%의 이율을 적용하기로 한 것. 당시 연방 금리가 8.5%였고, 메츠도 구단 사정이 나쁜 편이 아니었기 때문에 메츠 구단은 이를 쉽게 수용했다. 그러나 지급할 시기가 된 지금, 이율 때문에 금액은 눈덩이처럼 불어났다. 그가 2011년부터 2035년까지 받을 총 금액은 2983만 1205달러.

http://espn.go.com/blog/new-york/mets/post/_/id/105897/its-bobby-bonillas-payday

1. 보니아가 2000년 7월1일에 받을 $P = 590$만 달러에 11년 동안 8%의 복리이자가 발생하면 2011년 7월1일에는 $F = 1,375,667.08\$$로 늘어난다.

$$F = P(1+0.08)^{11} = 590 \times 1.08^{11} = 1,375,667.008$$

2. 2011년에 이 금액 F를 일시불로 받을 수도 있고 이후 25년간 균일한 액수 A로 받을 수도 있다. 이때 F가 기시급연금의 현가이고, 다음 식에 의해, 균일지불액 A를 구할 수 있다.

$$F = A\ddot{a}_{\overline{25}|0.08},\ \ddot{a}_{\overline{25}|0.08} = 11.52875828 \implies A = \frac{F}{\ddot{a}_{\overline{25}|0.08}} = 1,193,248.20\$$$

3. 이자를 고려하지 않으면 25년 동안 받는 금액은 $1,193,248.20 \times 25 = 2,983.120502$ 이다.

4. 11년 거치후 25년간 1,193,248.20씩 받는 기시급거치연금으로 생각할 때 연금의 현가가 590만 달러임을 확인할 수 있다. 지급액이 1일 때 $m = 11$, $i = 0.08$, $n = 25$인 기시급 거치연금의 현가를 아래와 같이 계산할 수 있다.

$$_{m|}\ddot{a}_{\overline{n}|i} = v^m \ddot{a}_{\overline{n}|i} = 1.08^{-11} \times \frac{1.08(1-1.08^{-25})}{0.08} = 4.944486817$$

따라서 이 거치연금의 현가는 $1,193,248.20 \times {}_{11|}\ddot{a}_{\overline{25}|0.08} = 5,899,999.995$이다.

3.1.4 평준 영구연금

연금지급이 무한정 계속되는 연금을 **영구연금**(perpetuity)이라고 한다. 배당액이 일정한 우선주(preferred stock)가 (있다면) 예가 될 수 있다.

영구연금의 경우에도 지급이 이루어지는 시점에 따라 기말급 및 기시급연금을 생각할 수 있고 불입이 끝나고 일정기간이 경과된 후 지급이 이루어지는 **거치 영구연금**이 있을 수 있다.

먼저 보통의 기말급 영구연금의 현가 $a_{\overline{\infty}|}$와 기시급 영구연급의 현가 $\ddot{a}_{\overline{\infty}|}$는 다음과 같다.

$$a_{\overline{\infty}|} = v + v^2 + v^3 + \cdots = \frac{v}{1-v} = \frac{1}{i} \tag{3.18}$$

$$\ddot{a}_{\overline{\infty}|} = 1 + v + v^2 + \cdots = \frac{1}{1-v} = \frac{1}{d} \tag{3.19}$$

무한급수의 합이 부분합의 극한에 의해 정의되므로 영구연금의 현가는 지급횟수가 n인 기말급연금 현가의 극한으로 해석할 수 있다.

$$a_{\overline{\infty}|} = \lim_{n\to\infty}(v + v^2 + \cdots + v^n) = \lim_{n\to\infty} a_{\overline{n}|}$$

$$\ddot{a}_{\overline{\infty}|} = \lim_{n\to\infty}(1 + v + v^2 + \cdots + v^{n-1}) = \lim_{n\to\infty} \ddot{a}_{\overline{n}|}$$

매회 동일한 지급액을 받는 영구연금에서 일시불로 받기를 원할 수도 있다. 이 금액이 영구연금의 현가에 해당한다.

예제 3.15 A는 연금으로 보험회사로부터 매년 연말에 600만원을 받는다. 연금을 받는 대신 한꺼번에 받는다면 얼마를 받게될까? 단, 연이율은 5%이다.

풀이 $\frac{600}{0.05} = 12,000$ 만원이다. 이 금액 1억2천만원은 이자율 5%로 매년 600만원의 이자소득을 발생시키는 액수이다. □

예제 3.16 어떤 쇼핑몰이 매년 1200만원의 수익을 내고 있다. 할인율이 15%일 때 이 쇼핑센터가 미래에 창출하는 수익의 가치는 얼마인가?

풀이 수익을 평가하는 시점은 연말일 것이다. 따라서 쇼핑센터의 수익은 기시급 영구연금이고 이자율은 $i = \frac{d}{1-d} = \frac{3}{17} \approx 0.1768 = 17.68\%$ 이다. 따라서 쇼핑센터가 창출하는 연금의 가치는 다음과 같다.

$$1200 a_{\overline{\infty}|0.1768} = 6800\text{만원}$$ □

예제 3.17 대한체육회에서는 올림픽, 아시안 게임, 세계선수권 대회나 유니버시아드 대회에서 입상한 경우 점수를 부여하여 총합이 100점이 넘으면 연금지급이 승인된 다음 달부터 생존기간 동안 체육연금을 매월 100만원씩 지급한다. 단, 연금은 월초에 지급된다. 체육연금을 영구연금으로 간주하고 다음 물음에 답하여라.

(a) 연급지급이 승인된 직후에 일시급으로 수령하면 얼마를 받을 수 있을까? 단, 연이율은 $i^{(12)} = 6\%$ 로 가정한다.

(b) 연금 수혜자가 국적을 포기하고 다른 나라로 귀화하면 월지급액의 48배를 일시불로 수령한다고 한다. 일시불로 수령할 때 연이율은?

풀이 (a) 월별 적용이자가 $i = 0.005$ 이므로 기시급 영구연금의 현가를 구한다. 현가는 $100a_{\overline{\infty}|i}$ 이다. 한편, $a_{\overline{\infty}|i} = \frac{1}{i} = 200$ 이므로 연금의 현가는 $100 \times 200 = 20,000$ 만원, 즉, 2억원이다.

(b) $\frac{1}{i} = 48$ 에서 $i = \frac{1}{48}$ 이다. □

영구채는 원금을 상환하지않고 (미리 정해진) 일정한 비율의 쿠폰이자(coupon rate 라고 함)를 적용하여 이자만 영구히 지급하는 채권으로 국가나 기업에서 장기간의 초대형 프로섹트 비용을 충당하기 위하여 발행한다. 영국 정부가 (나폴레옹 전쟁 때, 1814) 발행한 Britisch Treasury, 브리티쉬 콘설(Britissh consul)이나 TVA가 여기에 해당한다. 영구채의 현가를 계산하는 방법은 영구연금에서와 동일하다.

예제 3.18 산업경영공학과 동문회에서 매년 말에 200만원을 지급하는 장학기금을 조성하려고 한다. 연이율이 4%일 때 재학생이 미래에 받을 장학금의 현재가치를 계산하여라.

풀이 영구연금의 현가를 구하면 된다. 현가는 $200a_{\overline{\infty}|} = \frac{200}{0.05} = 10,000$ 만원, 즉, 1억원이다. □

예제 3.18에서 영구연금인 전체 장학금의 현가는 매년 장학금을 이자로 충당할 수 있는 기금액으로 해석할 수 있다. 이런 의미로 보면 $0.05P = 200$ 에서 $P = 10,000$ 만원이다.

예제 3.19 기말급 영구연금에서 매년 X를 지급한다. A가 n년 동안 수령한 후 B가 n년을 수령한다. 그리고 C가 나머지 기간을 수령한다. A가 수령한 연금의 가치가 전체 연금 가치의 40%일 때 B는 전체의 몇 %를 수령하는지 계산하여라.

풀이 전체 영구연금의 가치는 $\frac{X}{i}$ 이고 A가 받은 연금은 n 번 지급된 기말금연금으로 가치는 $Xa_{\overline{n}|} = \frac{X}{i}(1 - v^n)$ 이다. 조건에 의해

$$\frac{X}{i}(1 - v^n) = 0.4 \times \frac{X}{i}$$

이므로 $v^n = 0.6$ 이다. 한편, B는 n년거치 n번 지급하는 기말급 거치연금을 받고 있다. 따라서 연금의 가치가

$$X_{n|}a_{\overline{n}|} = Xv^n a_{\overline{n}|} = \frac{X}{i}v^n(1-v^n) = 0.4 \times 0.6 \times \frac{X}{i} = 0.24 \times \frac{X}{i}$$

이므로 전체 연금가치의 24%에 해당한다. □

3.1.5 특정 시점에서 평준연금의 가치

앞에서는 지급이 n번 이루어지는 기말급 및 기시급연금의 현가와 종가를 구하는 방법에 대하여 공부하였다. 시간선 위에서 현가는 $t = 0$에서의 가치이고 미래가는 마지막 주기가 끝나는 시점인 $t = n$에서 평가된 가치에 해당됨을 이해하고 있다.

연금이나 대여상환의 경우 임의의 시점 $t = m$에서 연금의 가치를 계산할 수 있어야 미래에 대한 계획을 세울 수 있다. 예를 들어, 연금을 일정 기간 수령한 후에 일시불로 받고 싶은 경우에 (미래에 받을) 연금의 가치계산이 필요하다. 비슷하게, 할부금을 특정시점에 일시불로 갚을 수 있다면 남아있는 할부금의 가치를 평가할수 있어야 할 것이다.

특정시점에서 연금의 가치를 **중도가**(current value)라고 부른다. 이 절에서는 여러 형태의 연금에 대한 지식을 활용하여 임의의 시점에서 중도가를 계산한다.

최초지급 이전에서의 가치

최초지급 이전의 시점에서 연금의 가치를 평가할 때는 평가시점을 $t = 0$로 보는 것이 좋다. 이 경우에 연금은 거치연금으로 간주된다. 이 때 평가시점에서 최초지급이 이루어지는 시점까지의 기간이 거치기간에 해당한다. 따라서 연금의 가치는 다음과 같다.

- 기말급연금일 때 : $_{m|}a_{\overline{n}|} = v^m a_{\overline{n}|} = a_{\overline{m+n}|} - a_{\overline{n}|}$
- 기시급연금일 때 : $_{m|}\ddot{a}_{\overline{n}|} = v^m \ddot{a}_{\overline{n}|} = \ddot{a}_{\overline{m+n}|} - \ddot{a}_{\overline{n}|}$

예제 3.20 회사원인 김씨는 65세부터 100만원을 15년 동안 지급하는 개인연금에 가입하였다. 60세에 퇴직한 김씨가 자녀의 결혼자금이 필요하여 개인연금을 미리 당겨서 받으려고한다. 얼마를 받을 수 있는지 계산하여라. 단, 연이율은 6%이다.

풀이 이자율을 월별복리의 명목이자율로 볼 때 월이자율은 $0.5\% = 0.005$이다. 이 이자율로 60번 거치 120번 받는 거치연금의 현가를 계산하면 될 것이다. 따라서 받을 수 있는 금액은 $100{}_{60|}a_{\overline{180}|0.5\%} = 8785.5211$만원이다. □

수령 중인 연금의 가치

연금 지급이 완료되기 전의 특정시점에서 연금의 가치를 계산할 경우도 생긴다. 그림 3.13은 기말급연금에서 특정 시점인 $t = m\,(< n)$에서 연금의 가치를 보여준다. 수령 중인 시점 $t = m$에서 평가된 가치를 **중도가**(시가, current value)라고 부르고 $CV(m)$로 쓰자. 현금흐름을 바라보는 관점에 따라 다양한 방식으로 중도가를 계산할 수 있다. (그림 3.13 참조)

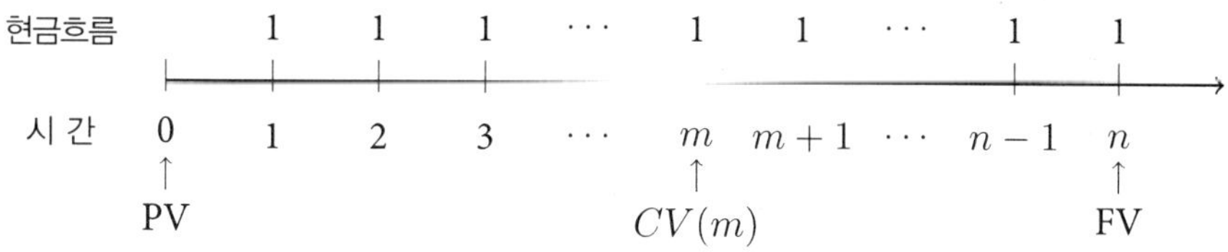

그림 3.13: 수령 중인 기말급연금의 중도가

아래 식은 중도가를 계산하는 다양한 시각과 계산방식을 보여준다.

$$
\begin{aligned}
CV(m) &= a_{\overline{n}|}(1+i)^m && \text{(기말급연금에서 현가의 } m\text{년 후 미래가)} \\
&= v^{n-m}s_{\overline{n}|} && \text{(기말급연금에서 종가의 할인가)} \\
&= s_{\overline{m}|} + a_{\overline{n-m}|} && \text{(기말급연금의 종가 + 기말급연금의 현가)}
\end{aligned} \tag{3.20}
$$

최종지급 이후에서의 가치

최종지급이 끝나고 m번의 주기가 지난 경우에 연금의 가치를 평가해 보자. 이 경우에는 연금의 종가에 m번의 이자가 붙어 적립가가 늘어난다. 이제 연금의 종가를 복리로 m주기 동안 저축했을 때의 원리합계를 구하면 아래와 같다.

- 기말급연금일 때 : $s_{\overline{n}|i}(1+i)^m = \frac{(1+i)^n-1}{i}(1+i)^m = s_{\overline{m+n}|} - s_{\overline{m}|}$
- 기시급연금일 때 : $\ddot{s}_{\overline{n}|i}(1+i)^m = \frac{(1+i)^n-1}{d}(1+i)^m = \ddot{s}_{\overline{m+n}|} - \ddot{s}_{\overline{m}|}$

예제 3.21 지급횟수가 8인 확정연금의 가치를 $t=0$, $t=5$, $t=13$에서 계산하여라.

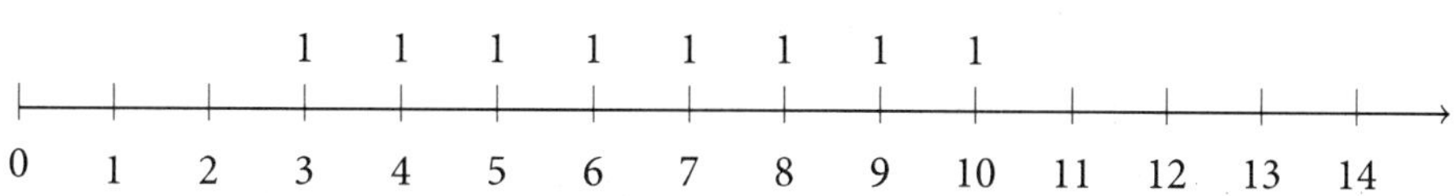

풀이 (a) $t = 0$에서의 가치

- 시점 $t = 0$에서 2년거치 기말급연금으로 보면 ${}_{2|}a_{\overline{8}|}$

- 시점 $t = 0$에서 3년거치 기시급연금으로 보면 ${}_{3|}\ddot{a}_{\overline{8|}}$
- 시점 $t = 2$를 기준으로 기말급연금의 현가를 2번 할인한 금액 : $v^2 a_{\overline{8|}}$

(b) $t = 5$에서의 가치

- 3번 지급한 기말급의 종가+5번 지급한 기말급의 현가 : $s_{\overline{3|}} + a_{\overline{5|}}$
- 시점이 $t = 2$인 기말급연금 현가의 3년 후 원리합계 : $a_{\overline{8|}}(1+i)^3$
- 시점이 $t = 3$인 기시급연금 현가의 2년 후 원리합계 : $\ddot{a}_{\overline{8|}}(1+i)^3$

(c) $t = 13$에서의 가치

- $t = 2$에서 시작된 기말급연금 종가의 3년 후 미래가 : $s_{\overline{8|}}(1+i)^3$
- $t = 3$에서 시작된 기시급연금 종가의 2년 후 미래가 : $\ddot{s}_{\overline{8|}}(1+i)^2$
- 시점 11, 12, 13에 1이 지급된 후 빼면 : $s_{\overline{11|}} - s_{\overline{3|}}$

□

예제 3.22 정미가 10년 동안 3개월마다 50만원을 내는 적금에 가입하였다. 며칠 전에 적금만료 후 1년이 지났으므로 찾아가라는 연락을 받았다. 얼마를 받는지 계산하여라. 단, 이율은 3.6%이다.

풀이 분기 말에 50만원을 내는 기말급연금으로 파악하자. 분기당 이자율은 0.9%=0.009이고 지급회수는 40회인 연금의 4분기 후 가치를 계산하고 있다. 따라서 받을 금액은 다음과 같다.

$$50a_{\overline{40|}0.9\%}(1+0.009)^4 = 2481.9483\text{만원}$$

□

연습문제 3.1

1. $i = 6\%$일 때 $a_{\overline{n|}i} = 5$이다. $a_{\overline{n+2|}}$의 값을 구하여라.
2. 현정이는 초등학교 때부터 설날에 받은 세배돈 50만원을 매년 초에 은행에 저축하였다. 대학교에 합격한 현정이가 세배돈을 저축한 계좌에서 돈을 모두 찾아 필요한 물품을 구입하려고 한다. 찾을 수 있는 금액은? 단, 이자율은 연간 4%이다.
3. 다음 연금의 현가와 종가를 계산하여라.
   (a) 연이율이 6%일 때 10년간 매년 말에 1,800만원을 지급하는 연금
   (b) 연이율이 6%일 때 10년간 매년 초에 1,800만원을 지급하는 연금
   (c) 10년 동안 각 분기의 말에 300만원을 지급하는 연금. 단, 이자율은 분기별복리의 4%이다.

(d) 10년 동안 각 분기의 초에 300만원을 지급하는 연금. 단, 이자율은 분기별복리의 4%이다.

4. 10세의 자녀를 둔 부모가 자녀의 대학교 학자금을 마련하기위해 자녀가 입학하는 해의 초에 1,000만원을 4년간 지급하는 교육보험에 가입하려고 한다. 연이율이 6%일 때 10년 동안 매월 초에 불입할 금액을 계산하여라. 단, 자녀는 지금부터 10년 후에 대학에 입학한다.

5. $a_{\overline{n}|} = 10$, $s_{\overline{n}|} = 25$일 때 사용된 이자율을 구하여라.

6. 현규가 가격이 2,000만원인 자동차를 할부로 구입하였다. 구입시점부터 4년 동안 상환할 때 매월 상환할 금액을 계산하여라. 단, 대출이자는 4.8%이다.

7. 매년 초에 1,000만원씩 10년 동안 지급하는 연금의 종가를 구하여라. 단, 이자율은 $i^{(12)} = 0.08$이다.

8. 3년 전에 분기별복리의 이자율 3.4%로 대출받은 300만원을 이번 달 말부터 2년 동안 상환해야 한다. 올해부터는 이자율이 월별복리의 연이율 4.4%로 변경되었다. 월상환액을 계산하여라.

9. $\ddot{a}_{\overline{n}|0.08} = 6.746639$일 때 $\ddot{s}_{\overline{n}|0.08}$을 계산하여라.

10. 1억원을 투자해야 한다. 대안 A는 복리 10%로 10년 동안 투자할 수 있다. 대안 B는 매년 말에 단리 12%로 이자를 지급한다. 10년 후 적립액이 같아지려면 대안 B의 이자율은?

11. $d = 0.04$일 때 $a_{\overline{12}|}$를 계산하여라.

12. 매분기의 초에 40만원씩 5년간 저축할 때 원리합계를 구하여라. 단, 이자율은 분기별복리의 이율 3.6%이다.

13. 매년 500만원씩 20년을 지급한 직후에 이 기시급연금의 종가를 계산하여라. 단, 연간실이율은 7%이다.

14. 월별복리의 명목이율 6%로 이자를 받는 은행계좌에 1억원을 유지하고 있다. 12개월 후에 잔고가 0이 되도록 매월 말에 인출할 수 있는 금액을 구하라.

15. 15년 동안 매년 초에 200만원을 지급하는 연금의 현가를 구하라. 단, 이자율은 6%이다.

16. $\ddot{a}_{\overline{n}|0.08} = 6.746639$일 때 $\ddot{s}_{\overline{n}|0.08}$을 계산하여라.

17. 최초의 지급금 50만원은 6년 후에 지급되고 이후 14번 더 지급하는 연금을 구입하였다. 연간실이율이 7%일 때 이 연금의 구입가는 얼마인가?

18. $a_{\overline{7}|} = x$, $a_{\overline{11}|} = y$, $a_{\overline{18}|} = z$일 때 i를 구하여라.

19. 아버지가 운영하는 회사에서 현재 45세인 직원이 퇴직하는 60세부터 퇴직연금을 지급하려고 계획하고 있다.

    (a) 직원이 45세가 되는 연도부터 매년 초에 금액 A를 적립한다.

(b) 연금은 퇴직한 연도의 연말에 2,000만원을 10년간 지급한다.

연이율이 6%일 때 A를 계산하여라.

20. 지금 5,000만원을 은행에 신탁하면 20년 후부터 10년동안 매년 말에 일정액을 지급받을 수 있다. 연이율이 6%일 때 얼마를 받는지 계산하여라.

21. 지난 10년 동안 매월 초에 30만원을 연금저축에 납입하였다. 납입기간 동안 연이자율은 3.6%이었지만 올해부터는 이자율이 4.5%일 것으로 예측되고 있다.

    (a) 지금 받을 수 있는 금액은?

    (b) 매년 말 평준연금의 형태로 5년 동안 받을 때 받는 금액은?

    (c) 기말급 영구연금으로 받을 때 매년 받는 금액은?

    (d) 5년 후부터 10년 동안 연말에 받을 수 있는 금액은?

22. 매년 말에 1,000만원을 지급하는 기말금 영구연금의 현가를 구하여라. 단, 연간실이율은 5%이다.

23. 매년 말에 500만원을 지급하는 기말급 영구연금을 1억원에 구입하려고 한다. 이 영구연금의 가격을 계산할 때 사용한 연간실이율을 구하여라.

24. 5년 년후 연말부터 매년 1,000만원을 받는 영구연금 계약을 체결하였다. 할인율 $d = 8\%$로 영구연금의 현가를 계산하여라.

25. A, B, C가 매년 1,200만원을 지급하는 영구연금의 공동수혜자이다. A가 먼저 9번을 받고 B가 이후에 16번을 받은 후에 C가 나머지 기간 동안 받을 예정이다. 연간실이율이 5%일 때 각자가 받는 연금의 가치를 구하여라.

26. 다음 연금의 현재가치가 같을 때 이자율 i를 구하여라.

    - 매년 말에 150만원씩 지급하는 기말급 영구연금
    - 처음 20년은 매년 말 100만원, 이후에는 매년 말 200만원씩 지급하는 영구연금

27. 월말에 100만원씩 20년 동안 지급하는 연금이 있다. 분기별복리의 명목이자율 4%을 써서 이 연금의 중도가를 3차년도 말에서 계산하여라.

28. 지금부터 10년 후에 대학교에 일시금으로 기부하고 싶다. 이 기부금으로부터 매년 말에 2,000만원의 연간수입이 영원히 발생하길 원한다. 10년 동안 매년 초에 X를 투자하여 이 기부금을 조성할 수 있다. 실이율이 8%일 때 X를 구하여라.

29. $3a^{(12)}_{\overline{n}|i} = 2a^{(12)}_{\overline{2n}|i} = 30s^{(12)}_{\overline{1}|i}$ 일 때 이자율 i를 구하여라.

30. 자동차 보험료를 오늘 한꺼번에 낸다면 100만원이 든다. 보험료를 내는 다른 대안으로 10만원씩 매월 12번을 낼 수도 있다. 이렇게 낼 때 월별복리의 연간명목이율은 얼마인가?

31. 만기 7.75년인 기시급연금이 매월 200만원을 지불한다. $i^{(12)} = 9\%$일 때 첫 번째로 지불 6개월 전에 이 연금의 현가는 얼마인가?

32. 1억원으로 6개월마다 500만원을 지급하는 기시급 거치 영구연금을 구입하려고 한다. 이자율이 반기별복리의 연이율 6%일 때 첫 지급이 이루어질 때까지 얼마나 걸리는지 계산하여라.

33. 펀드에 지금부터 8년 동안 매 분기 말에 200만원을 투자한다. 분기별복리의 이자율 12%로 이자를 받지만 이자는 월별복리의 8%로 투자한다. 8년 후 펀드의 총적립액을 계산하여라.

34. 30년 동안 매년 초 펀드에 1,000만원을 불입하고 있다. 40번째 해의 연말부터 연간지급이 시작되어 영원히 계속된다. 연간이자율이 5%일 때 연간지급액은 얼마인가?

35. 아래 세 연금의 현가가 같다.
- 기말급 영구연금 : 매년 1을 지급하고 연간실이율은 7.25%
- 50년 기말급연금 : 매년 1을 지급하고 연간실이율은 j%
- n년지급 기말급연금 : 매년 1을 지급하고 연간실이율은 $j-1$

n을 구하여라.

36. 하영이는 분기 말에 450만원씩 10년 동안 펀드에 저축한다. 16차년도부터 하영이가 연초에 Y씩 4년간 지급받은 후 4년 후 펀드는 고갈된다. 연간실이율이 7%일 때 Y의 값을 정하여라.

37. 10년 후에 퇴직하는 부모님이 은퇴자금을 준비하려고 한다. 은퇴 후 사망시까지 매년 초에 1,800만원이 필요할 것으로 예상된다.
(a) 지금 일시금으로 은행에 예금한다면 얼마가 필요한가?
(b) 지금부터 은퇴전까지 매월 초에 적립하여 은퇴자금을 준비할 때 매월 적립할 금액은?
단, 이자율은 연간 4%로 가정한다.

38. 다음 연금을 생각하자.

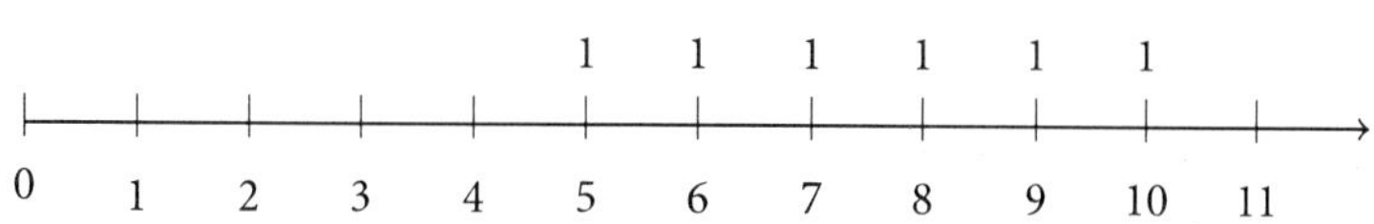

다음 시점에서 연금의 가치를 계산하여라.

(a) $t=0$ (b) $t=2$ (c) $t=4$
(d) $t=5$ (f) $t=8$ (g) $t=11$

39. 연금이 다음과 같이 주어진다고 하자.

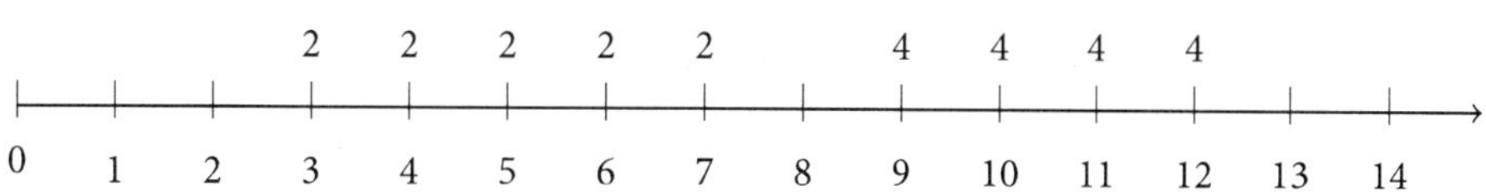

아래에 주어진 시점에서 연금의 가치를 계산하여라.

(a) $t=0$ (b) $t=5$ (c) $t=8$
(d) $t=12$ (f) $t=13$ (g) $t=14$

3.2 변액연금

국민연금이나 의료보험의 경우에는 물가상승률을 반영하여 지급하거나 받는 액수가 달라진다. 주기적으로 지급이 이루어지지만 지급액은 시점에 따라 달라지는 연금을 일상생활에서 볼 수 있다. 이 절에는 지급액이 시점에 따라 변동하는 **변액연금**의 현가와 종가를 계산하는 방법에 대하여 살펴본다. 지급액이 규칙성이 없는 경우는 다루기 어렵기 때문에 다음 경우에 초점을 맞춘다.

- 지급액이 등차수열일 때
- 지급액이 등비수열일 때

3.2.1 등차지불 기말급연금

각 주기말에 지급액이 일정한 액수만큼 증가하는 현금흐름에 대해 현가와 종가를 구해보자. 단, 지급횟수는 n 번이고 지급주기당 적용 이율은 i 이다.

첫 번째 주기 말의 지급액이 P 일 때 증가액을 Q 로 두자. 그러면 k 번째 주기 말의 지급액은 $P+(k-1)Q$ 이다. (그림 3.14)

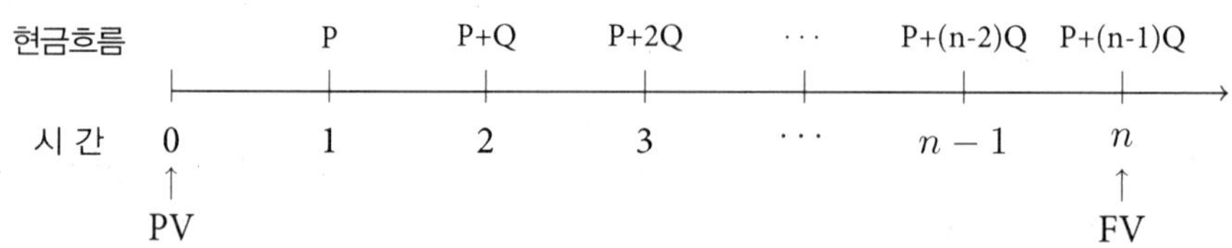

그림 3.14: 일반적인 등차지불 기말급연금의 현금흐름

일반적인 등차지불 기말급연금의 현가와 종가

각 지급액의 현가를 모두 합한 현가 PV 를 계산해보자. (그림 3.14 참고)

$$\begin{aligned} PV &= Pv + (P+Q)v^2 + \cdots + [P+(n-2)Q]v^{n-1} + [P+(n-1)Q]v^n \\ &= P(v+v^2+\cdots+v^n) + Q\big[\underbrace{v^2+2v^3+3v^3+\cdots+(n-2)v^{n-1}+(n-1)v^n}_{S}\big] \end{aligned}$$

위 식에서 S 를 구할 때 $(1+i)S - S = iS$ 와 $(1+i)v = 1$ 임을 이용한다.

$$\begin{aligned} (1+i)S - S &= \big[v + 2v^2 + 3v^3 + \cdots + (n-1)v^{n-1}\big] \\ &\quad - \big[v^2 + 2v^3 + \cdots + (n-2)v^{n-1} + (n-1)v^n\big] \\ &= v + v^2 + \cdots + v^{n-1} - (n-1)v^n \\ &= (v + v^2 + \cdots + v^n) - nv^n \\ &= a_{\overline{n}|i} - nv^n \end{aligned}$$

위 식으로부터 $S = \frac{a_{\overline{n}|i} - nv^n}{i}$ 이므로 현가 PV는 다음과 같다.

$$PV = Pa_{\overline{n}|i} + Q\frac{a_{\overline{n}|i} - nv^n}{i} \tag{3.21}$$

한편 종가를 FV로 두면 FV는 현가의 n주기 후 원리합계(미래가)이다. 따라서 FV는 아래와 같다.

$$\begin{aligned} FV = PV(1+i)^n &= Pa_{\overline{n}|i}(1+i)^n + Q\frac{a_{\overline{n}|i}(1+i)^n - nv^n(1+i)^n}{i} \\ &= Ps_{\overline{n}|i} + Q\frac{s_{\overline{n}|i} - n}{i} \end{aligned}$$

이상을 다음과 같이 요약할 수 있다.

일반적인 등차지불 기말급연금의 현가와 종가

이자율이 i일 때 최초 지급액이 P이고 지급액이 Q만큼 증가하는 기말급 증액연금의 현가 PV와 종가 FV는 다음과 같다.

$$PV = Pa_{\overline{n}|i} + Q\frac{a_{\overline{n}|i} - nv^n}{i} \tag{3.22}$$

$$FV = Ps_{\overline{n}|i} + Q\frac{s_{\overline{n}|i} - n}{i} \tag{3.23}$$

특히, $P = 0$, $Q = 1$일 때 현가는 $PV = \frac{a_{\overline{n}|i} - nv^n}{i} = \frac{(1+i)^n - in - 1}{i(1+i)^n}$이다.

예제 3.23 5년 동안 상환하는 조건으로 은행에서 1,000만원을 융자받았다. 첫 번째 해에 200만원을 상환하고 다음 해부터 Q만큼 더 갚기로 했을 때 Q를 계산하여라. 단, 이자율은 6%이다.

풀이 $P = 200$인 등차지불 기말급연금의 현가가 1,000만원이므로 다음 등식을 얻는다.

$$1000 = 200a_{\overline{5}|0.06} + Q\frac{a_{\overline{5}|0.06} - 5 \times 1.06^{-5}}{0.06}$$

$$1000 = 842.4727 + 7.9345Q$$

방정식을 풀어 $Q = 19.8533$만원임을 확인하자. □

기말급 증액연금의 현가와 종가

특별히, $P = Q = 1$인 등차지불 기말급연급을 **기말급 증액연금**(increasing annuity-immediate)이라고 한다. 기말급 증액연금의 현가와 종가를 각각 기호 $(Ia)_{\overline{n}|i}$와 $(Is)_{\overline{n}|i}$로 나타낸다. 여기서 영문자 I는 지급액이 증가(increasing)한다는 것을 의미한다.

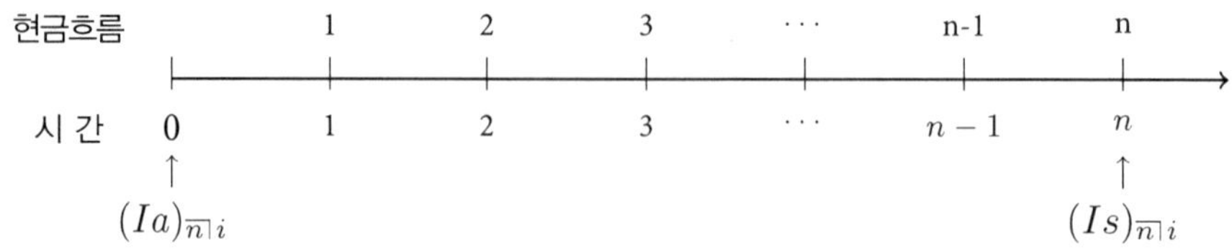

그림 3.15: $P = Q = 1$인 기말급 증액연금

현가 $(Ia)_{\overline{n}|i}$와 종가 $(Is)_{\overline{n}|i}$를 구체적인 식으로 나타내 보자. 등차지불 기말급연금의 현가 (3.22)와 종가 (3.23)에서 $P = 1$, $Q = 1$로 두면 다음 결과가 나온다.

기말급 증액연금의 현가와 종가

주기당 이자율이 i일 때 기말급 증액연금의 현가와 종가는 다음과 같다.

1. 현가 : $(Ia)_{\overline{n}|i} = a_{\overline{n}|i} + \frac{a_{\overline{n}|i} - nv^n}{i} = \frac{\ddot{a}_{\overline{n}|i} - nv^n}{i}$
2. 종가 : $(Is)_{\overline{n}|i} = s_{\overline{n}|i} + \frac{s_{\overline{n}|i} - n}{i} = \frac{\ddot{s}_{\overline{n}|i} - n}{i}$

기말급 감액연금의 현가와 종가

$Q < 0$이면 지급액이 지급주기마다 일정한 액수만큼 줄어든다. 특히, 최초 지급액이 n이고 지급액이 1씩 감소하는 연금을 감액연금이라고 한다. 감액연금의 현가를 $(Da)_{\overline{n}|i}$, 종가를 $(Ds)_{\overline{n}|i}$로 나타낸다. D는 지급액이 감소(decreasing)한다는 것을 의미한다.

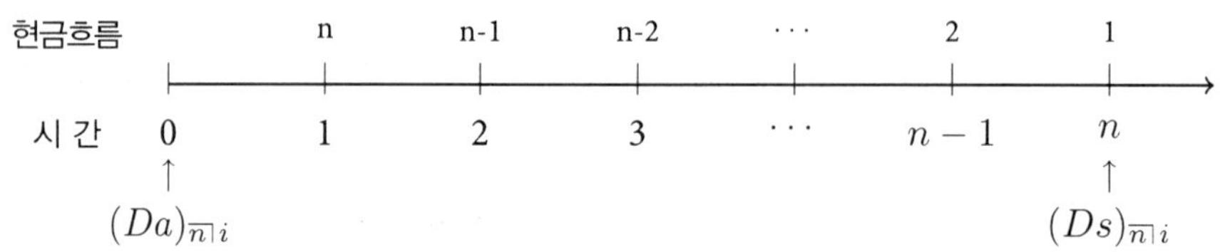

그림 3.16: $P = n$, $Q = -1$인 기말급 감액연금

기말급 감액연금의 현가 $(Da)_{\overline{n}|i}$와 종가 $(Ds)_{\overline{n}|i}$를 구하기위해 (3.22)와 (3.23)에서 $P = n$, $Q = -1$로 두면 다음 결과가 나온다.

기말급 감액연금의 현가와 종가

주기당 이자율이 i일 때 기말급 감액연금의 현가와 종가는 다음과 같다.

1. 현가 : $(Da)_{\overline{n}|i} = na_{\overline{n}|i} - \frac{a_{\overline{n}|i} - nv^n}{i} = \frac{n - a_{\overline{n}|i}}{i}$
2. 종가 : $(Ds)_{\overline{n}|i} = ns_{\overline{n}|i} - \frac{s_{\overline{n}|i} - n}{i} = \frac{n(1+i)^n - s_{\overline{n}|i}}{i}$

3.2.2 등차지불 기시급연금

이 절에서는 각 주기초에 지급액이 일정한 액수만큼 증가하는 현금흐름에 대해 현가와 종가를 구해보자. 단, 지급횟수는 n번이고 지급주기당 적용 이율은 i이다.

첫 번째 주기초의 지급액이 P일 때 증가액을 Q로 두자. 그러면 k번째 주기 말의 지급액은 $P+kQ$이고 현금흐름도는 아래와 같다. (그림 3.14 참조)

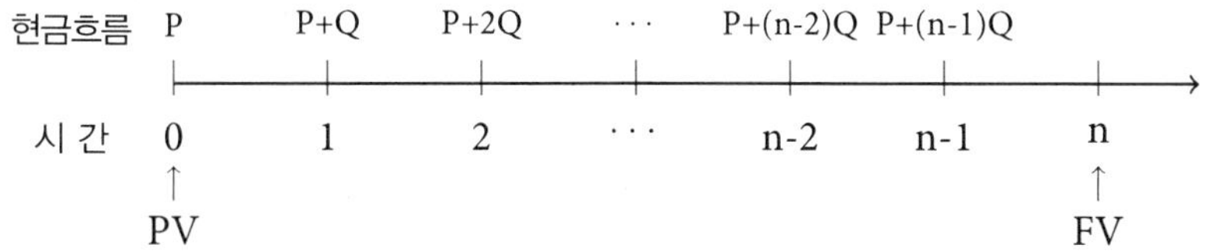

그림 3.17: 일반적인 등차지불 기시급연금의 현금흐름

일반적인 등차지불 기시급연금의 현가와 종가

각 지급액의 현가를 모두 합하면 현가 PV를 계산할 수 있다.

$$PV = P + (P+Q)v + (P+2Q)v^2 + \cdots + \left[P+(n-1)Q\right]v^{n-1}$$

이 식의 양변에 v를 곱하면 우변은 등차지불 기말급연금의 현가와 같으므로 (3.21)을 이용하여 기시급연금의 현가를 구할 수 있다.

$$\begin{aligned} v \times PV &= Pv + (P+Q)v^2 + (P+2Q)v^3 + \cdots + \left[P+(n-1)Q\right]v^n \\ &= Pa_{\overline{n}|i} + Q\frac{a_{\overline{n}|i} - nv^n}{i} \end{aligned}$$

양변에 $(1+i)$를 곱한 후 정리하면 등차지불 기시급연금의 현가가 다음 식과 같다.

$$PV = P\ddot{a}_{\overline{n}|i} + Q\frac{a_{\overline{n}|i} - nv^n}{d} \tag{3.24}$$

한편, (3.24)의 양변에 $(1+i)^n$을 곱하면 종가 FV를 구할 수 있다.

$$FV = PV(1+i)^n = P\ddot{s}_{\overline{n}|i} + Q\frac{s_{\overline{n}|i} - n}{d} \tag{3.25}$$

이상을 다음과 같이 요약할 수 있다.

일반적인 등차지불 기시급연금의 현가와 종가

1주기초의 지급액이 P이고 지급액이 Q만큼 증가(또는 감소)하는 기말급 증액연금의 현가와 종가는 다음과 같다. 단, 지급주기마다 적용되는 이율은 i이다.

$$PV = P\ddot{a}_{\overline{n}|i} + Q\frac{a_{\overline{n}|i} - nv^n}{d} \tag{3.26}$$

$$FV = P\ddot{s}_{\overline{n}|i} + Q\frac{s_{\overline{n}|i} - n}{d} \tag{3.27}$$

기시급 증액연금의 현가와 종가

특별히, $P = Q = 1$ 인 등차지불 기시급연금을 **기시급 증액연금**이라고 한다. 기시급 증액연금의 현가와 종가를 각각 기호 $(I\ddot{a})_{\overline{n}|i}$ 와 $(I\ddot{s})_{\overline{n}|i}$ 로 나타낸다. (그림 3.19 참조)

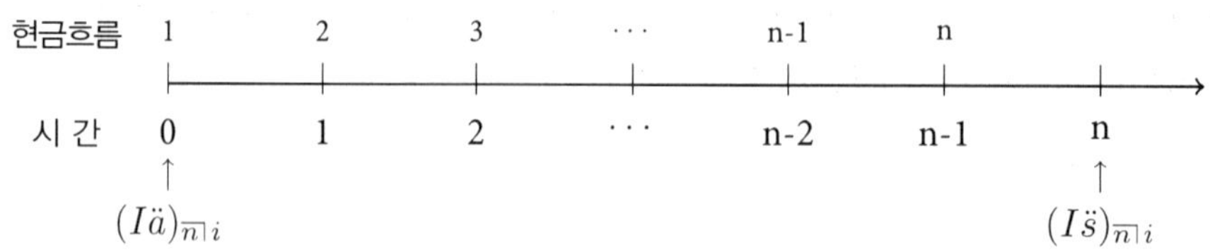

그림 3.18: $P = Q = 1$ 인 기시급 증액연금

(3.26)과 (3.26)에서 $P = 1$, $Q = 1$ 로 두면 현가 $(I\ddot{a})_{\overline{n}|i}$ 와 종가 $(I\ddot{s})_{\overline{n}|i}$ 를 구하는 식이 나온다.

기시급 증액연금의 현가와 종가

주기당 이자율이 i 일 때 기시급 증액연금의 현가와 종가는 다음과 같다.

1. 현가 : $(I\ddot{a})_{\overline{n}|i} = \ddot{a}_{\overline{n}|i} + \frac{a_{\overline{n}|i} - nv^n}{d} = \frac{\ddot{a}_{\overline{n}|i} - nv^n}{d}$

2. 종가 : $(I\ddot{s})_{\overline{n}|i} = \ddot{s}_{\overline{n}|i} + \frac{s_{\overline{n}|i} - n}{d} = \frac{\ddot{s}_{\overline{n}|i} - n}{d}$

기시급 감액연금의 현가와 종가

특수한 경우로, 기시급연금 중에서 첫 번째 지급액이 n 이고 1씩 지급액이 감소하는 감액연금의 현가와 종가를 각각 $(D\ddot{a})_{\overline{n}|i}$ 와 $(D\ddot{s})_{\overline{n}|i}$ 로 나타낸다. (그림 3.19 참조)

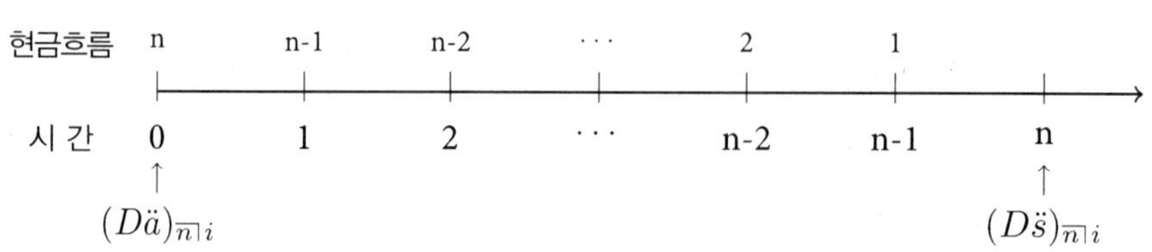

그림 3.19: $P = n$, $Q = -1$ 인 기시급 감액연금

등차지불 기시급연금의 현가와 종가를 구하는 식 (3.26)과 (3.26)에서 $P = n$, $Q = -1$ 로 두면 현가 $(D\ddot{a})_{\overline{n}|i}$ 와 종가 $(D\ddot{s})_{\overline{n}|i}$ 가 나온다.

기시급 감액연금의 현가와 종가

주기당 이자율이 i일 때 기시급 감액연금의 현가와 종가는 다음과 같다.

1. 기시급 감액연금의 현가 : $(D\ddot{a})_{\overline{n|}i} = n\ddot{a}_{\overline{n|}i} - \frac{a_{\overline{n|}i} - nv^n}{d} = \frac{n - a_{\overline{n|}i}}{d}$
2. 기시급 감액연금의 종가 : $(D\ddot{s})_{\overline{n|}i} = n\ddot{s}_{\overline{n|}i} - \frac{s_{\overline{n|}i} - n}{d} = \frac{n(1+i)^n - s_{\overline{n|}i}}{d}$

3.2.3 등비연금

개인연금이나 국민연금에서는 물가상승률을 반영하여 연금을 지급하므로 연금 수령액이 변동한다. 미래의 물가 상승률은 불확실한 값이고 정확히 예측하는 것은 불가능하다. 보통 미래의 물가상승률은 평균상승률로 주어지므로 받은 연금액은 등비수열을 이루게 된다. 이런 연금의 현가와 종가를 계산해보자.

최초 지급액이 A이고 지급액이 일정한 비율 g만큼 증가하는 연금에서 지급이 기말에 n번 이루어진다고 하자. 이런 연금을 **등비연금**이라고 부르겠다.

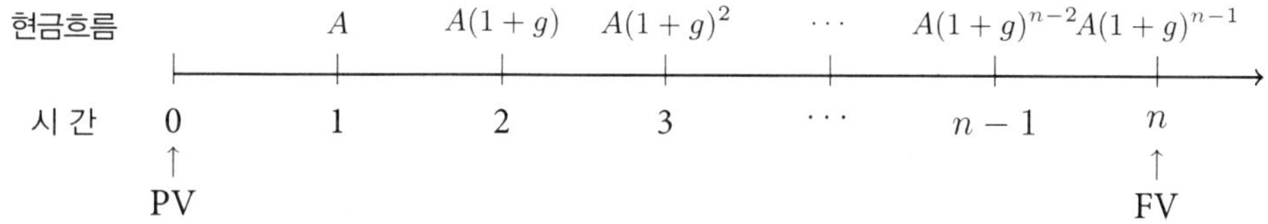

그림 3.20: 등비지불 기말급연금

다음은 등비연금의 현가 PV를 계산하는 과정이다.

$$\begin{aligned} PV &= Av + A(1+g)v^2 + A(1+g)^2v^3 + \cdots + A(1+g)^{n-1}v^n \\ &= Av\Big[1 + (1+g)v + \big((1+g)v\big)^2 + \cdots + \big((1+g)v\big)^{n-1}\Big] \\ &= A\frac{1}{1+i}\frac{1 - \big((1+g)v\big)^n}{1-(1+g)v} \\ &= A\frac{1}{i-g}\left[1 - \left(\frac{1+g}{1+i}\right)^n\right] \end{aligned}$$

괄호 안의 식은 특정이자율에 대한 평준 기시급연금의 현가에 해당한다. 여기서 조건

$$\frac{1+g}{1+i} = \frac{1}{1+j}$$

이 만족되도록 새로운 이자율 $j := \frac{i-g}{1+g}$와 현가율 $w := \frac{1}{1+j}$를 도입하자. 그러면 등비지불연금의 현가 PV와 종가 FV를 간단하게 나타낼 수 있다.

증가율이 g 인 기말급 등비연금의 현가와 종가

최초 지급액이 1, 증가율이 g 인 기말급 등비연금의 현가와 종가는 다음과 같다.

(a) 현가 : $g \neq 1$ 이면 $PV = \frac{1}{i-g}\left[1-\left(\frac{1+g}{1+i}\right)^n\right] = \frac{1}{1+g}\frac{1-(1+j)^{-n}}{j}$

(b) 종가 : $FV = PV(1+i)^n = \frac{(1+i)^n-(1+g)^n}{i-g}$

예제 3.24 직장에서 은퇴하신 부모님이 매년 연말에 받는 은퇴연금 3,000만원으로 생활비를 충당한다. 은퇴 2년차부터는 물가상승때문에 매년 5%의 생활비가 더 필요할 것으로 예상되었다. 은퇴 후 20년 동안 증가된 생활비를 별도로 은행계좌에 예치한 자금의 이자로 충당할 예정이다. 연간이자율이 6%일 때 은행에 예치할 금액을 계산하여라.

풀이 은퇴연금의 현가는

$$3000 \times a_{\overline{20}|0.06} = 3000 \times \frac{1-1.06^{-20}}{0.06} = 34409.76366$$

이다. 은퇴 후에 필요한 전체 생활비의 현가는 다음과 같다.

$$3000 \times \frac{1}{0.06-0.05}\left[1-\left(\frac{1+0.05}{1+0.06}\right)^{20}\right] = 51806.77011$$

곧, 차액 $51806.77011 - 34409.76366 = 17397.00645$ 만원을 예치하면 된다. 은행계좌에서 부족한 생활비를 충당하는 과정은 표 3.1을 참조하기 바란다. □

무한히 지급되는 등비연금도 생각할 수 있다. 지급증가율이 이자율보다 작은 경우, 즉, $\frac{1+g}{1+i} < 1$ 일 때만 연금의 현가를 계산할 수 있다. 등비영구연금의 현가는 아래와 같다.

$$\frac{A}{1+i} + \frac{A(1+g)}{(1+i)^2} + \frac{A(1+g)^2}{(1+i)^3} + \cdots = \begin{cases} \frac{A}{i-g}, & i > g \\ \infty, & i \leq g \end{cases}$$

3.2.4 k 이자계산주기마다 1회 지급

은행의 금융상품은 보통 3개월에 한번 이자를 지급한다. 1년에 1번 지급되는 연금저축보험이나 6개월에 정해진 액수의 이자를 지급하는 채권의 지급주기는 이자계산 주기보다 길다. 역으로, 지급주기에 여러 번의 이자 계산이 이루어진다. 이런 연금의 현가와 종가를 계산해 보자.

그림 3.21은 k 번의 이자계산주기마다 지급액 1이 r 번 (기말급으로) 지급되는 현금흐름을 보여준다. 이 주기적 현금흐름에 대해 현가와 종가를 계산해보자.

n	은퇴연금	예상 생활비	생활비 부족분	예비자금잔고
0				17397.00645
1	3000	3000.0000	0.0000	18440.8268
2	3000	3150.0000	-150.0000	19397.2764
3	3000	3307.5000	-307.5000	20253.6130
4	3000	3472.8750	-472.8750	20995.9548
5	3000	3646.5188	-646.5188	21609.1934
6	3000	3828.8447	-828.8447	22076.9003
7	3000	4020.2869	-1020.2869	22381.2274
8	3000	4221.3013	-1221.3013	22502.7997
9	3000	4432.3663	-1432.3663	22420.6014
10	3000	4653.9846	-1653.9846	22111.8528
11	3000	4886.6839	-1886.6839	21551.8801
12	3000	5131.0181	-2131.0181	20713.9748
13	3000	5387.5690	-2387.5690	19569.2444
14	3000	5656.9474	-2656.9474	18086.4516
15	3000	5939.7948	-2939.7948	16231.8439
16	3000	6236.7845	-3236.7845	13968.9700
17	3000	6548.6238	-3548.6238	11258.4844
18	3000	6876.0550	-3876.0550	8057.9385
19	3000	7219.8577	-4219.8577	4321.5571
20	3000	7580.8506	-4580.8506	0.0000

표 3.1: 은퇴자금 준비 - 예제 3.24

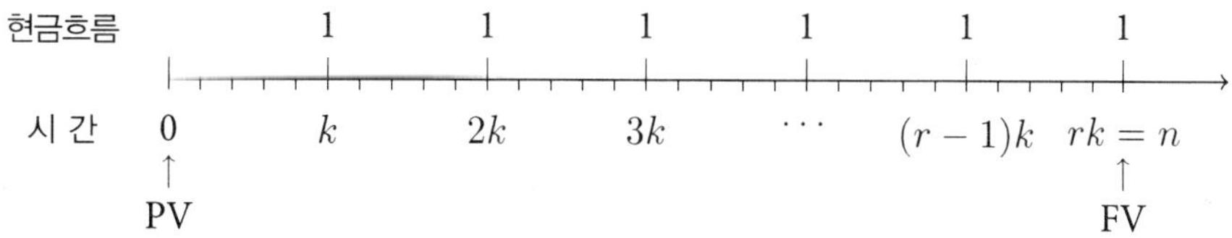

그림 3.21: k 번의 이자계산주기마다 지급되는 기말급연금

지급주기와 이주계산주기를 일치시키는 방법

이자율 i 를 적용하여 k 번의 이자지급주기에 복리이자계산이 k 번 이루어므로 지급주기당 실이율은 $j := (1+i)^k - 1$ 이다. 따라서 이 현금흐름은 이자율이 j 이고 기말에 1이 r 번 지급되는 기말금연금으로 간주할 수 있다. 이 경우 현가 PV 와 종가 FV 는 다음과

같다.

$$PV = a_{\overline{r}|j} = \frac{1-(1+j)^{-r}}{j} = \frac{1-(1+i)^{-kr}}{(1+i)^k-1} = \frac{1-v^n}{(1+i)^k-1}$$
$$= \frac{(1-v^n)/i}{[(1+i)^k-1]/i}$$
$$= \frac{a_{\overline{n}|i}}{s_{\overline{k}|i}}$$

$$FV = PV(1+j)^r = \frac{a_{\overline{n}|i}(1+i)^{kr}}{s_{\overline{k}|i}} = \frac{a_{\overline{n}|i}(1+i)^n}{s_{\overline{k}|i}} = \frac{s_{\overline{n}|i}}{s_{\overline{k}|i}}$$

현가의 정의를 이용하여 구하는 방법

k주기 말에 지급될 1의 현가, $2k$주기 말에 지급될 1의 현가,..., rk주기 말에 지급될 1의 현가를 각각 구하여 모두 합하면 현금흐름의 현가를 구할 수 있다. 그림 3.21에 주어진 현금흐름의 현가 PV는 아래와 같다.

$$PV = v^k + v^{2k} + \cdots + v^{rk}$$
$$= v^k\frac{1-v^{rk}}{1-v^k} = \frac{1-v^n}{(1+i)^k-1} \qquad \left(v = \frac{1}{1+i}\right)$$
$$= \frac{(1-v^n)/i}{((1+i)^k-1))/i}$$
$$= \frac{a_{\overline{n}|i}}{s_{\overline{k}|i}}$$
$$FV = PV(1+i)^n = \frac{(1+i)^n-1}{(1+i)^k-1}$$

예제 3.25 올해 대학에 입학한 수찬이는 졸업할 때까지 학자금을 대출하려고 한다. 학기초에 400만원씩 대출하고 졸업시점에서 갚을 금액을 계산하여다. 단, 학자금의 이자율은 분기별복리의 이율 6%이다.

풀이 이자계산주기 3개월마다 1.5%의 복리가 적용된다. 학자금은 2번의 이자계산주기에 400만원씩 대출하고 있으므로 종가를 구하면 될 것이다. 한 학기인 6개월당 실이자율 $j = (1+0.015)^2 - 1 = 0.030225$이고 학자금 대출은 각 주기 초에 400만원이 8번 지급되는 기시급연금으로 볼 수 있다. 따라서 졸업시점에서 갚을 금액은

$$400\ddot{s}_{\overline{8}|j} = 400 \times \frac{(1+j)\left[(1+j)^8-1\right]}{j} = 3667.36987\text{만원}$$

이다. □

이번에는 k 번의 이자계산주기마다 지급되는 금액이 등차수열을 이루는 연금의 현가와 종가를 계산한다. (그림 3.22)

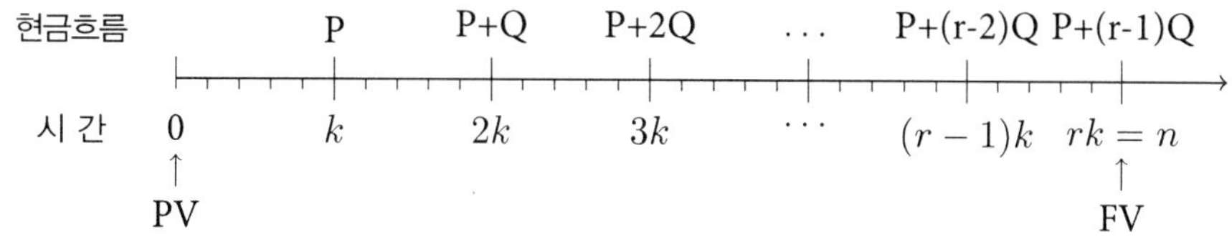

그림 3.22: k 번의 이자계산주기마다 지급되는 등차지불 기말급연금

지급주기에 맞게 새로운 이자율인 k 주기 동안의 실이자율 $j := (1+i)^k - 1$을 도입하자. 그러면 연금의 현가는 처음에 P, 다음부터는 Q 만큼 증가하는 (또는 감소하는) 등차지불 기말급연금을 생각하는 것과 동일하다. 지급횟수는 r 번이고 현가와 종가는 다음과 같다.

$$PV = Pa_{\overline{r}|j} + Q\frac{a_{\overline{r}|j} - rv^n}{j} \quad \text{단, } v = \frac{1}{1+j}$$
$$FV = Ps_{\overline{r}|j} + Q\frac{s_{\overline{r}|j} - r}{j}$$

이제 위 식을 n, k 및 i 만 포함한 식으로 변형시키자. $j = is_{\overline{k}|i}$, $s_{\overline{r}|j} = \frac{(1+i)^n}{(1+i)K-1} = \frac{s_{\overline{n}|i}}{\overline{k}|i}$ 이므로 종가와 현가 $PV = FVv^n$ 가 다음과 같이 표현된다.

$$FV = P\frac{s_{\overline{n}|i}}{s_{\overline{k}|i}} + \frac{Q}{is_{\overline{k}|i}}\left(\frac{s_{\overline{n}|i}}{s_{\overline{k}|i}} - \frac{n}{k}\right)$$
$$PV = P\frac{a_{\overline{n}|i}}{s_{\overline{k}|i}} + \frac{Q}{is_{\overline{k}|i}}\left(\frac{a_{\overline{n}|i}}{s_{\overline{k}|i}} - \frac{n}{k}v^n\right) \qquad (3.28)$$

예제 3.26 동호가 투자한 후 6개월 후부터 배당금을 받고 있다. 최초의 배당금은 500만원이고 그후로는 6개월 100만원씩 배당금이 늘어난다. 5년 동안 받은 배당금의 현자를 구하여라. 단, 이자율은 분기별복리의 연이율 4%이다.

풀이 $P = 500$, $Q = 100$ 이고 $i = 0.01$, $k = 2$, $r = 10$, $n = 20$ 인 연금의 현가를 구하면 된다. $s_{\overline{2}|0.01} = 2.01$, $is_{\overline{2}|0.01} = 0.0201$, $a_{\overline{20}|0.01} = 18.04555297$ 및 (3.28)을 이용하여 계산한 현가는 $PV = 8381.6915$ 이다. 한편, 새로운 이자율 j 를 써서배당금의 현가를 구할 수도 있다. (표 3.2 참조) □

지급주기	지급액	지급액의 현가
1	500	490.1480247
2	600	576.5882067
3	700	659.4316647
4	800	738.786578
5	900	814.7582592
6	1000	887.4492253
7	1100	956.9592665
8	1200	1023.385515
9	1300	1086.822508
10	1400	1147.362258

표 3.2: 이자율 $j = 2.01\%$로 계산한 현가

연습문제 3.2

1. 어떤 연금에서 첫 번째 달의 월말에 100만원, 두 번째 달의 월말에는 110만원, 세 번째 달의 월말에는 120만원을 지급한다. 지급액은 마지막 지급인 36 번째 달의 월말까지 매달 10만원씩 계속해서 증가한다. 월별복리의 연이율 9%를 사용하여 이 연금의 현가를 계산하여라.

2. 기말급연금이 첫 번째 해의 말에 100만원을 지급한다. 다음 지급액은 전 지급액의 105%이다. 마지막 지급이 20년 후의 연말에 이루어질 때 다음 각각의 경우에 종가를 계산하여라.

   (a) 연간실이율 4%　　　　(b) 연간실이율 5%

3. 영구연금이 100만원을 첫 번째 년도의 말에 지급한다. 각 후속 지급액이 50만원씩 증가할 때 연간실이율 10%로 현가를 계산하여라.

4. 지급액이 다음과 같은 영구연금의 현가를 구하여라. 연간실이율은 10%이다.
   - 최초 2년은 연말에 100만원을 지급
   - 다음 2년은 연말에 200만원을 지급
   - 다음 2년은 연말에 300만원을 지급
   - $\cdots$

5. 20년 동안 매년 말에 펀드에 돈을 적립한다. 처음 5번의 적립액은 2,000만원이고 이후 적립액이 매년 1,000만원씩 늘어난다. 펀드는 연간실이율 4.5%로 이자를 받는다. 20년 후 연말에 이 펀드의 종가는 얼마인가?

6. 20년짜리 연금이 처음 14동안은 매년 말에 1,000만원을 지급한다. 15년째 해의 말에는 900만원을 지급하고 16년 째 말에는 800만원을 지급한다. 17년 째 말에는 700만원, 18년 째 말에는 600만원, 19년 째 말에는 500만원, 20년 째 말에는 400만원을 지급한다. 연간실이율이 8%일 때 이 연금의 현가를 계산하여라.

7. 5년 지급하는 연금이 첫 번째 해의 각 분기 말에 50만원, 두 번째 해의 각 분기 말에 100만원, 세 번째 해의 각 분기 말에 150만원, 네 번째 해의 각 분기 말에 200만원, 다섯 번째 해의 각 분기 말에 250만원을 지급한다. 연간실이율이 10%일 때 마지막 지급 후 4년이 경과한 시점에서 이 연금의 종가를 구하여라.

8. 연간실이율이 8.5%라고 가정할 때 다음 투자안의 현가는 얼마인가?
   - 지금 7억 5,000만원 투자
   - 수익금 $1,000(11-t)$ $t=1,2,\ldots,10$

9. 매년 말에 다음과 같이 돈을 받는다.
   - 1차년도에 150만원를 받고 이후 4년 동안 지급액이 10만원씩 증가한다.
   - 6년 째부터 11년 째까지는 200만원
   - 12년 째에 190만원를 받고 이후 매년 10만원씩 지급액이 감소하여 26년 째에는 50만원

   이자율이 5%일 때 이 지급의 현가는 얼마인가?

10. 기말급연금이 1, 2차년도의 말에 10을 지급한다. 3, 4차년도 말에는 9를 지급한다. 즉, 매2년마다 지급액이 1씩 감소하여 지급액이 0이 될 때까지 지급된다. 연간실이율이 5%일 때 이 기말급연금의 현가를 계산하여라.

11. 부모님이 올해 초부터 20년 동안 연금으로 1,000만원을 받는다. 연금수령기간 동안 이자율이 5%일 때 다음을 계산하여라.
    (a) 이 연금의 현가와 종가
    (b) 2차년도부터 연금수령액이 6%씩 증가할 때 현가와 종가
    (c) 2차년도부터 연금수령액이 4.8%씩 증가할 때 현가와 종가

12. 연간실이율이 i일 때 다음 두 연금의 현가가 같다. 현가를 구하여라.
    - 20년 기말급연금으로 매년 지급액은 550만원
    - 30년 기말급연금으로 처음 10년은 매년 300만원, 다음 10년 매년 600만원, 마지막 10년은 매년 900만원을 지급

13. 다음 연금 중에서 하나를 구입할 수 있다.
    - 연금1: 연지급액이 10, 9, ...,1로 감소하는 10년지급 감액연금
    - 연금2: 매년 지급하는 기말급 영구연금으로 첫째 해에 1을 지급하고 지급액이11년차까지 1씩 증가. 11년 후에는 지급액이 11로 동일

    연간실이율이 i일 때 연금2의 현가가 연금1 현가의 2배일 때 연금1의 가치를 계산하여라.

14. 50번 지급하는 연금의 첫 번째 지급액이 1,000만원이고 이후 10만원씩 지급액이 증가한다. 연간실이율이 8%일 때 현가를 계산하여라.

15. 기말급연금이 10년 동안 매년 200만원을 지급하고 이후 19년 동안은 지급액이 10만원씩 감소한다. 연간실이율이 6%일 때 현가를 계산하여라.

16. $2n$년 동안 연말에 지급되는 변동연금의 지급액이 $1, 2, \ldots, n, n-1, \ldots, 2, 1$이다. 이 연금의 현가가 $a_{\overline{n}|i}\ddot{a}_{\overline{n+1}|i}$ 임을 보여라.
17. $(2n-1)$년 동안 연말에 지급되는 연금의 지급액이 $1, 2, \ldots, n, n-1, \ldots, 2, 1$이다. 이 연금의 현가가 $\ddot{a}_{\overline{n}|i}a_{\overline{n}|i}$ 임을 보여라.
18. 첫 번째 해 지급액이 200만원이고 매년 지급액이 50만원씩 증가하는 기말급 영구연금의 현가가 4억 6,530만원이다. 연간실이율 i를 계산하여라.
19. 영수가 20년 동안 지속적으로 연초에 지불하고 있다. 첫 지급액은 100만원이고 다음 지급액은 첫 10년 동안은 전보다 매년 5%씩 늘어난다. 10번째 지급 후에는 각 지급액이 직전 지급액보다 5% 감소한다. 연간실이율이 7%일 때 첫 번째 지급 직후의 현가를 구하여라.
20. 1차년도 말에 120만원이 지급되고 다음 지급부터 5%씩 지급액이 증가하는 영구연금의 현가를 계산하여라. 단, 연이율은 3%이다.
21. 연간지급액이 130만원인 기말급 영구연금을 3,250만원에 구입하였다. 같은 이자율과 금액으로 첫 번째 지급액이 P이고 매년 15씩 늘어나는 20년지급 기말급연금을 구입하였다. P를 계산하여라.
22. 첫 지급액이 2,500만원이고 이후 매년 지급액이 100만원씩 감소하는 25년지급 기말급연금의 현가가 X이다. 연간실이율이 10%일 때 X를 계산하여라.
23. 영수는 직장으로부터 월말에 400만원, 3개월마다 상여급으로 300만원을 받는다. 10년 동안 지급받을 급여의 현가를 계산하여라. 단, 이자율은 4.5%로 가정한다.
24. 각 n차년도에 n을 지급받는 종신연금의 현가를 구하는 다음 등식을 유도하여라.
    (a) $\left(I\ddot{a}\right)_{\overline{\infty}|} = \frac{1}{d^2}$ (b) $\left(Ia\right)_{\overline{\infty}|} = \frac{1+i}{i^2}$
25. 내년부터 홀수 해에는 1,000만원을 지급하고 짝수 해에는 1,200만원을 지급하는 영구연금의 현가를 계산하여라. 단, 연이율은 6%이다.
26. 회사가 영구연금의 형태로 1차년도 초에 150만원, 다음 해부터는 계속해서 년초에 100만원을 예치하고 매년 말 영구적으로 수익금을 받는다. 첫 번째 지급받는 금액은 100만원이고 이후 지급액이 매년 5%씩 증가하다. 이 거래에서 회사의 수익률을 계산하여라.
27. 지금부터 20년 동안 2년마다 배당금으로 1,000만원을 지급받는다. 이 배당금을 받을 권리를 타인에게 양도할 때 얼마를 받을 수 있는지 계산하여라. 단, 이자율은 반기별복리의 5%이다.
28. 연이율이 6%일 때 3년마다 지급액이 1씩 증가하는 영구연금의 현가를 구하여라. 단, 처음 3년은 연말에 1이 지급된다.
29. 연말지급액이 매년 5% 증가하는 연금을 8년 동안 받아서 모두 저축하였다. 첫 번째 수령액이 200만원일 때 종가를 계산하여라. 단, 연이율은 4%이다.
30. k년마다 지급되는 영구연금의 j번째 지급액이 j일 때 현가가 $\left(\frac{1}{ia_{\overline{k}|i}}\right)^2$ 임을 보여라.

3.3 변동이자와 연금

앞에서는 연금 지급 기간 동안 이자율이 변하지 않는 경우를 생각하였다. 현실에서는 이자율이 분기별로 변하는 경우가 많고 이자율에 따라 수익이 달라진다.

이러한 일반적인 상황을 포함하기위해 투자금의 증가를 나타내는 일반적인 단위종가 함수가 $a(t)$라고 하자. 이 때 투자시점 $t=0$에서의 1은 시점 t에서 $a(t)$로 증가한다.

n주기 동안 기말에 1을 지급하는 기말금 연금의 현가와 종가는 다음과 같다.

$$a_{\overline{n}|} = v(1) + v(2) + \cdots + v(n) = \sum_{k-1}^{n} \frac{1}{a(k)} \tag{3.29}$$

$$s_{\overline{n}|} = a_{\overline{n}|}a(n) = a(n)\sum_{k=1}^{n} \frac{1}{a(k)} = \sum_{k=1}^{n} \frac{a(n)}{a(k)} \tag{3.30}$$

예제 3.27 실이율이 첫 6년은 5%이고 다음 4년 동안은 4%이다. 10년 동안 연말에 100만원을 지급받는 연금의 현가와 종가를 구하여라.

풀이 먼저 단위종가함수 $a(t)$를 구해보면 다음과 같다.

$$a(t) = \begin{cases} 1.05^t, & 0 \le t \le 6 \\ 1.05^6 \times 1.04^{t-6}, & t > 6 \end{cases}$$

- 연금의 현가는 다음과 같다.

$$\begin{aligned} 100a_{\overline{n}|} &= 100\left(\frac{1}{a(1)} + \frac{1}{a(2)} + \cdots + \frac{1}{a(10)}\right) \\ &= 100\sum_{k=1}^{6} \frac{1}{a(k)} + 100\sum_{k=7}^{10} \frac{1}{a(k)} \\ &= 100\sum_{k=1}^{6} \frac{1}{1.05^k} + 100\sum_{k=7}^{10} \frac{1}{1.05^6 1.04^{k-6}} \\ &= 100\left(a_{\overline{6}|0.05} + 1.05^{-6}a_{\overline{4}|0.04}\right) \\ &= 778.438 \text{ 만원} \end{aligned}$$

- 처음 6년 동안 기말급연금의 종가가 4년 동안 복리로 늘어난다. 또한 나중 4년은 기말급연금에 해당한다. 따라서 이 연금의 적립가는 $100(s_{\overline{6}|0.05}(1+0.04)^4 + s_{\overline{4}|0.04}) = 1,220.38$이다.
- 연금의 현가에 $a(10) = 1.05^6 1.04^4$를 곱해도 연금의 종가(적립가)가 나온다.

$$100a_{\overline{10}|} \times a(10) = 1220.3747 \text{ 만원}$$

□

단위종가함수 대신에 이력 δ_t가 주어지면 단위종가함수 $a(t)$가 아래와 같이 적분으로 주어진다.

$$a(t) = \exp\left(\int_0^t \delta_s ds\right) = e^{\int_0^t \delta_s ds}$$

따라서 현가 (3.29)와 종가 (3.30)을 다음과 같이 쓸 수 있다.

$$a_{\overline{n}|} = \sum_{k=1}^{n} e^{-\int_0^k \delta_s ds}, \quad s_{\overline{n}|} = \sum_{k=1}^{n} e^{\int_k^n \delta_s ds}$$

위에서와 비슷하게 기시급연금의 현가와 종가는 다음과 같다.

$$\ddot{a}_{\overline{n}|} = 1 + v(1) + \cdots + v(n-1) = \sum_{k=0}^{n-1} \frac{1}{a(k)} \tag{3.31}$$

$$\ddot{s}_{\overline{n}|} = \ddot{s}_{\overline{n}|} a(n) = a(n) \sum_{k=0}^{n-1} \frac{1}{a(k)} \tag{3.32}$$

예제 3.28 이력이 $\delta_t = \frac{2}{1+t}$일 때 4번 지급하는 기시급연금의 현가 $\ddot{a}_{\overline{4}|}$와 종가 $\ddot{s}_{\overline{4}|}$를 구하여라.

풀이 먼저 단위종가함수 $a(t)$를 구하면 다음과 같다.

$$a(t) = \exp\left(\int_0^t \frac{2}{1+s} ds\right) = \exp\left(2\ln(1+t)\right) = (1+t)^2$$

그러므로 현가 $\ddot{a}_{\overline{4}|}$와 종가 $\ddot{s}_{\overline{4}|}$는 다음과 같다.

$$\ddot{a}_{\overline{4}|} = 1 + \frac{1}{a(1)} + \frac{1}{a(2)} + \frac{1}{a(3)} = 1 + \frac{1}{4} + \frac{1}{9} + \frac{1}{16} = \frac{205}{144} = 1.42361111$$

$$\ddot{s}_{\overline{4}|} = \ddot{a}_{\overline{4}|} a(4) = 1.42361111 \times 25 = 35.59027778$$

□

예제 3.29 단할인율 5%로 이자를 지급하는 펀드에 투자하고 있다. 5년 동안 매년 년말에 100만원을 투자했을 때 종가를 구하여라.

풀이 $a(t) = \frac{1}{1-0.05t}$이므로 $v(t) = 1 - 0.05t$이다. 5년 후의 종가 $100s_{\overline{5}|}$는 다음과 같다.

$$\begin{aligned}
100s_{\overline{5}|} &= 100a_{\overline{5}|}a(5) \\
&= 100 \times \frac{1}{0.75}\left[v(1) + v(2) + v(3) + v(4) + v(5)\right] \\
&= \frac{400}{3}(0.95 + 0.9 + 0.85 + 0.80 + 0.75) \\
&= 452.6667 \text{ 만원}
\end{aligned}$$

□

연습문제 3.3

1. 매년 말에 720만원씩 10년 지급되는 연금의 종가를 계산하여라. 단, 처음 4년의 이자율은 4.8%이고 다음 6년의 이자율은 5%이다.

2. 9년 동안 매년 초에 1,000만원이 지급되는 연금의 현가를 계산하여라. 단, 처음 3년의 이자율은 3.6%, 다음 3년의 이자율은 4.2%, 마지막 3년의 이자율은 4.8%이다.

3. A 펀드는 처음 5년 이내에 예치된 모든 돈에 대해 4%, 이후에 예치된 돈에는 5%의 이자를 지급한다. B 펀드는 처음 5년은 4%, 이후에는 5%의 이자를 지급한다.
   (a) 지금 각 펀드에 5,000만원을 예치할 때 10년 후 각 펀드에서 받을 금액은 얼마인가?
   (b) 영수가 B 펀드에 100만원을 매년 초에 10년간 예치한다. 철민이가 매년 말에 100만원을 A 펀드에 예치하다. 누가 10년 후에 더 많은 금액을 갖는가? 각자 10년 후 얼마를 갖게 되는가?

4. t차년도의 연간실이율이 $\frac{1}{8+t}$이다. 5년 동안 1씩 지급하는 기시급연금의 2차년도 말 중도가를 계산하여라.

5. 현재 25세인 A와 B가 은퇴자금으로 65세부터 15년 동안 매년 5,000만원이 필요하다. A는 오늘부터 20년 동안 매년 X씩 예치하고, B는 오늘부터 매년 Y를 20년 동안 예치하려고 한다. 연간실이율이 40년 동안은 9%이고 이후에는 7%일 때 $X-Y$를 구하여라.

6. 시점 0, 3, 6, ... 에서 1,000만원을 20번 지급하는 연금이 있다. 연간실이율 6%일 때 60번째 해 연말에서 계산한 연금의 종가는 얼마인가?

7. 3년마다 연말에 1,000만원을 지급하는 영구연금이 있다. 첫 지급이 3년 후이다. 상수이력 10%를 써서 이 영구연금의 현가를 계산하여라.

8. 20년지급 연금에 t차년도 말에 $500+50t$를 지급한다. 연간실이율 6%를 이용하여 이 연금의 현가를 계산하여라.

9. 20년 연말급연금이 매년 5,000만원을 지급한다. 처음 10년 동안에 실이율은 8%이고 다음 5년 동안의 연간실이율은 12%이다. 그 후 5년 동안의 실이율이 10%일 때 이 연금의 현가를 계산하여라.

10. 6개월이 지날 때마다 1,000만원이 지급되는 영구연금을 3개월마다 30년 동안 R만원을 지급하는 연금으로 바꾸고 싶다. $i^{(4)}=0.08$일 때 R을 구하여라.

11. 주식 지분 구입을 고려하고 있다. 구입한다면 2년 후에 배당금 2.5억원를 받고 그후부터는 배당금이 매년 8% 영구적으로 증가한다. 이자율이 15%라면 이 주식지분의 현가는 얼마인가?

12. 6개월 기간 초(즉, 반기 초)에 2억원를 지급하는 영구연금의 현가가 20억원이다. 다른 영구연금은 2년마다 연초에 X를 지급한다. 연간실이율이 동일하고 두 연금의 현가가 같다고 했을 때 X의 값을 결정하여라.

13. 현재 가격이 200만원이지만 매년 가격이 4% 오르는 물품을 10년 후에 구입해야 한다. 구입자금 마련을 위해 6년 동안 연초에 20만원을 적립한다. 4년차, 5년차, 6년차에는 추가로 X를 적립하여 목표를 달성하려고 한다. 연간실이율이 10%일 때 X를 계산하여라.

14. 기말급 영구연금이 매년 100만원을 지급한다. 5번째 지급 직후에 영구연금이 첫 번째 지급액이 X인 25년 기말급연금으로 바뀌었다. 후속 지급액은 직전 지급액보다 8% 증가한다. 10번째 지급 직후에 이 25년 기말급연금이 연지급액이 Y인 기말급 영구연금으로 바뀌었다. 연간실이율이 8%일 때 Y를 계산하여라.

15. 최초 지급액이 100만원이고 다음부터는 지급액이 매년 10만원씩 늘어나는 기시급 영구연금의 현가를 계산하여라. 단, 연이율은 3.6%이다.

16. 회사로부터 향후 20년 동안 매월 지급받는 퇴직보상을 제시받았다. 월보상액은 매달 동일하고 1년 마다 물가 상승율을 고려하여 상향 조정된다. 조건은 아래와 같다.

   - 첫 번째 보상액은 R이고 지금후터 한달 후에 지급된다.
   - 소비자물가지수는 매년 3.2%로 영원히 증가한다.

   연간실이율이 6%이고 퇴직보상의 가치가 2억원일 때 R을 구하여라.

17. 2년 후부터 2년마다 연금을 받는다. 연금 액수는 처음에는 1,000만원이고 다음부터는 받을 때마다 200만원씩 증가한다. 연이율이 5%일 때 다음을 계산하여라.

   (a) 지금 한꺼번에 받을 수 있는 금액

   (b) 5번을 받은 직후 나머지를 일시불로 받는 금액

18. t차년도의 연간실이율이 $\frac{1}{8+t}$일 때 매년 1을 지급하는 20년지급 기시급연금의 2차년도 말의 중도가를 계산하여라.

3.4 지급기한이 정수가 아닌 연금

이 절에서는 지급 기간이 정수가 아닌 평준기말급연금의 현가와 종가를 정의하고 선지급과 후지급에 대하여 알아본다.

3.4.1 가치등식을 이용한 선지급액 및 후지급액 계산

대출금 1,000만원에 대해 매년 말 200만원 씩 상환하고 있다. 연이자율이 6%일 때 모두 상환하려면 몇 년이 걸릴까? 이 문제의 답은 방정식

$$200a_{\overline{r}|0.06} = 1000$$

을 만족시키는 r을 찾으면 될 것이다.

$$\begin{aligned} 200a_{\overline{r}|0.06} = 1000 &\iff \frac{1-1.06^{-r}}{0.06} = 5 \\ &\iff 1.06^{-r} = 0.7 \\ &\iff r = -\frac{\ln 0.7}{\ln 1.06} \approx 6.121188 \end{aligned}$$

200만원씩 6번 상환할 때 상환금의 현가는 $200a_{\overline{6}|0.06} = 200 \times \frac{1-1.06^{-6}}{0.06} = 983.4649$ 만원이고 대출금보다 적다. 200만원을 7번 상환하면 상환금의 현가 $200a_{\overline{7}|0.06} = 200 \times \frac{1-1.06^{-7}}{0.06} = 1116.4763$만원은 분명히 대출금보다 많다.

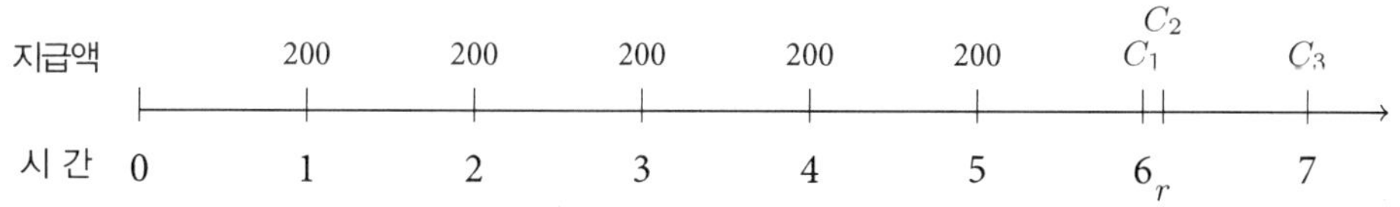

그림 3.23: 후지급과 선지급의 예

그렇다면 어떻게 지불해야 합리적으로 상환을 끝낼 수 있을까? 이론적으로 세 가지 상환 방식이 사용될 수 있다. (그림 3.23)

(a) 선지불 - r보다 빠른 6 번째 상환금 200만원에 적당한 금액을 더 상환하는 방법
(b) $r = -\frac{\ln 0.7}{\ln 1.06} = 6.121188$에서 (200만원보다 적은) 적당한 금액 지불 - r이 무리수이므로 정확한 시점에서 상환하는 것은 현실적으로 불가능하다.
(c) 후지불 - r보다 뒤인 7번째 상환 시점에 (200만원보다 적은) 적당한 금액을 상환하는 방법

선지불과 후지불에서 마지막 상환금을 결정하기위해서는 다음 현금흐름에 대해 마지막 상환 시점에서 가치등식을 세우고 상환금을 계산한다.

- 단일지급된 대출금
- 상환금

이 과정을 자세히 쓰면 다음과 같다.

(a) (선지급) 6번째 상환금이 $200 + C_1$ 일 때 $t = 6$ 에서의 가치등식은 다음과 같다.

$$200 s_{\overline{6}|0.06} + C_1 = 1000 \times 1.06^6$$

$C_1 = 1000 \times 1.06^6 - 200 s_{\overline{6}|0.06} = 23.4554$ 만원을 더 상환한다.

(b) $t = 6.121188$ 에서 지불하는 금액이 C_2 일 때 $t = 6.1211188$ 에서의 가치등식은

$$200 s_{\overline{6}|0.06}(1 + 0.06)^{0.121188} + C_2 = 1000 \times 1.06^{6.1211188}$$

이다. 이 식에서 구한 금액 $C_2 = 23.6216$ 만원을 $t = 6.1219$ 에서 상환한다.

(c) (후지급) 7번째 상환금이 C_3 일 때 $t = 7$ 에서의 가치등식

$$200 s_{\overline{6}|0.06}(1 + 0.06) + C_3 = 1000 \times 1.06^7$$

에서 $C_3 = 1000 \times 1.06^7 - 200 \times 1.06 \times s_{\overline{6}|0.06} = 24.8627$ 만원을 상환한다.

3.4.2 비정수 지급기간 연금의 가치, 선지급액과 후지급액의 계산

지금까지는 지급기간이 정수인 연금의 현가와 종가를 계산하는 문제를 공부해왔다. 대출금 L 을 동일금액 A 로 상환할 때 지급횟수가 정수가 아닌 경우가 발생한다.

$$\begin{aligned} L = A a_{\overline{r}|i} &\iff v^r = 1 - \frac{iL}{A} \\ &\iff r = \frac{\ln\left(1 - \frac{iL}{A}\right)}{\ln v} = -\frac{\ln\left(1 - \frac{iL}{A}\right)}{\ln(1+i)} \end{aligned}$$

일반적으로 r 이 정수가 아니라는 것은 분명하고 비정수 지급기간의 연금에 대해 가치를 평가하는 방법을 생각할 필요가 있다.

지금부터 기말급연금의 지급기간이 $r := n + \alpha\,(0 \le \alpha < 1)$ 꼴인 경우에 현가와 종가를 계산하는 방법에 대하여 알아본다.

$$\begin{aligned} L = A\frac{1 - v^r}{i} &= A\frac{1 - v^n + v^n - v^r}{i} \\ &= A\frac{1 - v^n}{i} + Av^r\frac{(1+i)^\alpha - 1}{i} \\ &= \underbrace{A a_{\overline{n}|i}}_{n\text{번 지급 기말급연금의 현가}} + Av^{n+\alpha} \underbrace{s_{\overline{\alpha}|i}}_{1\text{의 } \alpha\text{주기 후 종가}} \end{aligned} \tag{3.33}$$

위 관찰로부터 지급기간이 정수가 아닐 때 현가와 종가를 아래와 같이 정의하는 합리적이라는 것을 알 수 있다.

지급기간이 정수가 아닌 기말급연금의 현가와 종가

지급주기의 이자율이 i이고 지급기간이 $n+\alpha$인 기말급연금의 현가와 종가는 다음과 같다.

- 현가 : $a_{\overline{n+\alpha}|i} = a_{\overline{n}|i} + v^{n+\alpha}\frac{(1+i)^\alpha-1}{i}$
- 종가 : $s_{\overline{n+\alpha}|i} = a_{\overline{n+\alpha}|i}(1+i)^{n+\alpha} = s_{\overline{n}|i}(1+i)^\alpha + \frac{(1+i)^\alpha-1}{i}$

동일한 금액으로 상환하고 있을 때 상환종료 시점이 정수가 아니라면 평준연금 형태로 상환할 수 없는 자투리 금액의 처리에 따라 상환방식이 조금 달라질 수 있다. 즉, (3.33)의 $Av^{n+\alpha}s_{\overline{\alpha}|i}$와 동등한 금액을 (최종적으로) 지불하는 시점에 따라 세 가지 방식을 생각할 수 있다.

- 선지급(ballon payment) : $t=n$시점에 A 및 $Av^{n+\alpha}s_{\overline{\alpha}|i}$와 동등한 금액을 지불하는 방법이다. 최종 지불액은 다음과 같다.

$$C_1 := A + \left[Av^{n+\alpha}s_{\overline{\alpha}|i}\right](1+i)^n = A + A\frac{1-(1+i)^{-\alpha}}{i}$$

- 후지급(drop payment) : $t=n+1$시점에 $Av^{n+\alpha}s_{\overline{\alpha}|i}$와 동등한 금액만 지불하는 방법이다. 이때 최종 지불액은 다음과 같다.

$$C_2 := Av^{n+\alpha}s_{\overline{\alpha}|i}(1+i)^{n+1} = A\left[\frac{(1+i)^\alpha-1}{i}\right](1+i)^{1-\alpha}$$

- $t=n+\alpha$에서 $Av^{n+\alpha}s_{\overline{\alpha}|i}$와 동등한 금액을 최종적으로 지불한다. 지불액은

$$C_3 := Av^{n+\alpha}s_{\overline{\alpha}|i}(1+i)^{n+\alpha} = A\frac{(1+i)^\alpha-1}{i}$$

  이다.

지급기간이 정수가 아닌 평준기말금연금의 현가와 종가를 구하는 식은 3.1절에서 유도한 공식에서 지급기간이 실수로 확장된 것으로 간주해도 된다. 기시급의 경우에도 비슷하게 해석할 수 있으므로 결과만 서술하기로 한다.

지급기간이 정수가 아닌 기시급연금의 현가와 종가

지급주기의 이자율이 i이고 지급기간이 $n+\alpha$인 기시급연금현의 현가와 종가는 다음과 같다.

- 현가 : $\ddot{a}_{\overline{n+\alpha}|i} = \ddot{a}_{\overline{n}|i} + v^{n+\alpha}\frac{(1+i)^\alpha-1}{d} = \frac{1-v^{n+\alpha}}{d}$
- 종가 : $\ddot{s}_{\overline{n+\alpha}|i} = \ddot{s}_{\overline{n}|i}(1+i)^\alpha + \frac{(1+i)^\alpha-1}{d} = \frac{(1+i)^{n+\alpha}-1}{d}$

참고 3.6 기시급으로 동일한 금액을 상환하지만 상환완료 시점이 정수가 아닐 때 선지불과 후지불에 의해 자투리 금액을 상환하는 것이 가능하다.

연습문제 3.4

1. 주택 대출금 2억원을 매달 200만원씩 n번 상환하고 200만원보다 적은 금액은 다음 달에 상환한다. 이자율은 월별복리의 4.8%일 때 n과 마지막 상환금을 구하여라.

2. 월별복리 8.4%로 대출한 자동차 구입자금 2,000만원을 한달 후부터 매월 100만원씩 갚고 있다.
   (a) 마지막 상환금이 100만원보다 작다면 최종상환금은 얼마인가?
   (b) 마지막 상환금이 100만원보다 크다면 최종상환금은 얼마인가?

3. 생활자금 500만원을 대출받아 다음 달 말부터 40만원씩 상환하려고 한다.
   (a) 선지급으로 상환할 때 40만원씩 상환하는 횟수와 선지급액을 계산하여라.
   (b) 후지급으로 상환할 때 40만원씩 상환하는 횟수와 선지급액을 계산하여라.

4. 은행에서 5,000만원을 대출받고 매달 말에 300만원씩 상환하려고 한다. 이자율이 $i^{(4)} = 6\%$일 때 다음 물음에 답하여라.
   (a) 마지막 상환금이 300만원보다 작다면 최종상환금은 얼마인가?
   (b) 마지막 상환금이 300만원보다 크다면 최종상환금은 얼마인가?

CHAPTER 4

대출금 상환

주택구입이나 자동차를 구입할 때 은행에서 대출받은 대여금을 상환하는 여러 가지 방법이 있다. 이 절에서는 일상생활에서 자주 보는 상환 방법에 대하여 알아 본다.

- 할부상환(원리금균등상환, amortization method)- 원금과 이자를 합하여 매월 동일한 금액을 갚는 방식
- 감채기금(sinking fund) - 이자만 갚고 상환액에서 이자상환액을 제외한 금액을 별도로 관리하여 원금과 동일한 금액을 조성한 후 한꺼번에 원금을 상환하는 방식
- 원금균등상환 - 매월 동일하게 원금을 상환하고 이자는 따로 계산하여 상환하는 방식
- 변액상환 - 상환액이 시점마다 다른 상환방식

4.1 대출금 상환의 원리

대출금 $L := L_0$에 대해 상환금으로 1년 후부터 년말에 각각 $C_1, C_2, \ldots, C_n$을 갚아 아나간다고 하자. 각 상환금에서 이자와 원금이 차지하는 부분을 알 수 있다면 자금 운영계획을 세울 때 도움이 될 뿐아니라 직후에 남은 대출금, 곧, **잔존원금**(outstanding balance)을 계산할 수 있다. 상환 완료 예정시점보다 빠르게 잔존원금을 한꺼번에 갚는 경우를 자동차 할부나 주택융자금 상환에서 볼 수 있다.

잔존원금을 계산하는 과정은 다음과 같다.

- $t = 1$에서 현재의 대출(원)금 L_0에 대해 이자 $L_0 i$가 발생하고 C_1을 상환한다.
  - 원금상환분: C_1에서 이자를 뺀 금액 $C_1 - L_0 i$가 원금상환분이다.
  - 첫번 째 상환 직후의 잔존원금 L_1 : 대출원금 L_0에서 원금상환금을 뺀 금액이다. 구체적인 식으로 쓰면 다음과 같다.

$$L_1 := L_0 - (C_1 - L_0 i) = L_0(1 + i) - C_1$$

- $t = 2$ 에서 잔존원금 L_1 에 대해 이자 $L_1 i$ 가 발생하고 C_2 을 상환한다.
  - 원금상환분 : C_2 에서 이자를 뺀 금액 $C_2 - L_1 i$ 가 원금상환분이다.
  - 두번 째 상환 직후의 잔존원금 L_2 : 대출원금 L_0 에서 원금상환금을 뺀 금액으로 식으로 쓰면 다음과 같다.

$$L_2 := L_1 - (C_2 - L_1 i) = L_1(1+i) - C_2$$

- $t = k$ 에서 잔존원금 L_{k-1} 에 대해 이자 $L_{k-1} i$ 가 발생하고 C_k 을 상환한다.
  - 원금상환분 : C_k 에서 이자를 뺀 금액 $C_k - L_{k-1} i$ 가 원금상환분이다.
  - k 번 째 상환 직후의 잔존원금 L_k : 잔존원금 L_{k-1} 에서 원금상환금을 뺀 금액으로 식으로 쓰면 다음과 같다.

$$L_k := L_{k-1} - (C_k - L_{k-1} i) = L_{k-1}(1+i) - C_k$$

각 상환금에서 이자상환분과 원금상환분, 상환직후의 잔존원금을 계산하는 위 과정을 표 4.1로 정리할 수 있다.

t	상환금	이자상환	원금상환	잔존원금
0				L_0
1	C_1	$L_0 i$	$C_1 - L_0 i$	$L_1 = L_0(1+i) - C_1$
2	C_2	$L_1 i$	$C_2 - L_1 i$	$L_2 = L_1(1+i) - C_2$
3	C_3	$L_2 i$	$C_3 - L_2 i$	$L_3 = L_2(1+i) - C_3$
$\vdots$	$\vdots$	$\vdots$	$\vdots$	$\vdots$
$n-1$	C_{n-1}	$L_{n-2} i$	$C_{n-1} - L_{n-2} i$	$L_{n-1} = L_{n-2}(1+i) - C_{n-1}$
n	C_n	$L_{n-1} i$	$C_n - L_{n-1} i$	$L_n = L_{n-1}(1+i) - C_n$

표 4.1: 일반적 상환에서 잔존원금 계산원리

이제 위 표에서 상환 직후의 잔존원금을 구체적으로 계산해 보자. 상환 전 잔존원금에서 (현재의 상환금에서) 원금상환분을 빼면 잔존원금이 새로운 값으로 바뀐다. 아래는 이 과정을 보여준다.

- $L_1 = L_0(1+i) - C_1$
- $L_2 = L_1(1+i) - C_2 = L_0(1+i)^2 - \left[C_1(1+i) + C_2\right]$
  - $L_0(1+i)^2$: 대출원금의 2년 후 미래가
  - $C_1(1+i) + C_2$: 시점 $t = 2$ 까지 상환한 상환금의 $t = 2$ 에서의 가치
- $L_t = L_0(1+i)^t - \left[C_1(1+i)^{t-1} + C_2(1+i)^{t-2} + \cdots + C_{t-1}(1+i) + C_t\right]$
  - $L_0(1+i)^t$: 대출원금의 t 년 후 미래가
  - $C_1(1+i)^{t-1} + C_2(1+i)^{t-2} + \cdots + C_{t-1}(1+i) + C_t$: 시점 t 까지 상환한 상환금의 t 시점 가치

n번째 상환한 직후 $L_n = 0$이면 잔존원금이 없으므로 대출금 L을 모두 갚은 것이 된다. 조건 $L_n = 0$을 다시 쓰면 아래의 식이 나온다.

$$L_0(1+i)^n - \left[C_1(1+i)^{n-1} + C_2(1+i)^{n-2} + \cdots + C_{n-1}(1+i) + C_n\right] = 0$$

위 식의 양변을 $(1+i)^n$ 으로 나누면 대출금을 상환금의 현가로 나타낸 다음 등식이 나온다.

$$\begin{aligned} L &= \frac{C_1}{1+i} + \frac{C_2}{(1+i)^2} + \cdots + \frac{C_n}{(1+i)^n} = \sum_{k=1}^{n} \frac{C_k}{(1+i)^k} \\ &= \sum_{k=1}^{n} C_k v^k \quad \text{단, } v = \frac{1}{1+i} \end{aligned} \tag{4.1}$$

등식 (4.11)은 n번 째 상환금을 낸 후에 상환이 완료되면 상환금으로 구성된 현금흐름의 현가가 대출금과 같다는 것을 말해준다.

대출금을 여러가지 방법으로 상환할 수 있다. 다음은 대출금을 상환할 때 자주 사용되는 상환방법이다.

- 원리금균등상환
  - 이자상환분과 원금상환분의 합이 같은 상환방법
  - 상환액이 동일하므로 재무계획을 세우기 좋다.
  - 상환 초기에는 이자가 차지하는 비중이 높다가 점차로 원금상환 비중이 높아진다.
- 원금 만기일시상환
  - 원금에 대한 이자만 내다가 만기에 원금을 한꺼번에 상환
  - 상환기간에는 이자만 내므로 상환부담이 작다.
  - 만기에는 원금을 한꺼번에 상환하므로 부담이 커질 수 있다.
- 원금균등상환
  - 원금을 동일하게 분할하여 상환하고 잔존원금에 대한 이자를 따로 상환
  - 잔존원금이 빠르게 감소하므로 이자부담이 적어진다.
  - 초기에는 원금과 이자를 같이 내므로 상환액이 커져서 부담스러울 수 있다.
  - 자금 여력이 충분한 경우에는 매우 유리한 상환방법이다.

4.2 원리금 균등상환

주택, 자동차 또는 스마트폰을 구입하고 매월 동일한 금액을 상환하는 것을 일상생활에서 경험할 수 있다. 일정주기마다 상환하는 것은 앞에서 공부한 평준연금에 해당한다. 연금이론을 활용하면 월상환액을 계산할 수 있고 월상환액에서 이자와 원금이 차지하는 부분을 예측할 수 있다. 또한 대출금 중에서 앞으로 갚을 금액을 알아낼 수 있다.

4.2.1 연금형태 상환과 잔존원금

대여금을 상환하거나 할부금을 갚는 경우에 m번을 상환한 직후에 남은 금액이 얼마인지 계산하는 것은 매우 중요하다. 이 금액을 **잔존원금**(outstanding balance 또는 outstanding principal)이라고 한다. 잔존원금은 장래법과 과거법이라고 하는 두가지 방법으로 계산할 수 있고 계산된 결과는 동일하다.

잔존원금 계산과 관련된 기호 설명

- L : 대출원금
- i : 상환기간 동안의 주기별 이자율
- A : 각 주기에 상환하는 금액(installment)
- B_m: m번 상환한 직후의 잔존원금

대출금액(loan) L을 기말에 n번에 균등상환하는 경우를 살펴보자. 이 기말급연금의 현가가 L과 같아야 한다. 이 조건

$$L = Aa_{\overline{n}|i}$$

에서 주기 말에 상환할 금액 A를 계산할 수 있다.

$$A = \frac{L}{a_{\overline{n}|i}} \tag{4.2}$$

연금형태로 상환하는 경우에는 상환기간이 결정되면 각 주기에 상환하는 금액이 결정되어 고정된다. 각 주기의 상환액은 상환을 연체하거나 이자율의 변동이 없으면 변하지 않는다. 주기마다 상환액이 정해져 있으므로 잔존원금 계산이 비교적 쉽다.

장래법(prospective method)

장래법의 주요 아이디어는 잔존원금을 계산하는 시점 이후에 갚을 금액만 고려한다는 것이다. 장래법에서 구한 잔존금액은 미래에 갚을 모든 상환액의 (평가시점에서의) 현가(보통 중도가라고 함)이다. 할부금을 m번 낸 직후에 잔존원금 B_m을 $(n-m)$번 지급하는 기말급 연금으로 갚아야 한다. 따라서 다음과 같은 등식이 성립한다.

$$\begin{aligned} B_m &= Aa_{\overline{n-m}|i} \\ &= \frac{La_{\overline{n-m}|i}}{a_{\overline{n}|i}} \end{aligned} \tag{4.3}$$

과거법(retroprospective method)

과거법은 평가시점까지 상환한 금액의 적립가를 고려한다. 이때 잔존금액은 평가시점에서 계산한 대여금의 미래가(종가, 원립합계)에서 과거에 상환한 금액의 종가(미래가, 적립가)를 뺀 액수이다. 할부금을 m번 낸 직후에 대여액의 적립가는 $L(1+i)^m$이고 (m번 지급하는 기말급 연금으로서) 상환액의 적립가는 $As_{\overline{m}|i}$이다. 따라서 과거법으로 계산한 잔존원금은 다음과 같다.

$$L(1+i)^m - As_{\overline{m}|i} \tag{4.4}$$

한편, 과거법으로 계산한 잔존원금 (4.4)와 장래법에서의 잔존원금 (4.3)은 동일하다. 이 주장의 타당성은 다음 식에서 나온다.

$$\begin{aligned} L(1+i)^m - As_{\overline{m}|i} &= Aa_{\overline{n}|i}(1+i)^m - As_{\overline{m}|i} \\ &= A\left(\frac{1-v^n}{i}(1+i)^m - \frac{(1+i)^m-1}{i}\right) \\ &= A\frac{1-v^{n-m}}{i} = Aa_{\overline{n-m}|i} \end{aligned}$$

지금까지 논의한 내용을 요약하여 아래와 같이 정리할 수 있다.

원리금균등상환에서 잔존원금의 계산

대여금액(loan) L을 기말에 균등금액 A로 n번 상환할 때 m번 상환 후 남은 금액 B_m은 다음과 같다.

$$B_m = Aa_{\overline{n-m}|i} \quad \text{(장래법)} \tag{4.5}$$

$$= L(1+i)^m - As_{\overline{m}|i} \quad \text{(과거법)} \tag{4.6}$$

아래에서는 일상생활에서 볼 수 있는 잔존원금 계산과 관련있는 예제를 살펴본다.

예제 4.1 영수가 2년 약정으로 최신 스마트폰을 구입하였다. 할부원가가 84만원이고 연이율이 4.5%일 때 매월 상환액을 계산하여라.

풀이 연이율이 월별복리의 (명목)이율로 파악하는 것이 중요하다. $i^{(12)} = 0.045$이고 월이자율 0.375%로 24번 복리가 적용된다. 한편, $a_{\overline{24}|0.00375} = \frac{1-1.00375^{-24}}{0.00375} =$ 22.9106561이므로 월상환액은 다음과 같다.

$$A = \frac{84}{a_{\overline{24}|0.00375}} = 3.6664 \text{ 만원}$$

□

상환이 끝나기 전에 이자율이 변경될 수도 있다. 이런 경우에는 기존 이자율로 잔존원금을 계산하고 이 잔존연금을 남은 기간 동안 연금형태로 상환한다.

예제 4.2 연이율 5%로 주택융자금 8,000만원을 20년동안 매월 기말급 연금으로 상환하고 있다. 24개월 상환한 후에 이자율이 5.5%로 변경되었다.

(a) 동일한 기간에 상환할 때 월상환액은 얼마인가? 전에 비해 얼마나 증가했는가?

(b) 금리인상 후에도 금리인상 전과 같은 금액으로 상환한다면 상환기간은 얼마나 늘어나는가?

풀이 이자율이 월별복리의 이율임에 주의하여 월 상환액을 구해야 된다.

- 월상환액 : (4.2)에 의해 A는 다음과 같다.

$$A = \frac{8,000}{a_{\overline{240}|0.05/12}} = 8000\frac{0.05/12}{1-(1+0.05/12)^{-240}} = 52.79645914$$

- 24번 상환 후 잔존원금 : 장래법에서 잔존원금은 앞으로 갚아야하는 216번의 기말급 연금의 현가에 해당하므로 잔존원금은

$$B_{24} = Aa_{\overline{216}|0.05/12} = 7509.803261$$

이다. 한편, 과거법으로 계산한 잔존원금은 아래와 같다.

$$B_{24} = 8000(1+0.05/12)^{24} - As_{\overline{24}|0.05/12} = 7509.80326$$

(장래법과 과거법의 계산 결과가 동일하다.)

(a) 잔존원금 B_{24}를 216번 지급하는 기말연금으로 상환한다. 이 때 적용되는 월별 이자율은 0.055/12이다. 따라서 월상환액은 다음과 같다.

$$\frac{B_{24}}{a_{\overline{216}|0.055/12}} = B_{24} \times \frac{0.055/12}{1-(1+0.055/12)^{-216}} = 54.845321146$$

(b) 이자율이 높아진 시점에서 계산한 잔존원금이 같아야 한다. 변동된 이자율로 m번 갚을 때 등식 $B_{24} = Aa_{\overline{m}|0.055/12} = Aa_{\overline{216}|0.05/12}$이 성립한다. 한편 $a_{\overline{216}|0.05/12} = 142.241$, $a_{\overline{230}|0.055/12} \simeq 141.96$, $a_{\overline{231}|0.055/12} \simeq 142.313$이므로 $m = 231$이다. 그러므로 상환기간이 15개월 늘어난다. □

다음 예제에서는 상환이 시작된 후 연체될 때 변동된 월상환액을 구하는 문제를 다룬다. 연체가 발생하면 잔존원금에 연체기간 동안에 이자가 붙어 갚을 금액이 늘어난다는 것을 고려하는 것이 중요하다.

예제 4.3 명목연이율 6%로 15년 동안 매월 말에 200만원씩 주택융자금을 갚고 있다. 20번 상환한 후에 연속하여 12번을 상환하지 못했다고 하자.

(a) 연체기간을 포함하여 15년에 상환할 때 월 상환액은 얼마인가?

(b) 연체로 인하여 더 지불하는 금액은 얼마인가?

풀이 장래법을 써서 20번 상환 후 잔존원금을 계산하면 잔존원금 B_{24}는 다음과 같다.

$$B_{20} = 200a_{\overline{160}|0.06/12} = 200 \times \frac{1-1.005^{-160}}{0.005} = 21,990.97876$$

(a) 20번 상환 후 잔존원금에 연체기간 동안 복리가 적용되어 계산된 미래가 $B'_{20} = B_{20} \times 1.005^{12} = 23,347.33421$가 새로운 잔존원금이 된다. 이 금액을 148개월에 걸쳐 갚아야 한다. 따라서 새로운 월상환액 B는 다음과 같다.

$$B = \frac{B'_{20}}{a_{\overline{148}|0.005}} = 23,347.33421 \times \frac{0.005}{1-1.005^{-148}} = 223.6310946$$

(b) (a)에 의해 더 지불한 이자는 $B \times 148 - 200 \times 160 = 1,097.401999$이다. □

일상생활에서는 서로 다른 금융기관의 대출조건을 비교하여 선택여부를 결정하는 경우가 생긴다. 다음 예제를 살펴 보자.

예제 4.4 20년 동안 매월 월말에 동일한 액수로 상환하는 조건으로 제2금융권에서 5,000만원을 융자받았다. 제2금융권의 명목연이율은 4%이고 조기상환하는 경우 잔존원금의 1.5%를 더 상환해야한다. 24번 상환한 후에 어떤 은행이 3.5%의 금리로 동일기간에 상환할 수 있도록 융자상품을 제안하였다. 이런 상황에서 은행의 제안을 수락하는 것이 좋은지 답하여라.

풀이 다음 순서를 따르면 좋다.

- 제2금융권에 매달 상환하는 금액은?

$$A = \frac{5,000}{a_{\overline{240}|0.04/12}} = 30.29901646$$

- 24번 상환 후 잔존원금은?

$$B_{24} = Aa_{\overline{240-24}|0.04/12} = 4569.969829$$

- 은행에서 빌려야할 금액은?

$$L = B_{24}(1+0.015) = 4729.869377$$

- 은행에 매월 상환할 금액은?

$$A' = \frac{L}{a_{\overline{216}|0.035/12}} = 29.98885454$$

월상환금액을 비교해보면 은행의 제안을 수락하는 것이 유리하다는 것을 알 수 있다. □

4.2.2 원리금 균등상환표

실생활에서 대여금(loan)을 갚는 경우 **원리금균등상환법**(amortization method)으로 대여금을 상환하는 경우가 많다. 원리금균등상환에서는 월상환금의 일부가 전회에 상환한 후에 발생한 이자를 갚는데 먼저 사용된 후 나머지 액수가 원금을 상환하는데 사용된다.

기말에 상환하는 금액이 동일하므로 상환액이 1이라고 가정한다. 그러면 상환과정은 n번 지급하는 기말급연금이다. 따라서 미래에 상환할 각 금액의 현가에 대한 합 $a_{\overline{n}|i}$는 대여금과 같다.

따라서 첫 번째 주기에 발생한 이자는 $ia_{\overline{n}|i}$인데 $1-v^n$와 같다. 이제 상환액 1에서

- 이자상환액은 $ia_{\overline{n}|i} = 1 - v^n$이고
- 원금상환액은 상환액1에서 이자를 뺀 금액으로 v^n이고
- 첫 번째 상환 후에 원금은 $a_{\overline{n}|i} - v^n$이다. 이 액수는, 아래 식에 의해, $a_{\overline{n-1}|i}$와 같다.

$$
\begin{aligned}
a_{\overline{n}|i} - v^n &= \frac{1-v^n}{i} - v^n = \frac{1-v^n(1+i)}{i} = \frac{1-v^{n-1}}{i} \\
&= a_{\overline{n-1}|i}
\end{aligned}
$$

이제 원금 $a_{\overline{n-1}|i}$에 대해서도 비슷한 분석을 할 수 있다. 이 과정을 계속하면 상환액 1 중에서 원금상환액과 이자상환액을 구분할 수 있다. 요약하면 표 4.2가 나온다.

t	상환액	이자상환액	원금상환액	잔존원금
0				$a_{\overline{n}|}$
1	1	$ia_{\overline{n}|} = 1 - v^n$	v^n	$a_{\overline{n}|} - v^n = a_{\overline{n-1}|}$
2	1	$ia_{\overline{n-1}|} = 1 - v^{n-1}$	v^{n-1}	$a_{\overline{n-1}|} - v^{n-1} = a_{\overline{n-2}|}$
$\cdots$	$\cdots$	$\cdots$	$\cdots$	$\cdots$
t	1	$ia_{\overline{n-t+1}|} = 1 - v^{n-t+1}$	v^{n-t+1}	$a_{\overline{n-t+1}|} - v^{n-t+1} = a_{\overline{n-t}|}$
$\cdots$	$\cdots$	$\cdots$	$\cdots$	$\cdots$
n	1	$ia_{\overline{1}|} = 1 - v$	v	$a_{\overline{1}|} - v = 0$
합	n	$n - a_{\overline{n}|}$	$a_{\overline{n}|}$	

표 4.2: 원리금균등상환표

실제 표 4.2를 써서 대출금 L에 대한 원리금균등상환표를 작성하려면 먼저 월상환액을 구하여(공식 (4.2)를 적용하여) 표의 각 값에 곱해주면 된다.

예제 4.5 대출금 500만원을 6년에 걸쳐 기말급 연금으로 갚으려고 한다. 상환기간 동안 실연이율이 6% 일 때 원리금균등상환표를 작성하여라.

풀이 $a_{\overline{6}|0.06} = 4.9173$ 이므로 연상환액은 다음과 같다.

$$\frac{500}{a_{\overline{6}|0.06}} = \frac{500}{4.9173} = 101.68131$$

매년 상환액에서 이자와 원금이 차지하는 액수는 표 4.3을 참고하기 바란다. □

n	연상환액	이자상환액	원금상환액	잔존원금
0				500
1	101.68131	30.00000	71.68131	428.31869
2	101.68131	25.69912	75.98219	352.33649
3	101.68131	21.14019	80.54112	271.79537
4	101.68131	16.30772	85.37359	186.42178
5	101.68131	11.18531	90.49601	95.92577
6	101.68131	5.75555	95.92577	0

표 4.3: 원리금 균등상환 - 예제 4.5

예제 4.6 (자동차 구매 프로모션-전무후무) 자동차 판매사에서 다음 조건으로 자동차를 판매하고 있다.

판매조건 : 초기 6개월 동안 납입금을 전혀 내지 않으면서 구입한 차량을 이용할 수 있으며, 6개월 무이자 거치 후 이자 연 4.9%의 30개월 할부로 원리금을 균등 상환하게 된다.

(a) 2,990만원인 자동차를 구입할 때 월 상환액을 계산하여라.

(b) 6개월 무이자 거치 조건이 없고 6개월후터 상환이 시작되는 30개월 할부로 구입할 때 월 상환액을 계산하여라.

풀이 이자율은 월별복리의 (명목)이율로 $i^{(12)} = 0.049$ 이다.

(a) 대출금 $L = 2,990$ 을 30번 지급하는 기말급연금으로 상환하는 것과 동일하다. $a_{\overline{30}|0.049/12} = 28.1812$ 이므로 월상환액은

$$A = \frac{L}{a_{\overline{30}|0.049/12}} = \frac{2990}{28.1812} = 106.0989$$

이다.

(b) 대출원금이 6개월 동안 연체된 것으로 볼 수 있으므로 새로운 대출원금은 $L' = 2990 \times (1 + 0.049/12)^6 = 3064.0069$ 이다.

$$A' = \frac{L'}{a_{\overline{30}|0.049/12}} = \frac{2990}{28.1812} = 108.7250$$ □

연습문제 4.2

1. A가 가격이 3,000만원인 자동차를 60개월 할부로 구입하였다.

   (a) 월상환액은 얼마인가?

   (b) A가 지불할 이자 전체 금액은 얼마인가?

   단, 할부이자율은 월별복리의 명목이율 9%이다.

2. 대출금 2억원을 연금형태로 매년 연말에 상환하고 있다. 대출금에 대한 연이율이 8%일 때 5번을 상환한 직후에 잔존원금을 계산하여라.

3. 이율이 월별복리의 명목이율 12%인 30년상환 주택융자금(mortgage)을 매월 말에 70만원씩 상환하고 있다. 조기상환을 위해 매년 말에 100만원을 따로 저축하고 있을 때 10년 째 말에서 잔존원금을 계산하여라.

4. 200만원씩 20번을 지불하여 대출금을 상환하였다. 상환기간 동안 지불한 이자 총액이 500만원이면 대출금은 얼마인가?

5. 대출금 1억원을 매년1,500만원씩 갚고 있다. 첫 번째 상환액에서 원금상환액이685.58만원이다. 이자율을 구하여라.

6. 대출금을 매년 동일한 금액으로 상환하고 있다. 10번째 상환금에서 원금상환분은 10만원이고 11번째 상환금에서 원금상환분은 11만원이다. 15번째 상환금에서 원금상환분을 계산하여라.

7. 월별복리의 명목이율 12%로 이자가 부과되는 대출금의 상환기간이 120개월이다. 월상환금에서 이자부분과 원금부부분의 차이가 최소가 되는 상환시기를 결정하여라.

8. 매년 말에 동일한 금액으로 20년 동안 대출금을 상환하고 있다. 10차년도의 상환액에서 원금부분은 1,000만원이고 15차년도의 상환액 중에서 원금부분은 1,200만원이다. 대출금은 얼마인가?

9. 주택담보 대출금을 매년 말에 5,000만원 씩 20년 동안 상환하고 있다. 10번 상환한 후 2년 동안 상환하지 못하였다. 연간 이자율이 6%일 때 12차년도 말의 잔존원금을 구하여라.

10. 매년 말에 2,200만원씩 대출금을 상환하고 있다. 이자율이 5.4%일 때 5차년 상환액 중에서 이자액을 계산하여라.

11. 대출금 1억원을 매년 1,500만원씩 11년 동안 상환하고 있다. 이자로 지급한 금액을 계산하여라.

12. 이자율이 10%인 20년 상환 대출금에 대해 매년 말에 2,00만원을 상환 중이다. 7번 상환 후에 조기 상환을 계획한다면 얼마를 지불하면 되겠는가? 단, 중도상환 수수료는 없다고 가정한다.

13. 15년 상환하는 대출금 1억원에 대해 대출금을 매년 말에 상환한다. 5번 상환한 직후의 잔존원금과 이자상환액을 계산하여라. 단, 연간실이율은 12%이다.

14. 대출금 1억원을 매년 말에 갚고 있다. 3번 상환한 직후의 잔존원금이 89,575.62만원이면 10번 상환한 직후의 잔존원금은 얼마인가? 단, 연간실이율은 7%이다.

15. 연이자율 2.7%로 대출한 주택융자금 2억원을 30년 동안 매년 말 원리금균등상환하고 있다.
    (a) 매년 말 상환액을 계산하여라.
    (b) 60번 상환 후에 이자율이 3.3%로 변동되었다.
        (i) 계획대로 30년 동안 상환할 때 연상환액을 계산하여라.
        (ii) 이자율 변동 전과 동일한 금액으로 상환할 때 늘어난 상환기간을 구하여라. 단, 마지막 상환금은 후지급한다.

16. 생활자금으로 300만원을 대출받았다. 2년 동안은 이자만 내고 다음 3년 동안 매월 월말에 원리금균등상환으로 대출금을 갚을 예정이다. 이자율이 월별복리의 명목이율 3.6%일 때 상환표를 작성하여라.

4.3 원금일시상환

원금일시상환은 이자만 내다가 만기상환일에 마지막 이자와 원금을 동시에 상환하는 방법이다. 이자율이 매우 낮고 구입한 자산의 가치가 상승할 것으로 기대될 때 구입자금을 상환하는 방법으로 선호된다. 상대적으로 적은 자금으로 상환하다가 자산을 처분하여 차익을 얻으려고 시도하거나 만기에 자산의 잔존가치를 제외한 금액을 추가 투입하여 상환하기도 한다.

4.4절에서 공부할 감채기금법과는 차별된다.

(a) 만기에 상환 원금을 조성하기위해 주기마다 동일금액을 적립하면 감채기금법과 동일해진다.

(b) 채무자에게는 초기비용이 충분하지 않을 때 이용할 수 있는 좋은 방법이지만 채권자의 입장에서는 회수에 대한 리스크를 감수해야 한다.

예제 4.7 대출기간이 5년, 연이율 6%로 대출한 500만원을 원금일시상환으로 상환할 때 상환표를 작성하여라.

풀이 매년 말에 상환하는 이자는 30만원이고 6차년도 말에 원금과 이자의 합 530만을 상환한다. (표 4.4) □

n	연말상환액	이자상환액	원금상환액	잔존원금
0				500
1	30	30	0	500
2	30	30	0	500
3	30	30	0	500
4	30	30	0	500
5	30	30	0	500
6	530	30	500	0
합	680	180	500	

표 4.4: 원금일시상환 - 예제 4.7

연습문제 4.3

1. 주택을 구입하기위해 연이자율이 3%로 3억 5,000만원을 대출하였다.

   (a) 5년 후 원금일시상환으로 상환할 때 상환표를 작성하여라.

   (b) 30년 동안 원리금균등상환으로 상환할 때 지불한 이자 총액은 얼마인가?

4.4 감채기금법

이 절에서는 주기적으로 이자만 갚다가 마지막 주기에 원금(대여금)을 한꺼번에 갚는 상환방법에 대하여 알아본다.

원금을 마지막 상환시점에 갚기위해 원금과 동일한 금액을 조성하여 한꺼번에 원금을 상환한다. 원금을 상환하기위한 별도계획의 유무에 따라 두 가지 상환방법을 생각할 수 있다.

- 원금일시상환 - 원금상환 계획이 불분명
- 감채기금법 - 원금을 (보통) 평준기말급연금으로 조성

원금을 상환하기위한 방법이 분명하고, 특히, 평준기말급연금의 형태로 원금을 조성하는 방법을 **감채기금법**(sinking fund method)이라고 한다.

감채기금법에서도 각 주기마다 원금에 대해 발생한 이자를 상환하는데 이자상환액은 매년 동일하다. 또한 감채기금에는 상환이 종료되는 시점에 대여원금과 같은 금액이 적립되도록 매 주기마다 동일한 금액이 적립된다. 감채기금에 적립되는 돈은 기말급연금으로 종가가 대여금과 같아야한다.

감채기금법으로 부채를 상환하면 이자라는 최소비용만 상환하므로 부담이 적지만 만기에는 원금을 상환해야하므로 상환계획을 잘 세워야한다. 상환기간 동안의 이자율 변동은 은행이나 가계의 리스크를 키울 수 있다.

감채기금법의 주요 요소는 다음과 같다.

- 각 주기의 이자상환액
- 각 주기 감채기금 적립액
- 각주기 상환액=이자상환액+감채기금적립액

감채기금에 적립할 금액은 감채기금의 이자율에 따라 달라지는데 다음 두 경우를 생각한다.

- 대출금에 대한 이자율 = 감채기금의 이자율
- 대출금에 대한 이자율$\neq$ 감채기금의 이자율

4.4.1 감채기금법 : 대출금 이자율 = 감채기금 이자율

원금 L를 감책기금법으로 상환할 때 상환액과 이자상환액을 구해 보자. 이자율이 i이고 n주기에 상환을 완료한다고 가정하자.

(a) 매 주기 이자 지급액 : Li

(b) 감채기금에 적립할 금액 : A

$$As_{\overline{n}|i} = L \implies A = \frac{L}{s_{\overline{n}|i}} = \frac{Li}{(1+i)^n - 1}$$

(c) 매 주기 상환액 : 각 주기의 말에 상환할 금액은 동일하고 상환액은 다음과 같다.

$$Li + \frac{Li}{(1+i)^n - 1} = \frac{Li(1+i)^n}{(1+i)^n - 1} = \frac{L}{\frac{1-v^n}{i}} = \frac{L}{a_{\overline{n}|i}}$$

예제 4.8 대출금 500만원을 6년에 걸쳐 감채기금법으로 상환하려고 계획하고 있다. 상환기간 동안 실연이율이 6% 일 때 감채기금 상환표를 작성하여라.

풀이 상환기간 동안 각 주기에서 이자상환액은 500×0.0630 이고 매 주기 감채기금에 적립해야할 금액은 다음과 같다.

$$\frac{500}{s_{\overline{6}|0.06}} = 500 \times \frac{0.06}{(1+0.06)^6 - 1} = 71.6813$$

따라서 매 주기에 상환할 금액은 이자와 감채기금 적립액으로 101.6813만원이다. 표 4.5는 감채기금법에서의 상환표이다. □

n	상환금	이자상환	감채기금적립액	감채기금의 잔고
0				0.00000
1	101.68131	30.00000	71.68131	71.68131
2	101.68131	30.00000	71.68131	147.66351
3	101.68131	30.00000	71.68131	228.20463
4	101.68131	30.00000	71.68131	313.57822
5	101.68131	30.00000	71.68131	404.07423
6	101.68131	30.00000	71.68131	500.00000

표 4.5: 감채기금 상환표 - 예제 4.8

각 주기 상환액이 1인 감채기금법

감채기금법으로 상환할 때 상환액을 구하는 과정을 공부하였다. 각 주기 말에 상환하는 금액이 동일하므로 기말급연금에 해당한다. 기말급연금에서 배운 내용을 활용할 때 각 주기의 지급액이 1인 경우를 생각하므로 주기 말에 상환하는 금액이 1이라고 가정하자. 그러면

- 대출원금은 $L = a_{\overline{n}|i}$
- 기말에 상환하는 이자 : $i\,a_{\overline{n}|i}$ 이고 $1 - v^n$ 과 같고
- 감채기금에 예치할 금액 : $\frac{L}{s_{\overline{n}|i}} = \frac{a_{\overline{n}|i}}{s_{\overline{n}|i}} = v^n$

이다.

따라서 채무자가 각 주기 말에 상환하는 금액은 $(1 - v^n) + v^n = 1$ 로 동일하다. 표 4.6은 각 주기 말의 상환액이 1인 감채기금법의 상환표이다.

위 관찰로부터 다음 등식이 성립한다.

$$i\, a_{\overline{n}|i} + \frac{a_{\overline{n}|i}}{s_{\overline{n}|i}} = 1 \iff i + \frac{1}{s_{\overline{n}|i}} = \frac{1}{a_{\overline{n}|i}} \tag{4.7}$$

참고 4.1

(a) 대여금에 적용되는 이율과 감채기금에 적용되는 이율이 같으면 원리금균등상환법과 감채기금법이 동일하다.

(b) 상환액이 1이 아닌 경우에는 표 4.6의 각 칸에 상환액을 곱하면 상환표를 작성할 수 있다.

(c) 상환액을 모르는 경우에는 (4.2)를 이용한다.

t	할부상환액	이자상환액	감채기금 적립액	감채기금의 잔고
1	1	$ia_{\overline{n}\rceil} = 1 - v^n$	v^n	$v^n s_{\overline{1}\rceil} = v^n$
2	1	$ia_{\overline{n}\rceil} = 1 - v^n$	v^n	$v^n s_{\overline{2}\rceil}$
$\vdots$	$\vdots$	$\vdots$	$\vdots$	$\vdots$
t	1	$ia_{\overline{n}\rceil} = 1 - v^n$	v^n	$v^n s_{\overline{t}\rceil}$
$\vdots$	$\vdots$	$\vdots$	$\vdots$	$\vdots$
n	1	$ia_{\overline{n}\rceil} = 1 - v^n$	v^n	$v^n s_{\overline{n}\rceil} = a_{\overline{n}\rceil}$
합	n	$n - nv^n$	nv^n	

표 4.6: 감채기금상환표

4.4.2 감채기금법 : 대출금 이자율 ≠ 감채기금 이자율

위에서 설명한 감채기금법에서는 대여금에 적용하는 이자율과 감채기금에 대해 적용되는 이자율이 같다고 가정하였다. 두 이자율이 서로 다른 경우도 고려할 수 있다. 대출금 L에 대한 이자율이 i이고 감채기금의 이자율이 j라고 하자. 그러면

(a) 매 주기 이자 지급액 : Li

(b) 감채기금에 적립할 금액 : A

$$As_{\overline{n}|j} = L \implies A = \frac{L}{s_{\overline{n}|j}} = \frac{Lj}{(1+j)^n - 1}$$

(c) 매 주기 상환액 : 각 주기의 말에 상환할 금액은 동일하고 상환액은 다음과 같다.

$$Li + \frac{L}{s_{\overline{n}|j}} = L\left(i + \frac{1}{s_{\overline{n}|j}}\right)$$

예제 4.9 대출금 500만원을 6년에 걸쳐 감채기금법으로 상환하려고 계획하고 있다. 대출금에 대한 실연이율이 6%이고 감채기금의 이자율이 5%일 때 감채기금 상환표를 작성하여라.

풀이 매년 상환하는 이자는 $500 \times 0.06 = 30$ 만원이다. 이자율이 5%인 감채기금에서 6차년도 말에 500만원을 인출하려면 매년 말에 $500/a_{\overline{6}|0.05} = 73.5087$ 만원을 저축해야 한다. 표 4.7은 감채기금 상환표이다. □

예제 4.8와 비교하면 상환액이 늘어났다. 일반적으로 감채기금의 이자율이 대출금의 이자보다 작으면 더 많은 돈을 적립해야 한다.

n	상환금	이자상환	감채기금적립액	감채기금의 잔고
0				0.00000
1	103.50873	30.00000	73.50873	73.50873
2	103.50873	30.00000	73.50873	150.69290
3	103.50873	30.00000	73.50873	231.73628
4	103.50873	30.00000	73.50873	316.83183
5	103.50873	30.00000	73.50873	406.18216
6	103.50873	30.00000	73.50873	500.00000

표 4.7: 이자율이 다른 감채기금상환표 - 예제 4.9

표 4.7로부터 실제로 상환하는 금액이 대출금에 대한 이자율 6%로 발생하는 이자보다 많다. 곧, 실이자율이 6%보다 크다는 것을 알 수 있다. 그렇다면 실이자율 i^*는 얼마일까?

이자율이 서로 다른 감채기금법에서 각 주기의 말에 상환하는 금액은

$$A = L\left(i + \frac{1}{s_{\overline{n}|j}}\right)$$

이다. 이 금액을 기말급연금으로 지급하여 대여금을 상환하므로 다음 등식이 성립한다.

$$Aa_{\overline{n}|i^*} = L$$

따라서 실질적인 이자율 i^*는 다음 식을 만족시킨다.

$$L\left(i + \frac{1}{s_{\overline{n}|j}}\right) = \frac{L}{a_{\overline{n}|i^*}} \iff i + \frac{1}{s_{\overline{n}|j}} = \frac{1}{a_{\overline{n}|i^*}}$$

예제 4.10 예제 4.9와 같이 상환할 때 실이율은 얼마인지 계산하여라.

풀이 103.50873만원을 6번 지급하는 기말급연금의 현가가 500만원이다. 따라서 방정식

$$103.50873a_{\overline{6}|r} = 500$$

의 해를 구한다. 여기서는 엑셀의 재무함수 IRR(values, [guess])를 써서 계산한다. 이때 실이율은 6.57%이다. □

연습문제 4.4

1. 대출금 1,000만원을 감채기금을 조성하여 상환하려고 한다. 상환기간이 4년일 때 각 경우에 대해 상환표를 작성하여라.
   (a) 대출금의 이자율 8%, 감채기금의 이자율 8%
   (b) 대출금의 이자율 8%, 감채기금의 이자율 6%
   (c) 대출금의 이자율 8%, 감채기금의 이자율 10%
2. 위 문제에서 각 경우에 대해 실이자율을 계산하여라.
3. 1억원의 대출금을 감채기금방법으로 10년 동안 상환하기로 하였다. 대출금에는 연간실이율 6%로 이자가 발생하고 감채기금에는 5%의 이율이 적용된다.
   (a) 감채기금에 매년 적립할 금액은 얼마인가?
   (b) 대출금에 대한 실질적 이자율은 얼마인가?
4. 두 은행에서 대출금 5,000만원에 대한 상환조건이 다음과 같다. 월상환액이 같을 때 대출금에 대해 은행 B가 적용하는 이율을 구하여라.
   - 은행 A : 월별복리의 명목이율 6%로 60개월 동안 원리금균등상환
   - 은행 B : 매월 말에 이자만 지급하고 월별복리의 명목이율 6.6%로 감채기금을 이용하여 원금상환
5. 연이율 4.8%로 대출한 5,000만원을 매년 말에 아래와 같이 상환한다.
   - 수영이는 원리금균등상환
   - 철수는 원금균등상환

   몇차년도부터 수영이의 상환액이 철수의 상환액보다 많은가?
6. 생활자금으로 300만원을 대출받았다. 2년 동안은 이자만 내고 다음 3년 동안 매월 월말에 감채기금을 조성하여 대출금을 갚을 예정이다.
   (a) 대출금에 대한 이자율이 월별복리의 명목이율 4.2%이고 감채기금의 이자율이 월별복리의 연이율 4.8%일 때 상환표를 작성하여라.
   (b) 대출금에 대한 이자율이 월별복리의 명목이율 4.2%이고 감채기금의 이자율이 분기별 복리의 연이율 4.8%일 때 상환표를 작성하여라.

4.5 원금균등상환

원금균등상환은 원금을 상환횟수로 나눈 액수에 (잔존원금에 대한) 이자를 더한 금액을 주기 말에 상환방법이다. 원금 L를 원금균등상환으로 상환할 때 상환액과 이자상환액을 구해 보자. 단, 상환기간 동안 이자율이 i이고 n주기에 상환을 완료한다고 가정한다.

(a) 매 주기 원금상환액 : $\frac{P}{n}$

(b) k번째 주기의 이자 : $(k-1)$번 째 상환 후의 잔존원금에 대한 이자

$$[P-(k-1)P/n]*i = \frac{n-k+1}{n}Pi$$

(c) 매 주기 상환액 : 원금상환액+이자

$$\frac{P}{n} + \frac{n-k+1}{n}Pi = P\Big(\frac{1}{n} + \frac{n-k+1}{n}i\Big)$$

예제 4.11 대출금 500만원을 6년에 걸쳐 원금균등상환법으로 상환하려고 계획하고 있다. 상환기간 동안 실연이율이 6% 일 때 상환표를 작성하여라.

풀이 매년 원금이 $500/6 = 83.3333$만원씩 감소하고 이자도 감소한다. 전체적으로 상환액이 초반에 가장 크고 시간이 흘러갈수록 적다. (표 4.8 참조) □

n	상환금	이자상환	원금상환	잔존원금
0				500.00000
1	113.33333	30.00000	83.33333	416.66667
2	108.33333	25.00000	83.33333	333.33333
3	103.33333	20.00000	83.33333	250.00000
4	98.33333	15.00000	83.33333	166.66667
5	93.33333	10.00000	83.33333	83.33333
6	88.33333	5.00000	83.33333	0.00000

표 4.8: 원금균등상환 - 예제 4.11

참고 4.2 연이자율이 6%라고 가정하고 대출금 500만원을 6년에 걸쳐 상환할 때 지불한 이자를 비교해 보자.

- 원리금균등상환 : 110.08789
- 감채기금법 : 110.08789만원. 단, 감채기금의 이자율은 6%로 가정
- 원금균등상환 : 105만원

4.6 변액상환에서의 잔존원금

앞에서는 n번 상환하면 잔존원금이 0이 되는 경우를 중점적으로 살펴보았다. 이 절에서는 상환금액이 동일하지 않은 경우의 잔존원금 계산에 대하여 자세히 알아보겠다.

4.6.1 과거법에 의한 잔존원금 계산

대출금 L에 대해 기말에 $C_1, C_2, \ldots, C_t$를 상환했을 때 상환한 직후의 잔존원금을 계산해 보자. 상환이 종료되지 않았을 뿐만아니라 미래의 상환액도 알 수 없으므로 과거법에 의해서만 잔존원금을 계산할 수 있다. 상환금 C_t는 이자상환분과 원금상환분으로 나누어진다.

$$C_t = \underbrace{iL_{t-1}}_{\text{잔존원금의 이자}} + \underbrace{(C_t - iL_{t-1})}_{\text{원금상환분}} \tag{4.8}$$

이제 기존의 잔존원금에서 원금상환분을 빼면 새로운 잔존원금이 계산된다. 자세히 쓰면 아래와 같다.

$$\begin{aligned} L_t &= L_{t-1} - (C_t - iL_{t-1}) & (4.9)\\ &= (1+i)L_{t-1} - C_t \\ &= L(1+i)^t - \sum_{k=1}^{t} C_k(1+i)^{t-k} & (4.10) \end{aligned}$$

(4.10)을 계산할 때 잔존원금 계산 시점 이전에 상환된 금액의 적립가를 사용하고 있다. 이런 의미에서 (4.10)을 써서 잔존원금을 계산하는 방식을 **과거법**이라고 한다.

상환금 C_t가 잔존원금 L_{t-1}에 대한 이자보다 작아서 원금상환분이 음수가 되면, 즉, $C_t - iL_{t-1} < 0$이면 상환 후에 잔존원금이 더 커질 수 있다.

참고 4.3 L을 대출한 후 원하는 시점에 임의의 액수를 입금할 수 있고 만료시점의 잔고가 L이면 계약이 종료된다고 하자.

1. 이자가 계산되는 시점에만 상환이나 인출이 있다고 가정하면 잔존원금의 계산은 (4.9)를 따른다.
2. 이자 계산 중간에 임의의 시점에서 인출한다면 미리 정한 방법으로 잔존원금을 계산한다.

예제 4.12 (잔존원금이 증가하는 상환) 2,000만원을 은행에서 대출한 동규가 최초 3년은 매년 100만원, 다음 2년은 200만원, 다음 4년은 500만원을 연말에 상환하였다. 단, 연이율은 6%이다.

(a) 지금까지 상환한 금액의 대출상환표를 작성하여라.

(b) 9번 째 상환한 직후의 잔존원금을 구하여라.

(c) 상환을 완료하기위해 동규가 10차년도에 갚은 금액을 계산하여라.

풀이 (a) 엑셀을 이용하여 계산한다. (표 4.9)

(b) 219.9097 만원 (b) 9차년도의 잔존원금의 1년 후 원리합계를 구한다. 따라서 최종상환액은 $219.9097(1+0.06) = 233.1042$ 만원이다. □

n	상환금	이자상환	원금상환	잔존원금
0				2000
1	100	120.0000	-20.0000	2020.0000
2	100	121.2000	-21.2000	2041.2000
3	100	122.4720	-22.4720	2063.6720
4	200	123.8203	76.1797	1987.4923
5	200	119.2495	80.7505	1906.7419
6	500	114.4045	385.5955	1521.1464
7	500	91.2688	408.7312	1112.4152
8	500	66.7449	433.2551	679.1601
9	500	40.7496	459.2504	219.9097

표 4.9: 동규의 대출상환표 - 예제 4.12

대출금 L을 기말급 변동연금의 형태로 상환하고 있다. 이 때 상환액이 $C_1, C_2, \ldots, C_n$이라고 하자. n번째 상환한 직후 상환이 완료되어야하므로 $L_n = 0$이다. 그러므로 다음 등식이 나온다.

$$\begin{aligned} L &= \frac{C_1}{1+i} + \frac{C_2}{(1+i)^2} + \cdots + \frac{C_n}{(1+i)^n} = \sum_{k=1}^{n} \frac{C_k}{(1+i)^k} \\ &= \sum_{k=1}^{n} C_k v^k \quad \text{단, } v = \frac{1}{1+i} \end{aligned} \tag{4.11}$$

등식 (4.11)은 n번 째 상환금을 낸 후에 상환이 완료되면 상환금으로 구성된 현금흐름의 현가가 대출금과 같다는 것을 말해준다.

예제 4.13 영수가 연말에 학자금 대출을 다음과 같이 상환하면 대출금을 모두 갚게 된다.

n	1	2	3	4	5	6	7	8	9	10	11	12
상환액	200	200	200	200	300	300	300	300	400	400	400	400

연이율이 6%일 때 다음 문제에 답하여라.

(a) 학자금으로 대출한 금액은 얼마인가?

(b) 대출상환표를 작성하여라.

풀이 (a) 각 상환액의 현가를 모두 더한 금액인 현가는 다음과 같다.

$$200a_{\overline{4|}} + 300v^4 a_{\overline{4|}} + 400v^8 a_{\overline{4|}} = 2386.0476$$

(b) 엑셀을 이용하여 작성하면 표 4.10과 같다. k번 째 상환에서 이자부분은 $(k-1)$번 째 상환직후의 원금에 대한 이자이다. 한편, 원금부분은 상환액에서 이자부분을 뺀 값이다. □

n	상환액	이자상환	원금상환	잔존원금
0				2386.0476
1	200	143.162858	56.83714197	2329.2105
2	200	139.7526295	60.24737049	2268.9631
3	200	136.1377873	63.86221272	2205.1009
4	200	132.3060545	67.69394548	2137.4070
5	300	128.2444178	171.7555822	1965.6514
6	300	117.9390829	182.0609171	1783.5905
7	300	107.0154278	192.9845722	1590.6059
8	300	95.4363535	204.5636465	1386.0422
9	400	83.1625347	316.8374653	1069.2048
10	400	64.15228679	335.8477132	733.3571
11	400	44.00142399	355.998576	377.3585
12	400	22.64150943	377.3584906	0.0000

표 4.10: 학자금 대출상환표 - 예제 4.13

4.6.2 장래법에 의한 잔존원금 계산

상환액이 $C_1, C_2, \ldots, C_n$인 기말급 변동연금의 형태로 지급하면 대출금 L의 상환이 끝난다고 하자. 그러면 L을 다음과 같이 쓸 수 있었다.

$$L = \sum_{k=1}^{n} C_k v^k \quad \text{단, } v = \frac{1}{1+i}$$

상환을 완료하는 현금흐름이 주어지면 상환 직후의 잔존원금을 장래법으로 계산할 수 있다. t번 째 상환금을 지불한 직후에 잔존원금은 미래 상환액의 현가를 합한 금액과 같다. 이 방법을 **장래법**이라고 한다. 이제 장래법에서의 잔존원금 L_t은 다음과 같다.

$$L_t = C_{t+1}v + C_{t+2}v^2 + \cdots + C_n v^{n-t} = \sum_{t=k+1}^{n} C_t v^{t-k} \tag{4.12}$$

참고 4.4 원리금균등상환에서 잔존원금을 계산할 때 장래법과 과거법의 결과는 동일하였다. 변액상환에서도 장래법에서 계산한 잔존원금 (4.10)과 과거법에 의한 계산 결과 (4.12)는 동일하다.

예제 4.14 대출금을 10년 동안 갚고 있다. 1차년도 말에 100만원, 2차년도 말에 150만을 갚는다. 6차년도까 매년 50만원이 늘어난 금액을 상환하고 7차년도부터는 400만원을 상환한다. 단, 상환기간 동안의 이자율은 6%이다.

(a) 대출원금을 계산하여라.

(b) 3차년도의 상환금에서 이자상환액과 원금상환액을 계산하여라.

풀이 (a) 현금흐름은 증액연금과 기말급 거치연금을 합한 형태이고 각 연금의 현가를 더해주면 된다.

- 증액연금 : $P = 100$, $Q = 50$이고 6번 지급되는 증액연금
- 거치기간이 6년인 기말급연금

$a_{\overline{6}|0.06} = 4.91732$, $a_{\overline{4}|0.06} = 3.46511$이므로 대출원금은 다음과 같다.

$$
\begin{aligned}
L &= 100a_{\overline{6}|i} + 50\frac{a_{\overline{6}|i} - 6v^6}{i} + 400v^6 a_{\overline{4}|i} \\
&= 100 \times 4.91732 + 50\frac{4.91732 - 6 \times 1.06^{-6}}{0.06} + 400 \times 1.06^{-6} \times 3.46511 \\
&\approx 2041.8
\end{aligned}
$$

(b) 2차년도에 상환 직후의 잔존원금 L_2를 알아야한다. 과거법을 이용하여 계산하는 것이 편리하고 L_2는 다음과 같다.

$$
\begin{aligned}
L_2 &= L(1+i)^2 - C_1(1+i) - C_2 = 2041.8 \times 1.06^2 - 100 \times 1.06 - 150 \\
&= 2038.172
\end{aligned}
$$

따라서 3차년도 상환액 $C_3 = 200$으로 잔존원금에 대해 발생한 이자 $L_2 i = 122.29$를 지불할 수 있고 원금상환분은 $200 - 122.29 = 77.81$이다. □

연습문제 4.6

1. 10년 동안 t차 년도 말에 $1000t$를 상환하여 대출금을 갚으려고 계획하고 있다. 장래법과 과거법을 써서 세번 상환한 직후의 잔존원금을 계산하여라. 단, 대출금의 이자율은 $i = 0.06\%$이다.

2. 4년 전에 대출한 대출금 1억원을 20년 동안 상환하고 있다. 4년 동안의 상환 내역이 다음과 같다.

- 1차년도 말에 500만원을 처음으로 상환
- 2차년도 말에 750만원을 상환
- 3차년도 말에 1,000만원을 상환
- 4차년도 말에 1,250만원을 상환

이자율이 6%일 때 4번째 상환한 직후의 잔존원금을 계산하여라.

3. 준호는 올해 연말부터 주택구입자금으로 대출한 2억원을 상환한다. 최초의 상환금은 1,000만원이고 이후 급여의 인상율 5%를 고려하여 매년 5%씩 상환금을 늘릴 예정이다. 5번 상환한 직후의 잔존원금을 계산하여라. 단, 이자율은 연이율 2.8%이다.

4. 연이율 4%일 때 대출금 2,000만원을 다음과 같이 상환한다.
   - 처음 4년은 연말에 300만원
   - 5년 째부터는 연말에 400만원

   (a) 마지막 상환금이 400만원보다 많을 때 상환표를 작성하여라.
   (b) 마지막 상환금이 400만원보다 적을 때 상환표를 작성하여라.

CHAPTER 5

분할지급 확정연금

3장에서는 이자계산주기와 지급주기가 같을 때 여러 형태의 연금에 대해 현가와 종가를 계산하는 과정에 대하여 공부하였다. 이자를 계산하는 시점에 지급이 이루어지면 각 지급액의 현가를 계산하는 것이 쉽기때문에 연금의 가치를 계산하는 과정을 쉽게 이해할 수 있다. 이 장에서 다룰 분할지급 확정연금이란 이자계산주기 동안에 지급액이 m 회에 나누어 지급되는 연금이다.

이자계산주기와 지급주기가 일치하지않는 경우도 실생활에서 접할 수 있다. 다음은 한번의 이자계산주기 동안 지급이 여러 번 발생하는 예이다.

- 1주일마다 지급이 이루어지지만 1개월마다 이자를 계산
- 1개월마다 지급이 이루어지지만 분기마다 이자 계산
- 6개월, 3개월 또는 1개월마다 지급이 이루어지지만 일년에 한번 이자 계산

이 장에서는 이자계산주기에 여러 번의 지급이 주기적으로 이루어질 때 연금의 현가와 종가를 계산하는 요령에 대하여 공부한다. 각 지급액의 현가를 계산할 때 적절한 이자율을 이용할 수 없으므로 계산에 곤란을 겪을 수도 있다. 이런 경우에 우리는 지급주기에 맞춰 특정 이자율을 도입하여 문제점을 해결하고 여러 형태의 연금에 대한 종가와 현재가치를 계산한다. 이 과정에서 동등한 명목이율, 명목할인율, 실이율 등이 사용된다.

5.1 m 회 분할지급 평준 확정연금

이 절에서는 각 이자계산주기 동안에 같은 금액이 여러 번 지급되고 지급 금액의 합이 각 주기마다 동일한 연금에 대하여 알아 본다. 지급횟수에 따라 세 형태의 연금을 생각한다.

- n 번의 이자계산주기 동안 지급될 때
- 최초 지급이 k 주기 동안 연기될 때
- 지급이 영원히 계속될 때

이자계산주기가 지급주기보다 긴 경우에 계산이 조금 복잡해지는데 지급주기와 이자계산주기를 일치시키는 이자율을 도입하겠다. 이를 위해 주어진 이자율과 동등한 명목이율을 구해서 사용한다. 이런 접근 방식은 3장의 결과를 그대로 활용할 수 있고 직관적으로 이해하기 쉽도록 만들어준다.

먼저 이자계산주기에 적용되는 이자율 i와 동등한 명목이자율 $i^{(m)}$을 도입하자. 1.4절에서 $i^{(m)}$이 다음과 같이 주어지는 것을 확인하였다.

$$i^{(m)} = m\Big[(1+i)^{\frac{1}{m}} - 1\Big]$$

연금의 지급주기는 이산계산주기의 $\frac{1}{m}$이고 적용되는 이자율은 $\frac{i^{(m)}}{m}$이다. 이때 지급주기마다 적용되는 복리 이자율, 복리요소(accumulation factor) 및 현가요소(present value factor)는 다음과 같이 쓰자.

- 연금지급주기 당 이자율 : $j := \frac{i^{(m)}}{m} = (1+i)^{\frac{1}{m}} - 1$
- 복리 요소 : $1+j = (1+i)^{\frac{1}{m}}$
- 현가요소 : $w := \frac{1}{i+j} = (1+i)^{-\frac{1}{m}} = v^{\frac{1}{m}}$ 단, $v = \frac{1}{1+i}$이다.

한편, i와 동등한 할인율 및 명목할인율 $d^{(m)}$은 다음과 같다.

- 동등한 할인율 : $d = \frac{i}{1+i}$
- 동등한 명목할인율 : $d^{(m)} = m\Big[1-(1-d)^{\frac{1}{m}}\Big] = m\big(1-v^{\frac{1}{m}}\big)$
- 연금지급주기 당 할인율 : $d_j := \frac{d^{(m)}}{m} = 1-(1-d)^{\frac{1}{m}} = 1 - v^{\frac{1}{m}}$

5.1.1 n 이자계산주기 동안 분할지급되는 확정연금

여기서는 연금이 n 번의 이산계산주기 동안 지급되고 각각의 이자계산주기 동안 금액 $\frac{1}{m}$이 m번 분할 지급되는 연금을 생각한다.

이 절에서 사용하는 기호 설명 및 약속

중요 가정 - 이자계산주기에 지급되는 금액의 합은 1이다.

- i : 이자계산주기의 이자율
- n : 연금 지급기간 (단, 단위는 이자계산주기)
- m : 이자계산주기에 분할하여 연금을 지급하는 횟수
- $\frac{1}{m}$: 연금 지급기간당 지급되는 금액
- mn : 연금기간 중 연금을 지급하는 전체 횟수

m번 분할지급하는 기말급연금
지급주기는 이자계산주기의 $\frac{1}{m}$이고 지급주기 말에 금액 $\frac{1}{m}$이 지급된다. 지급기간은 n 이자계산주기 이다. (그림 5.1 참조)

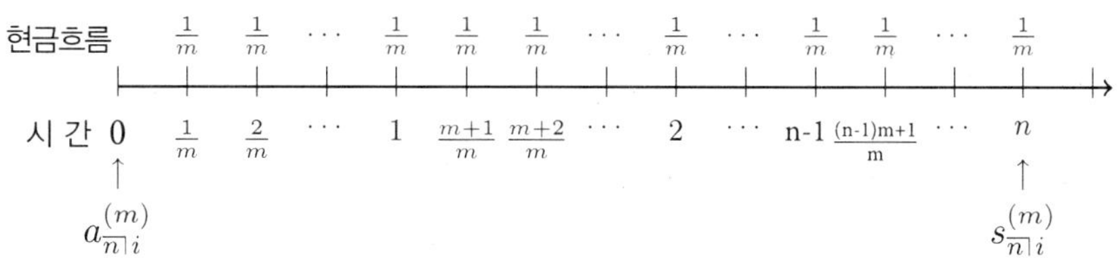

그림 5.1: m회 분할지급 기말급 연금

n주기 동안 m번 분할지급하는 기말급연금의 현가를 $a_{\overline{n}|i}^{(m)}$으로 나타낸다. 총지급횟수가 mn이고 지급주기당 적용되는 이자율이 j이므로 $a_{\overline{n}|i}^{(m)}$는 다음과 같이 계산한다.

$$\begin{aligned} a_{\overline{n}|i}^{(m)} &= \frac{1}{m}(w + w^2 + \cdots + w^{mn}), \quad w = \frac{1}{1+j} \\ &= \frac{1}{m} a_{\overline{mn}|j} \\ &= \frac{1-w^{mn}}{jm} \\ &= \frac{1-v^n}{i^{(m)}} \qquad (\because\ w = v^{\frac{1}{m}},\ jm = i^{(m)}) \end{aligned}$$

한편, 분할지급 기말급 연금의 미래가(종가) $s_{\overline{n}|i}^{(m)}$는 현가 $a_{\overline{n}|i}^{(m)}$의 n주기 후 적립가와 같아진다. 따라서 분할지급 기말급연금의 송가는 다음과 같다.

$$\begin{aligned} s_{\overline{n}|i}^{(m)} &= a_{\overline{n}|i}^{(m)}(1+i)^n \\ &= \frac{(1+i)^n - 1}{i^{(m)}} \qquad (\because\ (1+j)^m = 1+i,\ jm = i^{(m)}) \end{aligned}$$

표 5.1은 연이율이 6%일 때 1년에 200만원을 기말급으로 4회에 분할지급하는 연금의 현가와 종가를 보여준다.

예제 5.1 대출금 1,500만원을 5년 동안 매 분기 말에 상환하려고 한다. 상환액을 계산하여라. 단, 이자율은 반기복리의 이율 6%이다.

풀이 반기(6개월) 동안 2번 상환한다. 분기에 상환하는 금액을 A로 두면 이자계산주기에 지급할 금액은 $2A$, 이자율은 $i = 3\%$, 지급기간은 $n = 10$, $m = 2$에 해당하고 다음 등식이 성립한다.

$$2Aa_{\overline{10}|0.03}^{(2)} = 1500$$

지급시점	지급액	지급액의 현가		지급액의 종가
0				
0.25	50	49.5121		57.9222
0.5	50	49.0290		57.3570
0.75	50	48.5506		56.7974
1	50	48.0769		56.2432
1.25	50	47.6078		55.6944
1.5	50	47.1433		55.1510
1.75	50	46.6833		54.6129
2	50	46.2278		54.0800
2.25	50	45.7768		53.5523
2.5	50	45.3301		53.0298
2.75	50	44.8878		52.5124
3	50	44.4498		52.0000
3.25	50	44.0161		51.4926
3.5	50	43.5866		50.9902
3.75	50	43.1613		50.4927
4	50	42.7402		50.0000
합계		연금의 현가=736.7798		연금의 종가=861.9281

표 5.1: 4회분할지급하는 기말급연금의 현가와 종가

$i^{(2)} = 2(1.03^{\frac{1}{2}} - 1) = 0.02978,\ a^{(2)}_{\overline{10}|0.03} = \frac{1-1.03^{-10}}{0.02978} = 8.5937$ 이므로 분기말 상환액은 다음과 같다.

$$A = \frac{750}{a^{(2)}_{\overline{10}|0.03}} = \frac{750}{8.5937} = 87.2722\text{ 만원}$$

m 번 분할지급하는 기시급연금

지급주기는 $\frac{1}{m}$-이자계산주기이고 지급주기 초에 금액 $\frac{1}{m}$ 이 n 이자계산주기 동안 지급되는 연금이다. (그림 5.2)

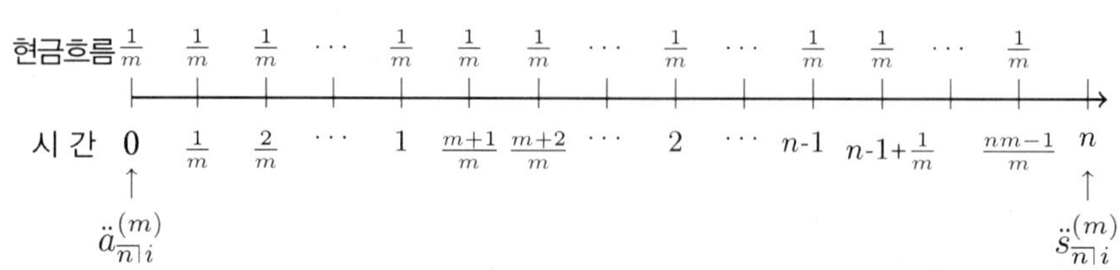

그림 5.2: m 회 분할지급 기시급 연금

이 분할지급 기시급연금의 현가를 $\ddot{a}^{(m)}_{\overline{n}|i}$ 으로 나타낸다. 총지급횟수가 mn 이고 지급

주기당 적용되는 이율이 j이므로 이 연금의 현가는 다음과 같이 계산한다.

$$\begin{aligned}
\ddot{a}_{\overline{n}|i}^{(m)} &= \frac{1}{m}\Big(1 + w + w^2 + \cdots + w^{mn-1}\Big) \quad w = 1/(1+j) \\
&= \frac{1}{m}\ddot{a}_{\overline{mn}|j} \\
&= \frac{1 - w^{mn}}{d_j m} \\
&= \frac{1 - v^n}{d^{(m)}} \qquad (\because \ w = v^{\frac{1}{n}}, \ d_j m = d^{(m)} \quad)
\end{aligned}$$

한편, 이 기시급 연금의 미래가(종가) $\ddot{s}_{\overline{n}|i}^{(m)}$는 현가 $\ddot{a}_{\overline{n}|i}^{(m)}$의 n주기 후 적립가와 같아진다. 따라서 다음 식을 써서 **분할지급 기시급연금의 종가**를 구할 수 있다.

$$\begin{aligned}
\ddot{s}_{\overline{n}|i}^{(m)} &= \ddot{a}_{\overline{n}|i}^{(m)}(1+i)^n \\
&= \frac{(1+i)^n - 1}{d^{(m)}}
\end{aligned}$$

지급시점	지급액	지급액의 현가		지급액의 종가
0	50	50.0000		58.4929
0.25	50	49.5121		57.9222
0.5	50	49.0290		57.3570
0.75	50	48.5506		56.7974
1	50	48.0769		56.2432
1.25	50	47.6078		55.6944
1.5	50	47.1433		55.1510
1.75	50	46.6833		54.6129
2	50	46.2278		54.0800
2.25	50	45.7768		53.5523
2.5	50	45.3301		53.0298
2.75	50	44.8878		52.5124
3	50	44.4498		52.0000
3.25	50	44.0161		51.4926
3.5	50	43.5866		50.9902
3.75	50	43.1613		50.4927
4				
합		연금의 현가=744.0395		연금의 종가=870.4210

표 5.2: 4회 분할지급하는 기시급연금의 현가와 종가

표 5.2는 1년에 200만원을 기시급으로 4회에 분할지급하는 연금의 현가와 종가를 보여준다. 단, 연이율은 6%이다.

예제 5.2 매 분기 초에 50만원씩 적금을 붓고 있다. 5년 후에 찾는 금액을 계산하여라. 단, 연간이자율은 6%이다.

풀이 200만원을 4번 분할하여 5년 동안 (은행에) 지급하는 분할지급 기시급연금의 종가를 구하는 문제이다. 종가 $200\ddot{s}^{(4)}_{\overline{5}|}$ 를 계산하려면 명목할인율 $d^{(4)}$ 를 구할 필요가 있다. $d^{(4)} = 4(1-1.06^{-\frac{1}{4}}) = 0.0578465$ 이므로 찾을 수 있는 금액은

$$200s^{(4)}_{\overline{5}|} = 200 \times \frac{(1+0.06)^5 - 1}{0.0578465} = 1169.3889 \text{ 만원}$$

이다. □

3장에서와 비슷하게 m 회 분할지급하는 평준연금의 현가와 종가 사이에는 다음 관계가 성립한다.

(i) 1주기 지급액의 현가와 종가

(a) $a^{(m)}_{\overline{1}|i} = \frac{1-v}{i^{(m)}} = \frac{d}{i^{(m)}}$, $s^{(m)}_{\overline{1}|i} = \frac{i}{i^{(m)}}$

(b) $\ddot{a}^{(m)}_{\overline{1}|i} = \frac{d}{d^{(m)}}$, $\ddot{s}^{(m)}_{\overline{1}|i} = \frac{i}{d^{(m)}}$

(ii) 기본 평준연금과의 관계

(a) $a^{(m)}_{\overline{n}|i} = s^{(m)}_{\overline{1}|i} a_{\overline{n}|i} = \frac{i}{i^{(m)}} a_{\overline{n}|i}$

(b) $s^{(m)}_{\overline{n}|i} = s^{(m)}_{\overline{1}|i} s_{\overline{n}|i} = \frac{i}{i^{(m)}} s_{\overline{n}|i}$

(c) $\ddot{a}^{(m)}_{\overline{n}|i} = \ddot{s}^{(m)}_{\overline{1}|i} a_{\overline{n}|i} = \frac{i}{d^{(m)}} a_{\overline{n}|i}$

(d) $\ddot{s}^{(m)}_{\overline{n}|i} = \ddot{s}^{(m)}_{\overline{1}|i} a_{\overline{n}|i} = \frac{i}{d^{(m)}} s_{\overline{n}|i}$

(iii) 분할지급 기말급 및 분할지급 기시급 사이의 관계

(a) $\ddot{a}^{(m)}_{\overline{n}|i} = a^{(m)}_{\overline{n-\frac{1}{m}}|} + \frac{1}{m}$

(b) $\ddot{s}^{(m)}_{\overline{n}|i} = a^{(m)}_{\overline{n+\frac{1}{m}}|} - \frac{1}{m}$

(c) $\ddot{a}^{(m)}_{\overline{n}|i} = a^{(m)}_{\overline{n}|i}(1+i)^{\frac{1}{m}} = \left(\frac{i}{i^{(m)}} + \frac{i}{m}\right) a_{\overline{n}|i}$

(d) $\ddot{s}^{(m)}_{\overline{n}|i} = s^{(m)}_{\overline{n}|i}(1+i)^{\frac{1}{m}} = \left(\frac{i}{i^{(m)}} + \frac{i}{m}\right) s_{\overline{n}|i}$

5.1.2 m 회 분할지급 거치연금

기본 평준연금에서 최초지급이 연기되는 거치연금을 생각하였듯이 m 회 분할지급하는 경우에도 거치연금을 생각할 수 있다. 최초지급이 k 이자계산주기 동안 거치되는 m 회 분할지급 기말급 거치연금의 현가와 종가는 다음과 같다.

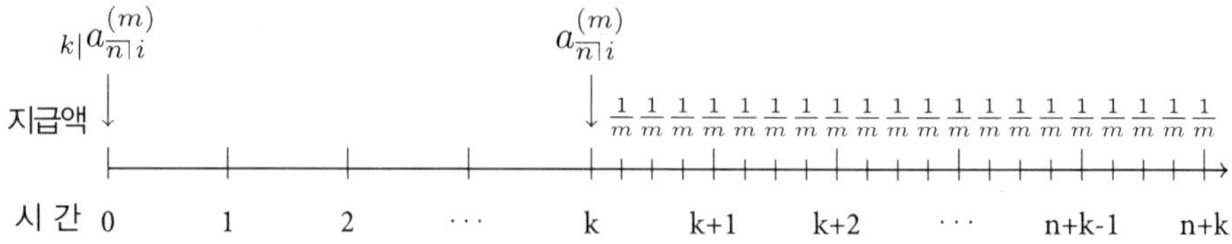

- 현가 : $_{k|}a^{(m)}_{\overline{n}|i} = v^k a^{(m)}_{\overline{n}|i} = a^{(m)}_{\overline{n+k}|} - a^{(m)}_{\overline{k}|} = \frac{v^k - v^{n+k}}{i^{(m)}}$

- 종가 : ${}_{k|}s_{\overline{n}|i}^{(m)} = (1+i)^{n+k}{}_{k|}s_{\overline{n}|i}^{(m)} = \frac{(1+i)^n-1}{i^{(m)}} = s_{\overline{n}|i}^{(m)}$

비슷하게 m회 **분할지급 기시급 거치연금**의 **현가**와 **종가**는 다음과 같다.

- 현가 : ${}_{k|}\ddot{a}_{\overline{n}|i}^{(m)} = v^k\ddot{a}_{\overline{n}|i}^{(m)} = \ddot{a}_{\overline{n+k}|}^{(m)} - \ddot{a}_{\overline{k}|}^{(m)} = \frac{v^k-v^{n+k}}{d^{(m)}}$
- 종가 : ${}_{k|}\ddot{s}_{\overline{n}|i}^{(m)} = (1+i)^{n+k}{}_{k|}\ddot{s}_{\overline{n}|i}^{(m)} = \frac{(1+i)^n-1}{d^{(m)}} = \ddot{s}_{\overline{n}|i}^{(m)}$

예제 5.3 퇴직하신 영수 아버지는 5년 후부터 10년 동안 매월 월말에 100만원의 개인연금을 받는다. 아버지가 올해 목돈이 필요하여 개인연금을 한꺼번에 받으려고 한다면 얼마를 받을 수 있는지 계산하여라. 단, 연이율은 4.8%로 가정한다.

풀이 1200만원을 12회 분할지급하는 5년거치 기말급연금의 현가를 계산하는 문제이다. 동등한 명목이율이 $i^{(12)} = 12\big(1.048^{\frac{1}{12}} - 1\big) = 0.04697529157$이므로 한꺼번에 받는 금액은 다음과 같다.

$$1200 \times \frac{v^5 - v^{15}}{i^{(12)}} = \frac{1.048^{-5} - 1.048^{-15}}{0.04697529157} = 7562.9292\text{만원}$$

□

5.1.3 m회 분할지급 영구연금

각 이자계산주기에 m번 씩 영원히 지급되는 연금의 현가에 대해 알아본다. 생물학적으로 생명이 무한할 수는 없지만 국민연금이나 생명연금이 이 경우에 해당하는 것으로 볼 수 있다.

m회 분할지급 영구연금

각 이자계산주기에 금액 $\frac{1}{m}$이 m번씩 영원히 계속되는 연금으로 $n = \infty$인 경우에 해당한다. 이 연금은 이자율이 j일 때 금액 $\frac{1}{m}$이 주기마다 지급되는 영구연금이다. 금액 $\frac{1}{m}$이 지급주기 말에 지급되는 **분할지급 기말급 영구연금**의 현가 $a_{\overline{\infty}|i}^{(m)}$는 다음과 같다.

$$\begin{aligned} a_{\overline{\infty}|i}^{(m)} &= \frac{1}{m}a_{\overline{\infty}|j} = \frac{1}{m}(w + w^2 + \cdots) \\ &= \frac{1}{m}\frac{1}{j} \\ &= \frac{1}{i^{(m)}} \end{aligned}$$

비슷하게 금액 $\frac{1}{m}$ 이 지급주기의 초에 지급되는 **분할지급 기시급 영구연금**의 현가 $\ddot{a}^{(m)}_{\overline{\infty}|i}$ 는 다음과 같다.

$$\begin{aligned}\ddot{a}^{(m)}_{\overline{\infty}|i} &= \frac{1}{m}\ddot{a}_{\overline{\infty}|j} = \frac{1}{m}(1+w+w^2+\cdots)\\ &= \frac{1}{m}\frac{1}{1-w} = \frac{1}{m}\frac{1}{d_j}\\ &= \frac{1}{d^{(m)}} \quad (\because md_j = d^{(m)})\end{aligned}$$

영구연금을 n 주기 동안 m 번씩 분할지급되는 평준확정연금의 $n \to \infty$ 인 극한으로 이해할 수도 있다.

$$\text{기말급일 때 : } a^{(m)}_{\overline{\infty}|} = \lim_{n\to\infty} a^{(m)}_{\overline{n}|i} = \lim_{n\to\infty}\frac{1-v^n}{i^{(m)}} = \frac{1}{i^{(m)}}$$

$$\text{기시급일 때 : } \ddot{a}^{(m)}_{\overline{\infty}|} = \lim_{n\to\infty} \ddot{a}^{(m)}_{\overline{n}|i} = \lim_{n\to\infty}\frac{1-v^n}{d^{(m)}} = \frac{1}{d^{(m)}}$$

예제 5.4 정수가 올해 1월 1일부터 매달 30만원을 사망할 때까지 받는 영구연금을 구입하였다. 구입가는 얼마일까? 단, 연이율은 6%이다.

풀이 12회 분할지급하는 기시급 영구연금의 현가를 구하는 문제이다. 먼저 명목이율 $i^{(12)}$ 를 계산하자. 1년 동안 받은 금액이 360만원이고 $i^{(12)} = 12(1.06^{\frac{1}{12}}-1) = 0.05841$ 이므로 분할지급하는 영구연금의 구입가는 $360a^{(12)}_{\overline{\infty}|} = 360 \times \frac{1}{i^{(12)}} = 6163.2642$ 만원이다. □

m 회 분할지급 거치영구연금

현재를 기준으로 미래에 영구연금의 지급이 개시될 때 연금의 가치를 계산할 때 사용되는 개념이다. k 번의 이자계산주기가 지난 후부터 지급되는 **분할지급 거치영구연금**의 현가는 다음과 같다.

$$\text{기말급일 때 : } {}_{k|}\ddot{a}^{(m)}_{\overline{\infty}|} = \lim_{n\to\infty} {}_{k|}\ddot{a}^{(m)}_{\overline{n}|i} = \lim_{n\to\infty}\frac{1-v^n}{i^{(m)}}v^k = \frac{v^k}{i^{(m)}}$$

$$\text{기시급일 때 : } {}_{k|}\ddot{s}^{(m)}_{\overline{\infty}|} = \lim_{n\to\infty} {}_{k|}\ddot{s}^{(m)}_{\overline{n}|i} = \lim_{n\to\infty}\frac{1-v^n}{d^{(m)}}v^k = \frac{v^k}{d^{(m)}}$$

예제 5.5 현재 60세인 아버지가 올해 1월 부터 종신연금으로 매월 말에 100만원을 받을 예정이다. 그런데 5년 후부터 연금을 수령하면 더 많은 금액을 받을 수 있다고 한다. 연이율이 7.2%일 때 5년 후부터 매월 받는 금액을 계산하여라.

풀이 종신연금의 현가와 거치연금의 현가가 같음을 이용하여 등식을 유도한다. 5년 후

매월 수령하는 연금 액수가 A라고 하자. 등식

$$12 \times 100 \cdot \frac{1}{i^{(12)}} = 12 \times A(1+0.072)^{-5} \cdot \frac{1}{i^{(12)}}$$

이 성립한다. 이 방정식이 해를 구하면 5년 후에 매월 받는 연금은 $A = 100 \times 1.072^5 = 141.5709$만원이다. □

연습문제 5.1

1. 연이자율이 4.5%일 때 $a_{\overline{5|}}^{(12)}$, $a_{\overline{5|}}^{(4)}$, $a_{\overline{5|}}^{(52)}$ $a_{\overline{5|}}^{(365)}$를 계산하여라.
2. 연이자율이 4.5%일 때 $\ddot{a}_{\overline{5|}}^{(12)}$, $\ddot{a}_{\overline{5|}}^{(4)}$, $\ddot{a}_{\overline{5|}}^{(52)}$ $\ddot{a}_{\overline{5|}}^{(365)}$를 계산하여라.
3. 지금 5,000만원을 은행에 신탁하면 20년 후부터 10년동안 매월 말에 일정액을 지급받을 수 있다. 연금수령을 5년 늦출 때 매월 얼마를 받을 수 있는지 계산하여라. 단, 연이율이 6%이다.
4. 생활자금 300만원을 대출받은 영민이가 2년 후부터 매월 월말에 동일금액으로 상환할 예정이다. 이자율이 분기별복리의 명목이율 4%일 때 월상환액을 계산하여라.
5. 지난 20년간 매월 초에 종신보험료를 납부한 부모님이 다음 달부터 매월 초에 180만원을 평생 동안 지급받는다.
   (a) 부모님이 납부한 종신보험료의 종가를 계산하여라.
   (b) 연금수령을 2년 미루면 매월 얼마를 받는가?
   (c) 연금수령기간을 20년으로 줄일 때 매월 받는 금액은?
   단, 연간실이율은 4.8%이다.
6. 10년 전에 보험회사에 일시금을 지불한 부모님이 한달 후부터 매월 240만원을 평생 지급받는다. 연이율이 3.6%일 때 보험회사에 지불한 금액을 계산하여라.
7. 할머니가 노인연금으로 매월 말에 30만원씩 2년 동안 받은 돈을 은행에 저축하였다고 한다. 은행계좌의 잔고를 계산하여라. 단, 연이자율은 5.4%이다.
8. 영미가 매월 월말에 10만원씩 은행에 저축한다. 4년 후 은행계좌에서 찾을 수 있는 금액을 계산하여라. 단, 이자율은 분기별복리의 6%이다.
9. 아래의 대출조건이 동일할 때 A를 구하여라. 단, 대출금에는 분기별복리의 이율 6%가 적용된다.
   - 매월 말에 100만원씩 4년 동안 상환
   - 3년 동안 매년 말에 A씩 상환
10. 5년 전부터 매월 초에 받은 30만원을 연이율 3.6%로 투자하였다. 2개월 후에 은행계좌를 정리한다면 얼마를 찾는지 계산하여라.

11. 20년 후에 은퇴하는 나는 은퇴한 후 매월 초에 200만원을 25년 동안 받길 원한다.
    (a) 지금 일시금으로 얼마를 예치하면 매월 200만원을 받는가?
    (b) 지금부터 10년 동안 매년 말에 얼마를 예치하면 되는지 계산하여라.
    (c) 지금부터 10년 동안 매분기 말에 얼마를 예치하면 되는지 계산하여라.
    (d) 지금부터 10년 동안 매월 말에 얼마를 예치하면 되는지 계산하여라.

    단, 연이율은 6%로 가정한다.
12. 지금 5,000만원을 은행에 신탁하면 20년 후부터 10년동안 매월 말에 일정액을 지급받을 수 있다. 연이율이 6%일 때 매월 얼마를 받는지 계산하여라.
13. 위 문제에서 매월 초에 받는 다면 얼마를 받을 수 있는가?
14. 1,000만원을 투자하면 한달 후부터 매월 200만원의 수익이 발생한다. 몇 개월 후부터 투자금을 회수하는지 계산하여라. 단, 연이자율은 4.5%이다.
15. 현규는 재학시절 대출한 학자금을 졸업한 후 6년이 지난 올해 초부터 매월 말에 50만원씩 5년동안 상환해야한다. 대출한 학자금을 올해 말에 한꺼번에 상환할 때 일시금 상환액을 계산하여라. 단, 연간실이율은 3.6%이다.
16. 영국 프로축구에 진출한 선수가 매주 10만 달러를 주급으로 받고 있다. 2년 동안 받은 급여를 은행에 예치했을 때 은행의 잔고를 계산하여라. 단, 이율은 분기별복리의 명목이율 4.8%이고 1년은 52주로 간주한다.
17. 미국 프로야구 선수의 연봉 계약이 다음과 같다. (단위는 백만 달러이다.)

년도	1차년도	2차년도	3차년도	4차년도	5차년도	6차년도	7차년도
연봉	13	15	17	19	21	23	25

    (a) 이 연봉계약의 현가를 계산하여라.
    (b) 매월 동일 금액으로 7년 동안 받을 때 받는 금액을 계산하여라.

    단, 연이율은 5%이다.
18. 매월 초에 50만원을 5년 동안 납부하는 조건으로 자동차를 구입할 수 있다. 연이율이 6.6%일 때 일시금으로 구입할 수 있는 금액은 얼마인가?
19. $i^{(4)} = 0.06$이고 $a^{(p)}_{\overline{n|}} = 30$, $s^{(p)}_{\overline{n|}} = 50$일 때 n을 구하여라. 단, $i^{(p)}$와 $i^{(4)}$는 동등하다.
20. 매년 1,000만원을 20년 동안 은행에 저축했던 계좌에서 매 분기마다 동일액수를 10년 동안 인출하여 생활비로 사용하려고 한다. 최초의 인출은 은행에 마지막으로 저축한 시점으로부터 3개월 후이다. 연간실이율이 6%일 때 매분기에 인출하는 금액을 계산하여라.
21. 은퇴 후 필요한 생활비를 마련하기위해 올해부터 20년 동안 매분기 초에 300만원을 저축할 예정이다.
    (a) 20년 후 종가는 얼마인가?
    (b) 마지막 저축 후 3개월이 지난 시점부터 30년 동안 매월 초에 동일한 금액을 생활비로 사용할 때 매월 받는 금액을 계산하여라.

단, 연이율은 4.8%로 가정한다.

22. 복권 당첨금 14억원을 다음과 같이 수령할 수 있다. 연이율이 5.2%일 때 각각의 경우에 수령액을 계산하여라.
   (a) 5년거치 후 일시불
   (b) 10년 동안 매월 월말에 지급받는 평준연금
   (c) 매주 초에 지급받는 영구연금
   (d) 매년 초에 지급받는 영구연금

23. 미국 프로야구 선수가 연봉 2,400만 달러를 5년 동안 받기로 계약하였다. 올해부터 연봉을 2주마다 나누어 지급받을 때 받을 연봉의 현가와 종가를 계산하여라. 단, 연이율은 3.6%이다.

24. 분기마다 400만원을 10년 동안 지급하는 기말급연금을 1억원에 구입하였다. 월별복리의 명목이율을 계산하여라.

5.2 m회 분할지급 변액연금

이 절에서는 각 이자계산주기에 m회 지급되는 연금에 대해 현가와 종가를 계산하는 문제를 생각한다. 각 이자계산주기에 지급된 전체금액이 이 주기마다 다르므로 변액연금에 해당한다. 지급액이 규칙성을 갖지않으면 간결한 공식 유도가 불가능하므로 각 이자계산주기에 지급되는 총액이 등차수열을 이루는 경우만 다루기로 한다.

각 이자계산주기의 총지급이 다음과 같다고 가정하자.

$$P, P+Q, P+2Q, \ldots, P+(n-1)Q$$

각 지급액이 m번에 걸쳐 동일하게 지급되므로

- 첫 번째 이자계산주기에는 연금 지급주기마다 금액 $\frac{P}{m}$이 지급되고,
- 두 번째 이자계산주기에는 연금 지급주기마다 금액 $\frac{P+Q}{m}$이 지급되고,
- $\cdots$
- n 번째 이자계산주기에는 연금 지급주기마다 금액 $\frac{P+(n-1)Q}{m}$이 지급된다.

이 지급액이 지급되는 시점에 따라 기말급과 기시급이 나누어진다. 분할지급 변액연금의 현가 계산의 편의를 위해 각 이자계산주기에 지급된 금액의 현가, 주기 초 현가 및 주기 말 종가를 계산하자. 이 계산 결과는 분할지급 변액연금의 현가를 계산할 때 활용된다.

- 첫 번째 이자계산주기 지급액의 가치

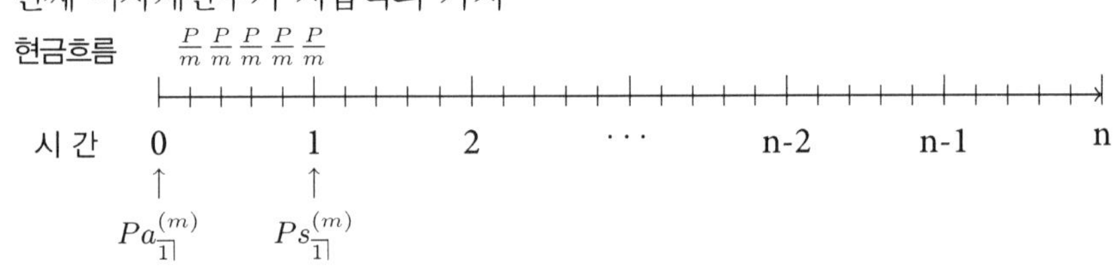

  - 현가($t=0$ 시점) : $Pa^{(m)}_{\overline{1}|i} = P\frac{1}{m}\left(v^{\frac{1}{m}} + v^{\frac{2}{m}} + \cdots + v^{\frac{m}{m}}\right)$
  - 종가($t=1$ 시점) : $Ps^{(m)}_{\overline{1}|i}$

- 두 번째 이자계산주기 지급액의 가치

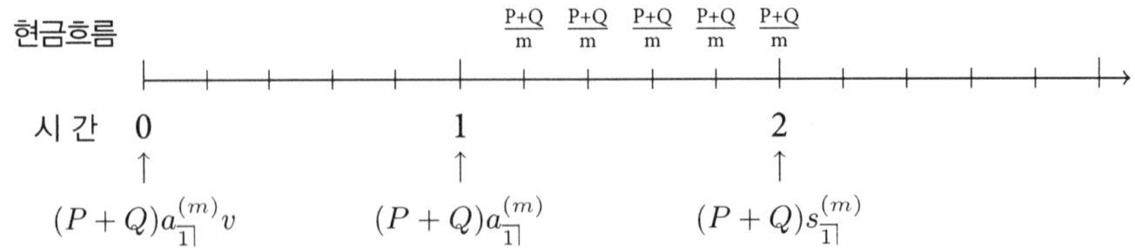

  - 현가($t=0$ 시점) : $(P+Q)a^{(m)}_{\overline{1}|i}v = (P+Q)\frac{1}{m}\left(v^{\frac{1}{m}} + v^{\frac{2}{m}} + \cdots + v^{\frac{m}{m}}\right)v$
  - 주기 초($t=1$) 가치 : $(P+Q)a^{(m)}_{\overline{1}|i}$
  - 종가($t=2$ 시점) : $(P+Q)s^{(m)}_{\overline{1}|i}$

- ⋯
- n 번째 이자계산주기 지급액의 가치
  - 현가($t=0$ 시점) : $[P+(n-1)Q]a^{(m)}_{\overline{1}|i}v^{n-1} = [P+(n-1)Q]\frac{1}{m}(v^{\frac{1}{m}} + v^{\frac{2}{m}} + \cdots + v^{\frac{m}{m}})v^{n-1}$
  - 주기 초($t=n-1$) 가치 : $[P+(n-1)Q]a^{(m)}_{\overline{1}|i}$
  - 종가($t=n$ 시점) : $[P+(n-1)Q]s^{(m)}_{\overline{1}|i}$

이 결과를 활용하여 연금에서 현가를 두 가지 방식으로 계산할 수 있다.

- 현가의 정의를 이용
- 각 주기에 지급된 평준기말급연금의 이산계산주기 초 가치를 이용
- 각 주기에 지급된 평준기말급연금의 이산계산주기 말 가치를 이용

(a) 현가의 정의를 이용한 계산

현가의 정의로부터 각 주기 지급액의 가치의 현가를 모두 더하면 연금의 현가가 나온다.

$$\begin{aligned}
PV &= Pa^{(m)}_{\overline{1}|i} + (P+Q)a^{(m)}_{\overline{1}|i}v + \cdots + [P+(n-1)Q]a^{(m)}_{\overline{1}|i}v^{n-1} \\
&= a^{(m)}_{\overline{1}|i}\left[P + (P+Q)v + (P+2Q)v^2 + \big(P+(n-1)Q\big)v^{n-1}\right] \\
&= a^{(m)}_{\overline{1}|i}\left(P\ddot{a}_{\overline{n}|i} + Q\frac{a_{\overline{n}|i} - nv^n}{d}\right) \\
&= \frac{1-v}{i^{(m)}} \times \left(P\frac{1-v^n}{d} + Q\frac{a_{\overline{n}|i} - nv^n}{d}\right) \\
&= Pa^{(m)}_{\overline{n}|i} + Q\frac{a_{\overline{n}|i} - nv^n}{i^{(m)}} \quad (\because 1-v=d)
\end{aligned}$$

한편, 연금의 종가 FV는 현가의 n이자계산주기 후 미래가로 아래의 값을 갖는다.

$$FV = PV(1+i)^n = Ps^{(m)}_{\overline{n}|i} + Q\frac{s_{\overline{n}|i} - n}{i^{(m)}}$$

(b) 각 이자계산주기 지급액의 주기초 가치를 이용한 계산

m번 지급되는 평준연금이고 이자계산주기의 초에서 가치는 이 평준연금의 종가와 같다. 따라서 분할지급되는 연금이 다음 형태의 등차지불 기시급연금으로 바뀐다.

$$Pa^{(m)}_{\overline{1}|i}, (P+Q)a^{(m)}_{\overline{1}|i}, \cdots, [P+(n-2)Q]a^{(m)}_{\overline{1}|i}$$

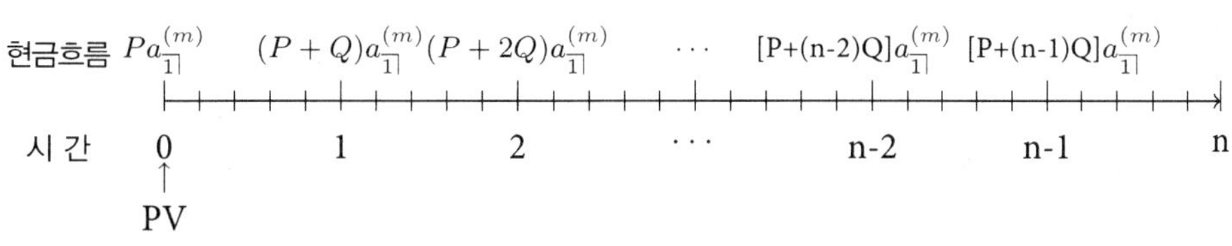

따라서 연금의 현가와 종가는 다음과 같다.

- 현가

$$\begin{aligned}PV &= Pa^{(m)}_{\overline{1}|i} + (P+Q)a^{(m)}_{\overline{1}|i}v + \cdots + [P+(n-1)Q]a^{(m)}_{\overline{1}|i}v^{n-1}\\&= a^{(m)}_{\overline{1}|i}\Big[P+(P+Q)v+\cdots+[P+(n-1)Q]v^{n-1}\Big]\\&= a^{(m)}_{\overline{1}|i}\Big[P\ddot{a}_{\overline{n}|i} + Q\frac{a_{\overline{n}|i}-nv^n}{d}\Big]\\&= \frac{d}{i^{(m)}}\Big[P\frac{1-v^n}{d} + Q\frac{a_{\overline{n}|i}-nv^n}{d}\Big]\\&= Pa^{(m)}_{\overline{n}|i} + Q\frac{a_{\overline{n}|i}-nv^n}{i^{(m)}}\end{aligned}$$

- 종가 : $FV = PV(1+i)^n = Ps^{(m)}_{\overline{n}|i} + Q\frac{s_{\overline{n}|i}-n}{i^{(m)}}$

(c) 각 이자계산주기 지급액의 주기말 가치를 이용한 계산

m번 지급되는 평준연금이고 이자계산주기의 말에서 가치는 이 평준연금의 종가와 같다. 따라서 분할지급되는 연금이 다음 형태의 등차지불 기말급연금으로 바뀐다.

$$Ps^{(m)}_{\overline{1}|i}, (P+Q)s^{(m)}_{\overline{1}|i}, \cdots, [P+(n-1)Q]s^{(m)}_{\overline{1}|i}$$

이 현금흐름을 시각화하면 아래와 같다. (그림 5.3)

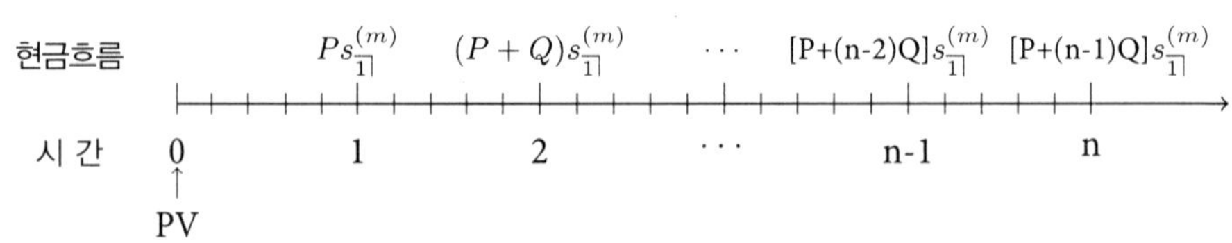

그림 5.3: 이자계산주기 말 가치와 현가 계산

그림 5.3을 참조하여 연금의 현가 PV를 계산할 수 있다.

$$\begin{aligned}PV &= s^{(m)}_{\overline{1}|i}\Big[Pv+(P+Q)v^2+\cdots+\big(P+(n-1)Q\big)v^n\Big]\\&= s^{(m)}_{\overline{1}|i}\Big[Pa_{\overline{n}|i} + Q\frac{a_{\overline{n}|i}-nv^n}{i}\Big]\\&= Pa^{(m)}_{\overline{n}|i} + Q\frac{a_{\overline{n}|i}-nv^n}{i^{(m)}}\end{aligned}$$

한편 종가는

$$FV = PV(1+i)^n = Ps^{(m)}_{\overline{n}|i} + Q\frac{s_{\overline{n}|i}-n}{i^{(m)}}$$

이고 세 방식으로 계산한 현가는 모두 동일하고 당연히 종가도 동일하다. 이 결과를 아래에 요약한다.

분할지급하는 등차지불 기말급연금의 현가와 종가

최초 지급액이 P, 지급액의 증가액이 Q이고 분할지급하는 등차지불 기말급연금의 현가와 종가는 다음과 같다.

(a) 현가 : $PV = Pa_{\overline{n}|i}^{(m)} + Q\frac{a_{\overline{n}|i} - nv^n}{i^{(m)}}$

(b) 종가 : $FV = Ps_{\overline{n}|i}^{(m)} + Q\frac{s_{\overline{n}|i} - n}{i^{(m)}}$

분할지급 증액연금

$Q > 0$이면 각 이자계산주기에 지급된 지급액의 합이 등차적으로 증가한다. 특별히 $P = 1$, $Q = 1$인 경우에는 분할지급 기말급증액연금이라고 부를 수 있겠다. (그림 5.4)

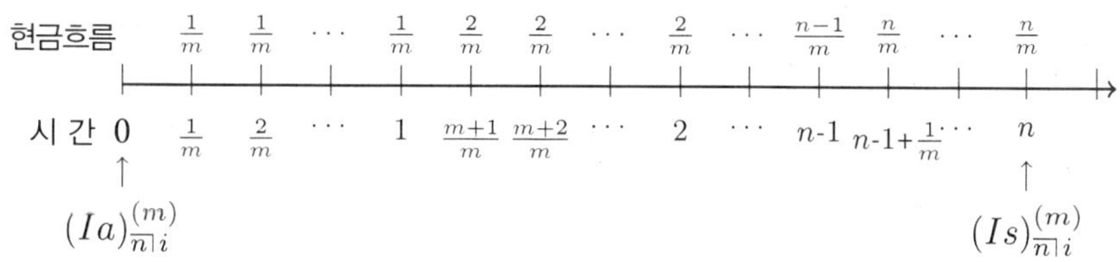

그림 5.4: m회 분할지급 기말급 증액연금

이 연금의 현가를 $(Ia)_{\overline{n}|i}^{(m)}$, 종가를 $(Is)_{\overline{n}|i}^{(m)}$으로 쓰기로 하자. 다음 과정을 통해 $(Ia)_{\overline{n}|i}^{(m)}$를 간결한 식으로 나타낼 수 있다.

$$\begin{aligned}
(Ia)_{\overline{n}|i}^{(m)} &= a_{\overline{1}|i}^{(m)}\left(\ddot{a}_{\overline{n}|i} + \frac{a_{\overline{n}|i} - nv^n}{d}\right) \\
&= \frac{d}{i^{(m)}}\frac{d\ddot{a}_{\overline{n}|i} + a_{\overline{n}|i} - nv^n}{d} \\
&= \frac{1}{i^{(m)}}\left[\frac{i}{1+i}(1+i)a_{\overline{n}|i} + a_{\overline{n}|i} - nv^n\right] \\
&= \frac{\ddot{a}_{\overline{n}|i} - nv^n}{i^{(m)}}
\end{aligned}$$

한편, 이 연금의 종가 $(Is)_{\overline{n}|i}^{(m)}$는 $(Ia)_{\overline{n}|i}^{(m)}$의 n주기 후 미래가이고 다음과 같다.

$$(Is)_{\overline{n}|i}^{(m)} = (Ia)_{\overline{n}|i}^{(m)}(1+i)^n = \frac{\ddot{s}_{\overline{n}|i} - n}{i^{(m)}}$$

분할지급 기말급증액연금

지급금 $1, 2, \ldots, n$을 주기마다 m회 분할지급하는 기말급연금의 현가와 종가는 다음과 같다.

- 현가 : $(Ia)^{(m)}_{\overline{n}|i} = \frac{\ddot{a}_{\overline{n}|i} - nv^n}{i^{(m)}}$
- 종가 : $(Is)^{(m)}_{\overline{n}|i} = \frac{\ddot{s}_{\overline{n}|i} - n}{i^{(m)}}$

다음 표 5.3은 연이율이 4%일 때 $P = 200$, $Q = 100$이고 분기마다 분할지급하는 증액연금에서 지급금 및 연금의 현가와 종가를 보여준다.

지급시점	지급액	지급액의 현가		지급액의 종가
0				
0.25	50	49.5121		57.9222
0.5	50	49.0290		57.3570
0.75	50	48.5506		56.7974
1	50	48.0769		56.2432
1.25	75	71.4117		83.5416
1.5	75	70.7150		82.7265
1.75	75	70.0250		81.9193
2	75	69.3417		81.1200
2.25	100	91.5535		107.1047
2.5	100	90.6602		106.0596
2.75	100	89.7756		105.0248
3	100	88.8996		104.0000
3.25	125	110.0403		128.7316
3.5	125	108.9666		127.4755
3.75	125	107.9034		126.2317
4	125	106.8505		125.0000
합		연금의 현가=1271.3118		현금의 종가=1487.2550

표 5.3: 분기 말에 분할지급하는 기말급증액연금

예제 5.6 현재 60세인 현수 아버지가 다음과 같이 지급하는 영구연금을 구입하였다.

- 5년 동안 매달 말에 50만원씩 지급
- 이후에는 매달 80만원씩 사망시까지 지급

연금을 받는 동안 연이자율이 3.6%일 때 구입가를 계산하여라.

풀이 3.6%와 동등한 명목이율은 $i^{(12)} = 12(1.036^{\frac{1}{12}} - 1) = 0.03542$이다. 영구연금은 두 연금의 합이다.

- 연지급액 600만원이 5년 동안 분할지급되는 연금

- 연지급이 960만원이 분할지급되는 5년거치 영구연금

두 현금의 현가를 더하면 구입가를 계산한 것이 된다. 구입가는 다음과 같다.

$$600\frac{1-v^5}{i^{(12)}} + 960\frac{1}{i^{(12)}}v^5 = 25456.4582\,\text{만원}$$

분할지급 감액연금

$Q < 0$이면 각 이자계산주기에 지급된 지급액의 합이 등차적으로 감소하는 연금이다. $P = n$, $Q = -1$일 때 **분할지급 기말급감액연금**이라고 부르고 현가를 $(Da)_{\overline{n}|i}^{(m)}$, 종가를 $(Ds)_{\overline{n}|i}^{(m)}$으로 쓰기로 하자. (그림 5.5)

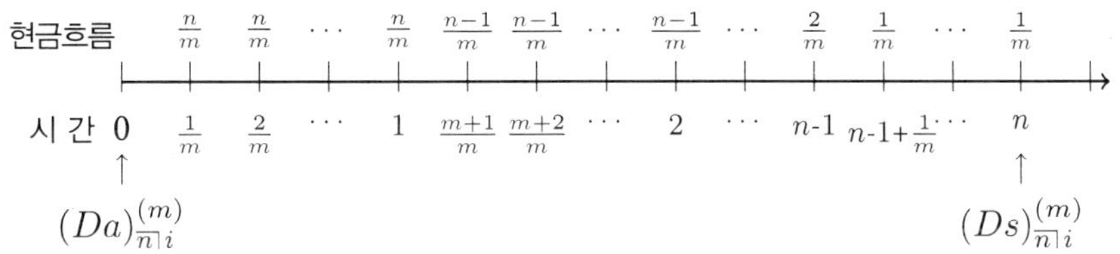

그림 5.5: m회 분할지급 기말급 감액연금

그러면 아래와 같이 종가와 현가를 표현하는 공식을 유도할 수 있다.

먼저 현가 $(Da)_{\overline{n}|i}^{(m)}$를 계산해 보자.

$$\begin{aligned}(Da)_{\overline{n}|i}^{(m)} &= na_{\overline{n}|i}^{(m)} - \frac{a_{\overline{n}|i} - nv^n}{i^{(m)}}\\ &= \frac{n(1-v^n) - a_{\overline{n}|i} + nv^n}{i^{(m)}}\\ &= \frac{n - a_{\overline{n}|i}}{i^{(m)}}\end{aligned}$$

한편 종가 $(Ds)_{\overline{n}|i}^{(m)}$는 다음과 같다.

$$\begin{aligned}(Ds)_{\overline{n}|i}^{(m)} &= (Ia)_{\overline{n}|i}^{(m)}(1+i)^n\\ &= \frac{n(1+i)^n - s_{\overline{n}|i}}{i^{(m)}}\end{aligned}$$

다음 표 5.4는 연이율이 4%일 때 $P = 500$, $Q = -100$이고 분기 말마다 분할지급하는 감액연금에서 지급금 및 연금의 현가와 종가를 보여준다.

지급시점	지급액	지급액의 현가		지급액의 종가
0				
0.25	125	123.7803		144.8055
0.5	125	122.5726		143.3926
0.75	125	121.3766		141.9935
1	125	120.1923		140.6080
1.25	100	95.2156		111.3888
1.5	100	94.2866		110.3020
1.75	100	93.3666		109.2257
2	100	92.4556		108.1600
2.25	75	68.6651		80.3285
2.5	75	67.9951		79.5447
2.75	75	67.3317		78.7686
3	75	66.6747		78.0000
3.25	50	44.0161		51.4926
3.5	50	43.5866		50.9902
3.75	50	43.1613		50.4927
4	50	42.7402		50.0000
합		연금의 현가=1307.4173		연금의 종가=1529.4934

표 5.4: 분기마다 분할지급하는 기말급 감액연금

분할지급 기말급감액연금

이자계산주기의 지급금 $n, n-1, \ldots, 2, 1$을 m회에 기말급으로 분할지급하는 연금의 현가와 종가는 다음과 같다.

- 현가 : $(Da)^{(m)}_{\overline{n}|i} = \frac{a_{\overline{n}|i} - nv^n}{i^{(m)}}$
- 종가 : $(Ds)^{(m)}_{\overline{n}|i} = \frac{s_{\overline{n}|i} - n}{i^{(m)}}$

m회 분할지급 등차지불 연금

이 번에는 한 번의 이자계산주기에 m번 지급되지만 지급액이 등차수열을 이루는 연금의 현가와 종가를 계산한다. 다음 표는 이 연금의 현금흐름을 보여준다.

t	0	$\frac{1}{m}$	$\frac{2}{m}$	$\cdots$	$\frac{m}{m}$	$1+\frac{1}{m}$	$1+\frac{2}{m}$	$\cdots$	$\frac{2m}{m}$	$2+\frac{1}{m}$	$\cdots$	$\frac{mn}{m}$
현금		$\frac{1}{m^2}$	$\frac{2}{m^2}$	$\cdots$	$\frac{m}{m^2}$	$\frac{m+1}{m^2}$	$\frac{m+2}{m^2}$	$\cdots$	$\frac{2m}{m^2}$	$\frac{2m+1}{m^2}$	$\cdots$	$\frac{mn}{m^2}$

이 연금은 지급주기당의 이자율이 $j := (1+i)^{\frac{1}{m}} - 1$일 때 $P = Q = \frac{1}{m^2}$이고 지급횟수가

mn번인 일반 증액연금이다. 이 사실을 이용하여 아래와 같이 현가 $\left(I^{(m)}a\right)_{\overline{n}|i}^{(m)}$를 계산한다.

$$
\begin{aligned}
\left(I^{(m)}a\right)_{\overline{n}|i}^{(m)} &= \frac{1}{m^2}(Ia)_{\overline{mn}|j} \\
&= \frac{1}{m^2}\frac{\ddot{a}_{\overline{mn}|j} - mnw^{mn}}{j} \\
&= \frac{\frac{1-w^{mn}}{jm} - nw^{mn}}{jm} \\
&= \frac{\frac{1-v^n}{i^{(m)}} - nv^n}{i^{(m)}} \\
&= \frac{a_{\overline{n}|i}^{(m)} - nv^n}{i^{(m)}}
\end{aligned}
$$

이제 현가 $\left(I^{(m)}a\right)_{\overline{n}|i}^{(m)}$의 n주기 후 미래가인 종가 $\left(I^{(m)}s\right)_{\overline{n}|i}$은 다음과 같다.

$$
\begin{aligned}
\left(I^{(m)}s\right)_{\overline{n}|i}^{(m)} &= \left(I^{(m)}a\right)_{\overline{n}|i}^{(m)}(1+i)^n \\
&= \left(I^{(m)}a\right)_{\overline{n}|i}^{(m)}(1+i)^n = \frac{s_{\overline{n}|i}^{(m)} - n}{i^{(m)}}
\end{aligned}
$$

연습문제 5.2

1. 부모님이 받는 연금은 처음 1년은 매월 말에 120만원씩 지급하고 다음 해에는 매월 130만원, 그 다음 해에는 매월 140만원을 지급한나. 이런 방식으로 지급액이 해마다 매월 10만원씩 늘어난다. 10년 동안 받은 연금을 모두 은행에 저축했을 때 은행계좌의 잔고를 계산하여라. 단, 연이자율은 5.4%이다.

2. 영철이가 입사를 희망하는 회사의 입사년도 연봉은 2,400만원이고 다음 해부터 연봉을 매년 400만원을 인상한다. 20년 동안 재직할 때 받은 연봉의 가치를 현재가치로 환산하면 얼마인가? 단, 연이자율은 5.4%로 가정한다.

3. 철민이가 입사를 희망하는 회사의 입사년도 연봉은 2,400만원이고 다음 해부터 연봉을 매년 8% 인상한다. 20년 동안 재직할 때 받은 연봉의 가치를 현재가치로 환산하면 얼마인가? 단, 연이자율은 5.4%로 가정한다.

4. n차년도 지급액 n이 매월 말에 분할지급되는 영구증액연금의 현가를 구하여라. 연이율이 6%일 때 복권 당첨금 14억원을 월말에 분할지급하는 영구증액연금으로 수령할 때 3차년도에 매월 받는 금액은?

5. 매년 말에 지급되는 금액이 $C_1, C_2, \ldots, C_n$인 현금흐름의 현가를 PV라고 하자. 각 년도의 지급액을 균등하게 m번 분할하여 지급주기 말에 지급하는 연금의 현가와 종가를 PV

와 $a_{\overline{1}|}^{(m)}$ 으로 나타내어라.

6. 현재 40세인 삼촌이 60세가 되는 시점에 은퇴한다. 삼촌은 은퇴자금을 마련하기위해 다음과 같이 저축하려고 한다.
   - 올해 말부터 5년 동안 1,000만원
   - 6차년도부터 10차년도에는 1,500 만원
   - 11차년도부터 15차년도에는 2,000만원
   - 16차년부터 19차년에도 1,500만원

   연이율이 6%일 때 다음 문제에 답하여라.

   (a) 은퇴 직후 삼촌의 은퇴자금 관리구좌의 잔고는 얼마인가?

   (b) 삼촌이 은행계좌에서 매월 200만원을 인출한다면 몇 번 인출할 수 있는지 계산하여라.

   (c) 월말에 지급되는 기말급 영구연금으로 받는다면 얼마를 받는지 계산하여라.

7. 준호는 올해 1월 말부터 주택구입자금으로 대출한 2억원을 상환한다. 올해의 월 상환금은 80만원이고 이후에는 급여의 인상율 5%를 고려하여 매년 5%씩 상환금을 늘릴 예정이다.

   (a) 상환을 완료할 때까지 걸리는 기간은?

   (b) 선지급방식으로 상환할 때 최종상환액을 구하여라.

   (c) 5번 상환한 직후의 잔존원금을 계산하여라. 단, 이자율은 연이율 2.8%이다.

8. 매년 1,000만원을 20년 동안 은행에 저축했던 계좌에서 매 분기마다 동일액수를 10년 동안 인출하여 생활비로 사용하려고 한다. 최초의 인출은 은행에 마지막으로 저축한 시점으로부터 3개월 후이다. 매년 생활비가 200만원 감소할 때 매분기에 인출하는 금액을 계산하여라. 단, 연간실이율이 6% 이다.

9. 퇴직 후 20년 동안 필요한 생활비를 은퇴하기 15년 전부터 매월 초에 적립하려고 한다. 은퇴한 후 첫 번째 해의 생활비가 2,000만원이고 이후 5%씩 감소할 때 매월 적립할 금액을 계산하여라. 단, 연간실이율은 6%이다.

10. 어떤 강소기업의 연봉이 2,400만원으로 시작해서 매년 300만원씩 인상되고 16년차부터 연봉이 동결된다. 25년을 재직할 때 받는 급여의 현재가치를 계산하여라. 단, 연이율은 6%이고 인플레이션은 없다고 가정한다.

11. 지급액이 매월 5만원 증가하는 연금을 8년 동안 받아서 모두 저축하였다. 첫 번째 수령액이 30만원일 때 종가를 계산하여라. 단, 연이율은 4.8%이다.

CHAPTER 6

연속연금

연속연금이란 이자계산주기 내의 모든 시점에서 지급이 이루어지는 연금을 뜻한다. 실수와 직선 위의 점을 대응시키면 빠진 점이 없이 모든 점에 실수가 대응된다. 연금에서 지급이 이루어지는 점을 직선 위에 표시할 때 구간으로 표시될 때 **연속지급**(continuous payment)이라고 부를 수 있다. 이렇게 연속적으로 지급되는 연금을 **연속연금**(continuous annuity)이라고 부른다.

연속연금에서는 미적분 기법이 활용되므로 수학적 분석에 유리하다. 현실적으로 연속지급이 가능하지는 않지만 이론적 연구에서는 수학적 모형화하는 과정에서 중요한 역할을 한다. 한편, 실무적으로 지급기간이 충분히 짧은 경우, 예컨대, 일급(daily payment)에서는 꽤 좋은 근사값이 된다.

연속적으로 지급되는 연속연금에서 현가와 종가를 계산할 때 두 방식으로 접근한다.

- 이자계산주기 당 분할지급횟수에 대한 극한을 취함
- 순간지급률과 이력을 이용한 직분

6.1 분할지급의 극한을 이용한 접근

앞 절에서는 지급액이 이자계산주기 동안에 동일액수로 m회에 나누어 지급되는 연금을 생각하였다. 이 때 지급주기와 이자계산 주기를 일치시켜 계산이 쉬워지도록 주어진 이자율과 동등한 명목이율을 도입하였다.

이자 계산주기당 (실질) 이자율 i와 동등한 할인율 d, 명목이자율 $i^{(m)}$, 명목할인율 $d^{(m)}$, 이력 δ를 도입하였고 다음과 같이 주어지는 것을 확인하였다.

$$
\begin{aligned}
d &= \frac{i}{1+i} \\
i^{(m)} &= m\left[(1+i)^{\frac{1}{m}} - 1\right] \\
d^{(m)} &= m\left[1 - (1+i)^{-\frac{1}{m}}\right] \\
\delta &= \ln(1+i)
\end{aligned}
$$

이 명목이율과 관련하여 아래 사실을 관측할 수 있다.

- $m \to \infty$이면 연금지급기간의 모든 시점에서 지급이 이루어진다.
- $m \to \infty$이면 기시급과 기말급구을 구분할 수 없다.
- $\lim_{m\to\infty} i^{(m)} = \ln(1+i) = \delta$
- $\lim_{m\to\infty} d^{(m)} = \ln(1+i) = \delta$

이 절에서는 앞 5장에서 유도한 m회 분할지급하는 연금의 현가와 종가에 대해 $m \to \infty$인 극한을 생각한다. 이 접근방식은 앞에서 유도된 결과를 이용할 수 있고 직관적이라는 장점이 있다. 반면에 특정한 형태로 지급되는 연속연금의 경우만 다룰 수 있다는 한계도 존재한다.

6.1.1 n주기 동안 지급되는 연속연금

m번 분할지급하는 기말급연금의 극한

n주기 동안 m번 분할지급하는 기말급연금의 현가 $a^{(m)}_{\overline{n|}i}$와 종가 $s^{(m)}_{\overline{n|}i}$는 다음과 같다.

$$a^{(m)}_{\overline{n|}i} = \frac{1-v^n}{i^{(m)}} \tag{6.1}$$

$$s^{(m)}_{\overline{n|}i} = \frac{(1+i)^n-1}{i^{(m)}} \tag{6.2}$$

$m \to \infty$이면 이자계산주기 당 금액 1이 연속적으로 지급되는 **평준연속연금**이라고 부른다. 평준연속연금의 현가를 $\bar{a}_{\overline{n|}i}$로 나타낸다. 특히 이자율이 주어진 경우에는 $\bar{a}_{\overline{n|}i}$로 나타낸다. 비슷하게 종가는 $\bar{s}_{\overline{n|}i}$ 또는 $\bar{s}_{\overline{n|}i}$로 쓴다.

이제 (6.1)과 (6.2)에 $m \to \infty$인 극한을 취하면 n주기 동안 연속적으로 지급되는 연속연금의 현가와 종가가 얻어진다.

$$\bar{a}_{\overline{n|}i} = \lim_{m\to\infty} a^{(m)}_{\overline{n|}i} = \lim_{m\to\infty} \frac{1-v^n}{i^{(m)}} = \frac{1-v^n}{\delta}$$

$$\bar{s}_{\overline{n|}i} = \lim_{m\to\infty} s^{(m)}_{\overline{n|}i} = \lim_{m\to\infty} \frac{(1+i)^n-1}{i^{(m)}} = \frac{(1+i)^n-1}{\delta}$$

m번 분할지급하는 기시급연금의 극한

n주기 동안 m번 분할지급하는 기시급연금의 현가를 $\ddot{a}^{(m)}_{\overline{n|}i}$와 종가 $\ddot{s}^{(m)}_{\overline{n|}i}$는 다음과 같다.

$$\ddot{a}^{(m)}_{\overline{n|}i} = \frac{1-v^n}{d^{(m)}}$$

$$\ddot{s}^{(m)}_{\overline{n|}i} = \frac{(1+i)^n-1}{d^{(m)}}$$

여기서 $m \to \infty$ 인 극한을 취하면 분할지급 기말급연금에서와 같은 결론을 얻는다.

$$\lim_{m\to\infty} \ddot{a}^{(m)}_{\overline{n}|i} = \lim_{m\to\infty} \frac{1-v^n}{d^{(m)}} = \frac{1-v^n}{\delta} = \bar{a}_{\overline{n}|i}$$
$$\lim_{m\to\infty} \ddot{s}^{(m)}_{\overline{n}|i} = \lim_{m\to\infty} \frac{(1+i)^n-1}{d^{(m)}} = \frac{(1+i)^n-1}{\delta} = \bar{s}_{\overline{n}|i}$$

평준연속연금의 현가와 종가

이력이 δ 일 때 매 주기마다 1이 연속적으로 지급되는 **평준연속연금**의 현가와 종가는 다음과 같다.

(a) 현가 : $\bar{a}_{\overline{n}|i} = \frac{1-v^n}{\delta} = \frac{1-e^{-\delta n}}{\delta} = \frac{1-(1+i)^{-n}}{\ln(1+i)}$

(b) 종가 : $\bar{s}_{\overline{n}|i} = \frac{(1+i)^n-1}{\delta} = \frac{e^{\delta n}-1}{\delta} = \frac{(1+i)^n-1}{\ln(1+i)}$

6.1.2 m 회 분할지급 평준 거치연금의 극한

최초지급이 k 주기 동안 거치되는(미뤄지는) m 회 분할지급되는 연금의 현가와 종가는 다음과 같다.

- m 회 분할지급 k 주기 거치 기말급연금의 현가 : ${}_{k|}a^{(m)}_{\overline{n}|i} = v^k a^{(m)}_{\overline{n}|i} = \frac{v^k-v^{n+k}}{i^{(m)}}$
- m 회 분할지급 k 주기 거치 기말급연금의 종가 : ${}_{k|}s^{(m)}_{\overline{n}|i} = {}_{k|}a^{(m)}_{\overline{n}|i}(1+i)^{n+k} = \frac{(1+i)^n-1}{i^{(m)}}$
- m 회 분할지급 k 주기 거치 기시급연금의현가 : ${}_{k|}\ddot{a}^{(m)}_{\overline{n}|i} = v^k \ddot{a}^{(m)}_{\overline{n}|i} = \frac{v^k-v^{n+k}}{d^{(m)}}$
- m 회 분할지급 k 주기 거치 기시급연금의종가 : ${}_{k|}\ddot{s}^{(m)}_{\overline{n}|i} = {}_{k|}\ddot{a}^{(m)}_{\overline{n}|i}(1+i)^{n+k} = \frac{(1+i)^n-1}{d^{(m)}}$

$m \to \infty$ 이면 이자계산주기 당 1이 연속적으로 지급되는 **평준 거치연속연금**이라고 부른다. 평준 거치연속연금의 경우에 현가 ${}_{k|}\bar{a}_{\overline{n}|}$ 는 다음과 같다.

$$\begin{aligned} {}_{k|}\bar{a}_{\overline{n}|} &= \lim_{m\to\infty} {}_{k|}a^{(m)}_{\overline{n}|i} = \lim_{m\to\infty} \frac{v^k - v^{n+k}}{i^{(m)}} = \frac{v^k - v^{n+k}}{\delta} \\ &= \frac{e^{-k\delta} - e^{-(n+k)\delta}}{\delta} = \frac{(1+i)^{-k} - (1+i)^{-n-k}}{\ln(1+i)} \end{aligned}$$

특히 이자율이 주어진 경우에는 ${}_{k|}\bar{a}_{\overline{n}|i}$ 로 나타낸다. 비슷하게 종가는 ${}_{k|}\bar{s}_{\overline{n}|}$ 또는 ${}_{k|}\bar{s}_{\overline{n}|i}$ 로 쓴다.

이상을 정리하면 다음과 같다.

거치연속연금의 현가와 종가

(a) 거치연속연금의 현가 : ${}_{k|}\bar{a}_{\overline{n}|i} = \frac{e^{-\delta k}-e^{-\delta(k+n)}}{\delta} = v^k \frac{1-v^n}{\delta} = \frac{(1+i)^{-k}-(1+i)^{-n-k}}{\ln(1+i)}$

(b) 거치연속연금의 종가 : ${}_{k|}\bar{s}_{\overline{n}|i} = {}_{k|}\bar{a}_{\overline{n}|i}(1+i)^{n+k} = \frac{(1+i)^n-1}{\delta} = \frac{e^{\delta n}-1}{\delta} = \frac{(1+i)^n-1}{\ln(1+i)}$

6.1.3 m회 분할지급 영구연금의 극한

m회 분할지급 평준영구연금
연금지급주기마다 금액 $\frac{1}{m}$이 영원히 계속되는 연금으로 현가는 다음과 같다.

$$\text{기말급일 때 : } a^{(m)}_{\overline{\infty}|i} = \lim_{n\to\infty} a^{(m)}_{\overline{n}|i} = \lim_{n\to\infty i} \frac{1-v^n}{i^{(m)}} = \frac{1}{i^{(m)}}$$
$$\text{기시급일 때 : } \ddot{a}^{(m)}_{\overline{\infty}|i} = \lim_{n\to\infty} \ddot{a}^{(m)}_{\overline{n}|i} = \lim_{n\to\infty} \frac{1-v^n}{d^{(m)}} = \frac{1}{d^{(m)}}$$

m회 분할지급 거치영구연금

$$\text{기말급일 때 : } {}_{k|}\ddot{a}^{(m)}_{\overline{\infty}|i} = \lim_{n\to\infty} {}_{k|}\ddot{a}^{(m)}_{\overline{n}|i} = \lim_{n\to\infty} \frac{1-v^n}{i^{(m)}} v^k = \frac{v^k}{i^{(m)}}$$
$$\text{기시급일 때 : } {}_{k|}\ddot{s}^{(m)}_{\overline{\infty}|i} = \lim_{n\to\infty} {}_{k|}\ddot{s}^{(m)}_{\overline{n}|i} = \lim_{n\to\infty} \frac{1-v^n}{d^{(m)}} v^k = \frac{v^k}{d^{(m)}}$$

$m\to\infty$인 극한을 취하면 **영구연속연금의 현가** $\bar{a}_{\overline{\infty}|i}$와 **거치 영구연속연금의 현가** ${}_{k|}\bar{a}_{\overline{\infty}|i}$는 아래와 같다.

영구연속연금의 현가

이력이 δ이거나 이자율이 i일 때 영구연속연금의 현가는 다음과 같다.

(a) 영구연속연금의 현가 : $\bar{a}_{\overline{\infty}|i} = \frac{1}{\delta} = \frac{1}{\ln(1+i)}$

(b) 거치 영구연속연금 의 현가 : ${}_{k|}\bar{a}_{\overline{\infty}|i} = \frac{v^k}{\delta} = \frac{e^{-\delta k}}{\delta} = \frac{(1+i)^{-k}}{\ln(1+i)}$

6.1.4 m회 분할지급 변액연금의 극한

각 이자계산주기에 지급되는 총액이 등차수열을 이루는 경우만 다루기로 한다. 각 이자계산주기의 총지급이 다음과 같다고 가정하자.

$$P, P+Q, P+2Q, \ldots, P+(n-1)Q$$

각 지급액이 m번에 걸쳐 동일하게 분할지급될 때 현가와 종가는 아래와 같음을 알고 있다.

- 현가 : $PV = Pa^{(m)}_{\overline{n}|i} + Q\frac{a_{\overline{n}|i}-nv^n}{i^{(m)}}$
- 종가 : $FV = PV(1+i)^n = Ps^{(m)}_{\overline{n}|i} + Q\frac{s_{\overline{n}|i}-n}{i^{(m)}}$

분할지급 증액연금

$P=1,\ Q=1$인 경우에 이 연금의 현가 $(Da)^{(m)}_{\overline{n}|i}$와 종가 $(Ds)^{(m)}_{\overline{n}|i}$는 다음과 같다.

- 현가 : $(Ia)^{(m)}_{\overline{n}|i} = \frac{\ddot{a}_{\overline{n}|i}-nv^n}{i^{(m)}}$

- 종가 : $(Is)^{(m)}_{\overline{n}|i} = (Ia)^{(m)}_{\overline{n}|i}(1+i)^n = \frac{\ddot{s}_{\overline{n}|i}-n}{i^{(m)}}$

$m \to \infty$ 일 때의 극한인 **증액연속연금**의 현가 $(I\bar{a})_{\overline{n}|i}$ 와 종가 $(I\bar{s})_{\overline{n}|i}$ 는 다음과 같다.

증액연속연금의 현가와 종가

이력이 δ 이거나 이자율이 i 일 때 증액연속연금의 현가와 종가는 다음과 같다.

(a) 현가 : $(I\bar{a})_{\overline{n}|i} = \lim_{m\to\infty} \frac{\ddot{a}_{\overline{n}|i}-nv^n}{i^{(m)}} = \frac{\ddot{a}_{\overline{n}|i}-nv^n}{\delta}$

(b) 종가 : $(I\bar{s})_{\overline{n}|i} = (I\bar{a})_{\overline{n}|i}(1+i)^n = \frac{\ddot{s}_{\overline{n}|i}-n}{\delta}$

분할지급 감액연금

$P = n,\ Q = -1$ 인 기말급감액연금의 현가 $(Da)^{(m)}_{\overline{n}|i}$ 와 종가 $(Ds)^{(m)}_{\overline{n}|i}$ 는 다음과 같다.

- 현가 $(Da)^{(m)}_{\overline{n}|i} = \frac{n-a_{\overline{n}|i}}{i^{(m)}}$
- 종가 $(Ds)^{(m)}_{\overline{n}|i} = \frac{n(1+i)^n-s_{\overline{n}|i}}{i^{(m)}}$

분할지급감액연금에서 $m \to \infty$ 일 때 **감액연속연금**이라고 부른다. 감액연속연금의 현가와 종가는 $m \to \infty$ 일 때 $(Da)^{(m)}_{\overline{n}|i}$ 와 $(Ds)^{(m)}_{\overline{n}|i}$ 의 극한값이다.

감액연속연금의 현가와 종가는 다음과 같다.

감액연속연금의 현가와 종가

이력이 δ 이거나 이자율이 i 일 때 감액연속연금의 현가와 종가는 다음과 같다.

(a) 감액연속연금의 현가 : $(D\bar{a})_{\overline{n}|i} = \lim_{m\to\infty} \frac{n-a_{\overline{n}|i}}{i^{(m)}} = \frac{n-a_{\overline{n}|i}}{\delta}$

(b) 감액연속연금의 종가 : $(D\bar{s})_{\overline{n}|i} = (D\bar{a})_{\overline{n}|i}(1+i)^n = \frac{n(1+i)^n-s_{\overline{n}|i}}{\delta}$

주기 당 m 회등차지불 연금

이 번에는 한 번의 이자계산주기에 m 번 지급되지만 지급액이 등차수열을 이루는 연금의 현가와 종가를 계산한다. 다음 표는 이 연금의 현금흐름을 보여준다.

t	0	$\frac{1}{m}$	$\frac{2}{m}$	$\cdots$	$\frac{m}{m}$	$1+\frac{1}{m}$	$1+\frac{2}{m}$	$\cdots$	$\frac{2m}{m}$	$2+\frac{1}{m}$	$\cdots$	$\frac{mn}{m}$
현금		$\frac{1}{m^2}$	$\frac{2}{m^2}$	$\cdots$	$\frac{m}{m^2}$	$\frac{m+1}{m^2}$	$\frac{m+2}{m^2}$	$\cdots$	$\frac{2m}{m^2}$	$\frac{2m+1}{m^2}$	$\cdots$	$\frac{mn}{m^2}$

이 연금의 현가 $\left(I^{(m)}a\right)^{(m)}_{\overline{n}|i}$ 와 종가 $\left(I^{(m)}s\right)^{(m)}_{\overline{n}|i}$ 는 다음과 같다.

- 현가 : $\left(I^{(m)}a\right)^{(m)}_{\overline{n}|i} = \frac{a^{(m)}_{\overline{n}|i}-nv^n}{i^{(m)}}$
- 종가 : $\left(I^{(m)}s\right)^{(m)}_{\overline{n}|i} = \left(I^{(m)}a\right)^{(m)}_{\overline{n}|i}(1+i)^n = \frac{s^{(m)}_{\overline{n}|i}-n}{i^{(m)}}$

이제 $m \to \infty$ 일 때 $\left(I^{(m)}a\right)^{(m)}_{\overline{n}|i}$ 와 $\left(I^{(m)}s\right)^{(m)}_{\overline{n}|i}$ 의 극한을 계산하자.

$$\left(\bar{I}\bar{a}\right)_{\overline{n}|i} := \lim_{m\to\infty}\left(I^{(m)}a\right)^{(m)}_{\overline{n}|i} = \lim_{m\to\infty}\frac{a^{(m)}_{\overline{n}|i} - nv^n}{i^{(m)}} = \frac{\bar{a}_{\overline{n}|i} - nv^n}{\delta}$$
$$\left(\bar{I}\bar{s}\right)_{\overline{n}|i} := \left(\bar{I}\bar{a}\right)_{\overline{n}|i}(1+i)^n = \frac{\bar{s}_{\overline{n}|i} - n}{\delta}$$

6.2 적분을 이용한 접근

연속현금흐름을 분석하기 위해 총지급액 $F(t)$ 와 순간지급률 $f(t)$ 를 도입하자.

- 총지급액 $F(t)$: 시점 t 까지 지급된 전체 지급액으로 구간미분가능한[1](picewise differentiable) 함수라고 가정한다.
- 순간지급률 $f(t)$: 총지급액의 순간변화율로 $F(t)$ 의 도함수이다. 곧, $f(t) := \frac{d}{dt}F(t) = F'(t)$ 이다.

일상생활에서는 특정 시점까지 받은 전체 지급액을 먼저 생각하게 되고 분석을 위해 순간지급률을 도입한다. 즉, 총지급액이 먼저 주어지고 미분하여 순간지급률이 얻어진다.

순간지급률

금융이나 보험이론에서는 순간지급률이 먼저 지정되고 연속적인 지급을 생각하고 현가를 계산하는 경우가 많다. 여기서는 자주 나타나는 다음 형태의 순간지급률만 생각하겠다.

- $f(t) = c$: 순간지급률이 상수함수이므로 총지급액이 지급구간의 길이에 비례한다.
- $f(t) = a\lfloor t\rfloor + b$: 순간지급률이 동일년도에는 일정하고 년도가 바뀌면서 순간지급률이 감소하거나 증가하는 비율이 일정하다.
- $f(t) = at + b$: 순간지급률이 증가하거나 감소하는 순간변화율이 일정하다.

순간지급률 $f(t)$ 와 총지급액 $F(t)$ 의 관계는 아래와 같다.

- $F(t) = \int_0^t f(s)ds$
- $F(t)$=구간 $[0,t]$ 에서 순간지급률함수 $f(t)$ 의 그래프와 축 사이의 넓이

이력과 현가함수

연속적으로 지급되는 연금의 현가를 계산하려면 모든 점에서 지급된 금액의 현가를 계산할 수 있어야 된다. 현가를 계산할 때는 이자율로 표현된 단위종가함수나 이력으로 계산한 단위종가함수가 필요하다.

---

[1]함수값이 모두 유한하고 유한개를 제외한 모든 점에서 미분가능한 함수

이력 δ_t가 주어질 때 단위종가함수 $a(t)$와 현가함수 $v(t)$는 다음과 같이 계산한다.

$$a(t) = \exp\Big(\int_0^t \delta_s ds\Big)$$
$$v(t) = \frac{1}{a(t)} = \exp\Big(-\int_0^t \delta_s ds\Big)$$

연속연금에서 현가의 적분 표현

순간지급률이 $f(t)$인 연속현금흐름에서 현금흐름의 현재가치를 구해보자. 지급구간(혹은 투자기간) $[0, t]$를 n 등분한 점이 $t_0, t_1, \ldots, t_n$이라고 하자. 단, $t_k = \frac{t}{n}k$이다.

n이 매우 크면 k번 째 소구간 $[t_{k-1}, t_k]$의 길이는 매우 짧고 이 구간에서 순간지급률은 거의 상수로 볼 수 있으므로 $f(t) \approx f(t_k)$이다. 또한 이 기간동안 받은 액수는 $(t_k - t_{k-1})f(t_k)$와 거의 같고 이 금액의 현재가치가 $(t_k - t_{k-1})f(t_k)v(t_k)$라고 생각할 수 있다. (그림 6.1)

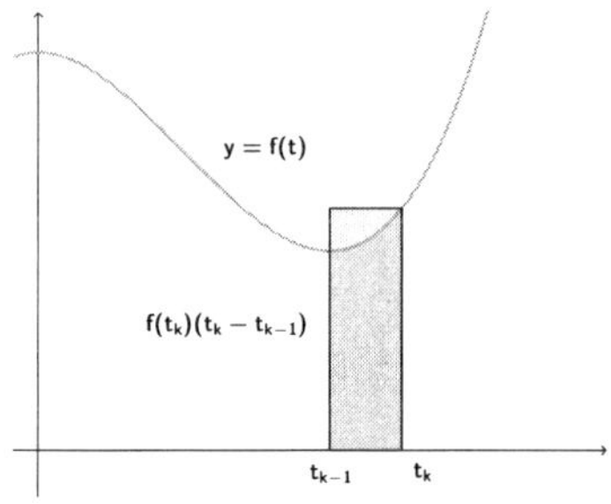

그림 6.1: 연속연금의 현가

각 소구간 기간 동안 받은 금액의 현재가치를 모두 합한 후 $n \to \infty$인 극한을 취해 보자. 그러면 정적분의 정의에 의해 다음을 알 수 있다.

$$\sum_{k=1}^{n}(t_k - t_{k-1})f(t_k)v(t_k) \to \int_0^t f(s)v(s)ds$$

위 식에서 오른쪽 적분의 값은 구간 $[0, t]$에서 순간지급률 $f(t)$로 연속적으로 지급받은 연금의 현재가치를 나타낸다. 연속연금에서 현가와 종가를 각각 $\bar{a}_{\overline{t|}}$와 $\bar{s}_{\overline{t|}}$로 쓰고 다음과 같이 정의한다.

일반적인 연속연금의 현가와 종가

순간지급률이 $f(t)$이고 현가함수가 $v(t)$일 때 시점 T까지 지급받은 **연속연금의 현가와 종가**를 다음과 같이 정의한다.

- 현가 : $\bar{a}_{\overline{T|}} = \int_0^T f(s)v(s)ds$
- 종가 : $\bar{s}_{\overline{T|}} = \bar{a}_{\overline{T|}}a(T)$

6.2.1 순간지급률이 상수인 연속연금

이 절에서는 순간지급률이 상수함수이고 이력이 상수인 경우만 생각하다. 곧, 이 절에서는 다음과 같이 가정한다.

- 순간지급률 : $f(t) = 1$
  - 구간 $[0, t]$ 에서 지급받은 연금 액수 : $F(t) = \int_0^t f(s)ds = \int_0^t 1ds = t$
  - 1년 동안 지급받은 연금의 전체 액수 : 1
  - 1년 동안 연속적으로 지급받은 총액이 A 이면 $f(t) = A$
- 상수이력 : $\delta_t = \delta$ (연간이자율 i 만 주어질 때에는 $\delta = \ln(1+i)$)

지급률이 상수인 연속연금의 현가와 종가는 기본평준연금의 현가 및 종가와 관련되어 있다. 이 상호관계도 우리가 공부할 주요 내용 중의 하나이다.

n 년지급 평준연속연금

n 년 동안 연속적으로 지급된 연속연금에서 순간지급률 $f(t)$ 가 다음과 같다.

$$f(t) = \begin{cases} 1, & 0 \le t \le n \\ 0, & t > n \end{cases}$$

현가

n 년 동안 연속적으로 지급하는 연금의 현가를 구체적으로 계산해 보자.

$$\begin{aligned} \bar{a}_{\overline{n}|i} &= \int_0^n e^{-\delta t}dt = \Big[-\frac{1}{\delta}e^{-\delta t} \Big]_0^n = \frac{1 - e^{-\delta n}}{\delta} \\ &= \frac{1 - v^n}{\delta} \qquad (e^{-\delta} = \frac{1}{1+i} = v) \end{aligned}$$

특별히 $n = 1$ 이면 $\bar{a}_{\overline{1}|i} = \frac{d}{\delta}$ 이다. 연속연금의 현가는 기본 평준기말급연금의 현가로 나타낼 수 있다.

$$\bar{a}_{\overline{n}|i} = \frac{i}{\delta}\frac{1 - v^n}{i} = \frac{i}{\delta}a_{\overline{n}|i}$$

종가

종가의 정의를 이용하여 구체적으로 계산하면 종가를 다음과 같이 쓸 수 있다.

$$\begin{aligned} \bar{s}_{\overline{n}|i} &= (1+i)^n \bar{a}_{\overline{n}|i} = (1+i)^n \frac{1 - v^n}{\delta} \\ &= \frac{(1+i)^n - 1}{\delta} \\ &= \frac{e^{\delta n} - 1}{\delta} \end{aligned}$$

연속연금의 현가에서와 비슷하게 종가 $\bar{s}_{\overline{n}|i}$를 기본평준연금의 종가를 써서 나타낼 수 있다.

$$\bar{s}_{\overline{n}|i} = \frac{(1+i)^n - 1}{\delta} = \frac{i}{\delta} s_{\overline{n}|i}$$

예제 6.1 $\bar{s}_{\overline{20}|} = 3\bar{s}_{\overline{10}|}$일 때 이력을 구하여라.

풀이 문제의 조건에 의해 방정식

$$\frac{e^{20\delta} - 1}{\delta} = 3\frac{e^{10\delta} - 1}{\delta}$$

이 생긴다. 이 방정식으로부터 $e^{10\delta} = 2$이므로 이력은 $\delta = \frac{\ln 2}{10} = 0.0693$이다. □

k년 거치 평준연속연금

k년 동안 지급되지 않다가 매년 1이 연속적으로 n년 동안 지급되는 연금이다. 이 연금에서 순간지급률을 식으로 쓰면 다음과 같다.

$$f(t) = \begin{cases} 0, & 0 \le t < k \\ 1, & k \le t \le n+k \end{cases}$$

따라서 k년 거치연속연금의 현가는 다음과 같다.

$$\begin{aligned} {}_{k|}\bar{a}_{\overline{n}|i} &= \int_0^{n+k} f(t)v(t)dt \\ &= \int_k^{n+k} v(t)dt = \int_k^{n+k} e^{-\delta t}dt \\ &= \left[-\frac{e^{-\delta t}}{\delta} \right]_k^{n+k} \\ &= \frac{e^{-\delta k} - e^{-\delta(n+k)}}{\delta} \end{aligned}$$

위에서 마지막을 다음과 같이 바꿔 쓸 수 있다.

$$\begin{aligned} {}_{k|}\bar{a}_{\overline{n}|i} &= e^{-\delta k} \frac{1 - e^{-\delta n}}{\delta} \\ &= v^k \bar{a}_{\overline{n}|i} \end{aligned}$$

이 식은 n년 지급하는 연속연금의 현가를 k년 할인한 금액이다. 평준 거치연금의 현가 계산과 매우 비슷하다. 한편, 거치연속연금의 현가를 두 연속연금의 현가로 나타낼 수 있다.

$${}_{k|}\bar{a}_{\overline{n}|i} = \bar{a}_{\overline{n+k}|i} - \bar{a}_{\overline{n}|i}$$

영구연속연금

지급기간이 무한한 연속연금으로 순간지급률은 $f(t) = 1\,(t \geq 0)$ 이다. 따라서 연금의 현가 $\bar{a}_{\overline{\infty}|i}$ 는 다음과 같다.

$$\begin{aligned}\bar{a}_{\overline{\infty}|i} &= \int_0^\infty f(t)v(t)dt = \int_0^\infty e^{-\delta t}dt \\ &= \left[-\frac{e^{-\delta t}}{\delta}\right]_0^\infty \\ &= \frac{1}{\delta}\end{aligned}$$

평준연속연금이 k 년 후부터 지급된다면 순간지급률이

$$f(t) = \begin{cases} 0, & 0 \leq t < k \\ 1, & t \geq k \end{cases}$$

이므로 거치영구연금의 현가 ${}_{k|}\bar{a}_{\overline{\infty}|}$ 는 아래와 같이 계산한다.

$$\begin{aligned}{}_{k|}\bar{a}_{\overline{\infty}|i} &= \int_0^\infty f(t)v(t)dt = \int_k^\infty e^{-\delta t}dt \\ &= \left[-\frac{e^{-\delta t}}{\delta}\right]_k^\infty \\ &= \frac{e^{-\delta k}}{\delta}\end{aligned}$$

예제 6.2 부모님이 올해초부터 매년 1,000만원을 연속적으로 사망시까지 지급받는다. 연이자율을 6%로 가정하고 연금의 현가를 계산하여라.

풀이 영구연속연금의 현가는 $1000\bar{a}_{\overline{\infty}|0.06} = \frac{1000}{\ln(1+0.06)} = 17161.8112$ 만원이다. □

평준 영구연금과의 관계

지급기간 동안의 연이율이 i 일 때 다음 관계가 성립한다.

(a) $\bar{a}_{\overline{\infty}|i} = \frac{1}{\delta} = \frac{i}{\delta}a_{\overline{n}|i}$

(b) ${}_{k|}\bar{a}_{\overline{\infty}|i} = v^k\frac{1}{\delta} = \frac{i}{\delta}\,{}_{k|}a_{\overline{\infty}|i}$

(c) ${}_{k|}\bar{a}_{\overline{\infty}|i} = \bar{a}_{\overline{\infty}|i} - \bar{a}_{\overline{k}|i}$

6.2.2 순간지급률이 계단함수인 연속연금

이 절에서는 순간지급률이 계단함수(step fuction)인 경우에 연속연금의 현가와 종가를 계산하는 문제를 공부한다.

증액연속연금

증액연속연금이란 순간지급률이 $f(t) = \lfloor t \rfloor + 1 = \lceil t \rceil$인 연속연금을 의미한다. 순간지급률이 구간마다 상수인 계단함수이다. 순간지급률과 총지급액을 식으로 나타내고 그래프를 그려 시각화하면 증액연속연금의 특성을 직관적으로 이해할 수 있다.

먼저 순간지급률 $f(t)$와 총지급액 $F(t)$의 그래프를 그려보자. 순간지급률 $f(t)$를 식으로 쓰면 아래와 같다.

$$f(t) = \begin{cases} 1, & 0 \le t < 1 \\ 2, & 1 \le t < 2 \\ \cdots & \cdots \\ n, & n-1 \le t \le n \\ \cdots & \cdots \end{cases}$$

이제 구간 $[0, t]$에서 이 순간지급률로 지급받은 전체금액 $F(t)$를 구하려면 다음 적분을 계산해야한다.

$$F(t) = \int_0^t f(s)ds$$

이 적분을 해석적인 식으로 표현하기위해 $t \in [k-1, k]$이면 $F(t)$는 아래와 같다.

$$\begin{aligned} F(t) &= \int_0^t f(s)ds = \int_0^1 f(s)ds + \int_1^2 f(s)ds + \cdots \int_{k-2}^{k-1} f(s)ds + \int_{k-1}^t f(s)ds \\ &= \int_0^1 1ds + \int_1^2 2ds + \cdots + \int_{k-2}^{k-1} (k-1)ds + \int_{k-1}^t kds \\ &= 1 + 2 + \cdots + (k-1) + \left[ks\right]_{k-1}^t \\ &= kt - \frac{k(k-1)}{2}, \qquad t \in [k-1, k] \end{aligned}$$

총지급액 $F(t)$를 구간마다 식으로 쓰면 다음과 같다.

$$F(t) = \begin{cases} t, & 0 \le t < 1 \\ 2t-1, & 1 \le t < 2 \\ \vdots & \vdots \\ nt - \frac{n(n-1)}{2}, & n-1 \le t \le n \end{cases}$$

각 연도에 받은 연금의 총액이 $1, 2, \ldots, n$ 이므로 증액연금과 매우 비슷하지만 연속적으로 지급된 연금이라는 점에서 다르다. 둘 사이에는 밀접한 관계가 성립한다.

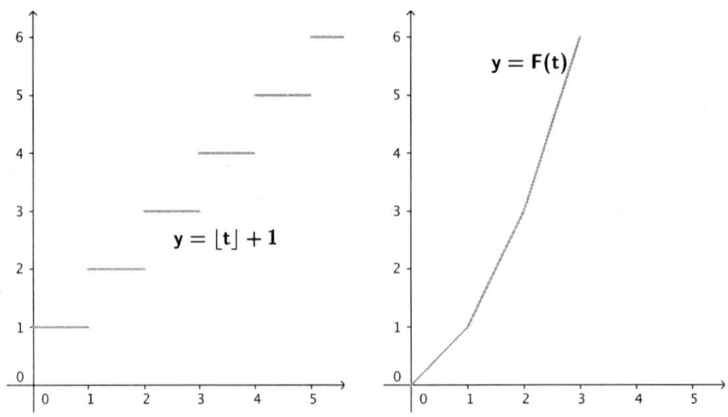

(a) 순간지급률 (b) 총지급액

그림 6.2: 증액연속연금의 순간지급률과 총지급액

증액연속연금의 현가와 종가

이력이 상수일 때 순간지급률 $f(t) = \lfloor t \rfloor + 1 = \lceil t \rceil$ 로 n 년 지급된 연속연금을 **증액연속연금**이라고 하고 현가를 $(I\bar{a})_{\overline{n}|i}$, 종가를 $(I\bar{s})_{\overline{n}|i}$ 으로 쓰자.

증액연속연금의 현가를 계산해 보자.

$$\begin{aligned}
(I\bar{a})_{\overline{n}|i} &= \int_0^n f(t)v(t)dt = \sum_{k=1}^{n} \int_{k-1}^{k} f(t)e^{-\delta t}dt = \sum_{k=1}^{n} \int_{k-1}^{k} ke^{-\delta t}dt \\
&= \sum_{k=1}^{n} \Big[-\frac{k}{\delta}e^{-\delta t} \Big]_{k-1}^{k} = \frac{1}{\delta} \sum_{k=1}^{n} \big[ke^{-\delta(k-1)} - ke^{-\delta k}\big] \\
&= \frac{1}{\delta}\Big[1 + e^{-\delta} + \cdots + e^{-(n-1)\delta} - ne^{-\delta n}\Big] \\
&= \frac{1 + v + v^2 + \cdots + v^{n-1} - nv^n}{\delta} \\
&= \frac{\ddot{a}_{\overline{n}|i} - nv^n}{\delta}
\end{aligned}$$

이제 증액연속연금의 종가 $(I\bar{s})_{\overline{n}|i}$ 은 다음과 같다.

$$(I\bar{s})_{\overline{n}|i} = (I\bar{a})_{\overline{n}|i}(1+i)^n = \frac{\ddot{s}_{\overline{n}|i} - n}{\delta}$$

증액연속연금은 증액연금과 깊은 관련이 있다. 다음은 증액연속연금과 증액연금의 관계이다.

증액연속연금과 증액연금의 관계

연이자율이 i일 때 $\delta := \ln(1+i)$로 두자. k차년도에 k가 지급되는 기시급 증액연금과 순간지급률이 k인 증액연속연금의 현가와 종가 사이에 다음 관계가 성립한다.

$$(I\bar{a})_{\overline{n}|i} = \frac{d}{\delta}\frac{\ddot{a}_{\overline{n}|i} - nv^n}{d} = \frac{d}{\delta}(I\ddot{a})_{\overline{n}|i}$$
$$(I\bar{s})_{\overline{n}|i} = \frac{d}{\delta}\frac{\ddot{s}_{\overline{n}|i} - n}{d} = \frac{d}{\delta}(I\ddot{s})_{\overline{n}|i}$$

감액연속연금

감액연속연금이란 순간지급률 $f(t) = n - \lfloor t \rfloor = \lceil n - t \rceil$로 n년 동안 지급되는 연속연금이다. (그림 6.3)

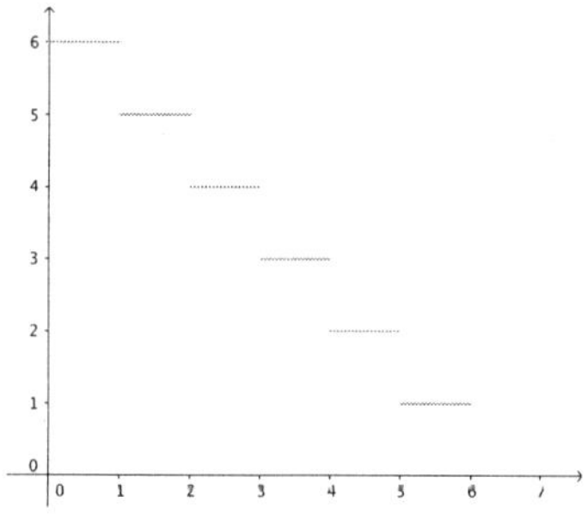

그림 6.3: 감액연속연금의 순간지급률 : $n = 6$

순간지급률 $f(t)$를 식으로 쓰면 아래와 같다.

$$f(t) = \begin{cases} n, & 0 \le t < 1 \\ n-1, & 1 \le t < 2 \\ \vdots & \vdots \\ 2, & n-2 \le t < n-1 \\ 1, & n-1 \le t \le n \end{cases}$$

이 순간지급률 $f(t)$는 감소하는 계단함수이다.

이제 구간 $[0, t]$에서 이 순간지급률로 지급받은 전체금액 $F(t)$를 구하기위해 t가 속한 구간을 찾아야 한다. t가 $[k-1,k]$에 속할 때 총지급액 $F(t)$는 아래와 같다.

$$\begin{aligned}F(t) &= \int_0^t f(s)ds = \int_0^1 f(s)ds + \int_1^2 f(s)ds + \cdots \int_{k-2}^{k-1} f(s)ds + \int_{k-1}^t f(s)ds\\ &= \int_0^1 nds + \int_1^2 (n-1)ds + \cdots + \int_{k-2}^{k-1}(n-k+2)ds + \int_{n-1}^t (n-k+1)ds\\ &= n + (n-1) + \cdots + (n-k+2) + \big[(n-k+1)s\big]_{k-1}^t\\ &= (n-k+1)t + \frac{1}{2}k(k-1), \qquad t \in [k-1,k]\end{aligned}$$

총지급액 $F(t)$를 구간마다 식으로 쓰면 다음과 같다.

$$F(t) = \begin{cases} nt, & 0 \le t < 1\\ (n-1)t+1, & 1 \le t < 2\\ \vdots & \vdots\\ (n-k+1)t + \frac{1}{2}k(k-1), & k-1 \le t \le k\\ \vdots & \vdots\\ t + \frac{1}{2}n(n-1), & n-1 \le t \le n\end{cases}$$

각 연도에 받은 연금총액이 각각 $n, n-1, \ldots, 2, 1$ 이므로 감액연금과 매우 비슷하다. 실제로 감액연속연금의 종가와 현가를 감액연금의 현가와 종가를 써서 나타낼 수 있다.

감액연속연금의 현가와 종가

이력이 상수 δ일 때 순간지급률 $f(t) = \lceil n-t \rceil$로 n년 지급된 연속연금을 **감액연속연금**이라고 하고 현가를 $(D\overline{a})_{\overline{n}|i}$, 종가를 $(D\overline{s})_{\overline{n}|i}$으로 쓰자. 이 때 연간실이율은 $i := e^\delta - 1$이다.

증액연속연금의 현가를 계산해 보자.

$$\begin{aligned}(D\overline{a})_{\overline{n}|i} &= \int_0^n f(t)v(t)dt = \int_0^n f(t)e^{-\delta t}dt = \sum_{k=1}^n \int_{k-1}^k (n-k+1)e^{-\delta t}dt\\ &= \sum_{k=1}^n \Big[-\frac{n-k+1}{\delta}e^{-\delta t}\Big]_{k-1}^k\\ &= \frac{1}{\delta}\sum_{k=1}^n \big[(n-k+1)e^{-\delta(k-1)} - (n-k+1)e^{-\delta k}\big]\\ &= \frac{1}{\delta}\Big[n - e^{-\delta} - e^{-2\delta} - \cdots - e^{-(n-1)\delta} - e^{-\delta n}\Big] = \frac{n - (v + v^2 + \cdots + v^n)}{\delta}\\ &= \frac{n - a_{\overline{n}|i}}{\delta}\end{aligned}$$

이제 종가 $(D\bar{s})_{\overline{n}|i}$ 는 다음과 같다.

$$(D\bar{s})_{\overline{n}|i} = (D\bar{a})_{\overline{n}|i}(1+i)^n = \frac{n(1+i)^n - s_{\overline{n}|i}}{\delta}$$

다음은 감액연속연금과 감액연금의 현가와 종가의 관계를 나타낸 식이다.

감액연속연금과 감액연금의 관계

연이자율이 i 일 때 $\delta := \ln(1+i)$ 로 두자. k 차년도에 $n-k+1$ 가 지급되는 기시급 증액연금과 순간지급률이 $n-k+1$ 인 증액연속연금의 현가 사이에 다음 관계가 성립한다.

$$(D\bar{a})_{\overline{n}|i} = \frac{d}{\delta}\frac{n - a_{\overline{n}|i}}{d} = \frac{d}{\delta}(D\ddot{a})_{\overline{n}|i}$$
$$(D\bar{s})_{\overline{n}|i} = \frac{d}{\delta}\frac{n(1+i)^n - s_{\overline{n}|i}}{d} = \frac{d}{\delta}(D\ddot{s})_{\overline{n}|i}$$

6.2.3 일반적인 형태의 순간지급률과 연속연금

앞에서는 이력이 상수이고 순간지급률이 계단함수일 때 연속연금의 현가와 종가를 계산하는 문제를 다루었다. 여기서는 순간지급률이 일반적 함수로 주어지거나 이력이 상수가 아닌 경우에 연속연금의 현가와 종가를 계산해 보기로 한다.

순간지급률이 1차함수일 때

순간지급률이 $f(t) = t\,(0 \le t \le n)$ 일 때

순간지급률이 1차함수인 이 연속연금에서는 총지급액이 시간에 대한 2차함수로 나타난다.

$$F(t) = \int_0^t f(s)ds = \left[\frac{1}{2}s^2\right]_0^t = \frac{1}{2}t^2$$

이력이 상수일 때 순간지급률 $f(t) = t$ 로 n 년 지급되는 연속연금의 현가와 종가를 각각 $(\bar{I}\bar{a})_{\overline{n}|}$ 와 $(\bar{I}\bar{s})_{\overline{n}|i}$ 로 나타낸다.

지급지간 동안 이력이 $\delta = \ln(1+i)$일 때 현가 $(\bar{I}\bar{a})_{\overline{n}|}$를 계산하면 다음과 같다.

$$\begin{aligned}(\bar{I}\bar{a})_{\overline{n}|} &= \int_0^n te^{-\delta t}dt \\ &= \left[-\frac{te^{-\delta t}}{\delta}\right]_0^n + \int_0^n \frac{e^{-\delta t}}{\delta}dt \\ &= -\frac{ne^{-\delta n}}{\delta} + \frac{1-e^{-\delta n}}{\delta^2} \\ &= \frac{\frac{1-v^n}{\delta} - nv^n}{\delta} \\ &= \frac{\bar{a}_{\overline{n}|i} - nv^n}{\delta}\end{aligned}$$

한편, 종가 $(\bar{I}\bar{s})_{\overline{n}|} = (\bar{I}\bar{a})_{\overline{n}|}(1+i)^n$를 계산할 수 있다. 이 결과를 종합하면 다음과 같다.

순간지급률 $f(t) = t$로 n년 연속지급하는 연금

순간지급률 $f(t) = t$로 n년 연속지급하는 연금의 현가와 종가는 다음과 같다.

(a) 현가 : $(\bar{I}\bar{a})_{\overline{n}|} = \frac{\bar{a}_{\overline{n}|i} - nv^n}{\delta}$

(b) 종가 : $(\bar{I}\bar{s})_{\overline{n}|} = \frac{\bar{s}_{\overline{n}|i} - n}{\delta}$

순간지급률이 $f(t) = n - t\,(0 \le t \le n)$일 때

순간지급률이 기울기 음수인 1차함수인 이 연속연금의 총지급액은 시간에 대한 2차함수로 나타난다.

$$F(t) = \int_0^t f(s)ds = \left[ns - \frac{1}{2}s^2\right]_0^t = nt - \frac{1}{2}t^2$$

이력이 상수 δ일 때 순간지급률 $f(t) = n - t$로 n년 지급되는 연속연금의 현가와 종가를 각각 $(\bar{D}\bar{a})_{\overline{n}|}$와 $(\bar{D}\bar{s})_{\overline{n}|}$로 나타낸다. 현가 $(\bar{D}\bar{a})_{\overline{n}|}$를 계산하면 다음과 같다.

$$\begin{aligned}(\bar{D}\bar{a})_{\overline{n}|} &= \int_0^n (n-t)e^{-\delta t}dt \\ &= \left[-\frac{ne^{-\delta t}}{\delta}\right]_0^n - \int_0^n te^{-\delta t}dt \\ &= \frac{n(1-e^{-\delta n})}{\delta} + \frac{ne^{-\delta n}}{\delta} - \frac{1-e^{-\delta n}}{\delta^2} \\ &= \frac{n - \frac{1-v^n}{\delta}}{\delta} \\ &= \frac{n - \bar{a}_{\overline{n}|i}}{\delta}\end{aligned}$$

앞에서와 비슷하게 , 종가 $(\bar{D}\bar{s})_{\overline{n}|} = (\bar{D}\bar{a})_{\overline{n}|}(1+i)^n$를 계산한 결과를 종합하면 다음과 같다.

순간지급률 $f(t) = n - t$로 n년 연속지급하는 연금

순간지급률 $f(t) = t$로 n년 연속지급하는 연금의 현가와 종가는 다음과 같다.

(a) 현가 : $\left(\overline{D}\overline{a}\right)_{\overline{n|}i} = \frac{n-\overline{a}_{\overline{n|}i}}{\delta}$

(b) 종가 : $\left(\overline{D}\overline{s}\right)_{\overline{n|}i} = \frac{n(1+i)^n - \overline{s}_{\overline{n|}i}}{\delta}$

6.2.4 순간지급률과 이력에 제한이 없는 경우

여기서는 순간지급률이나 이력에 제한이 없는 일반적인 연속연금의 현가와 종가를 계산해 본다. 이력이 δ_t일 때 단위종가함수는 $a(t) = e^{\int_0^t \delta_s ds}$, 현가함수는 $v(t) = e^{-\int_0^t \delta_s ds}$이다. 이제 순간지급률이 $f(t)$일 때 일반적인 연속연금의 현가와 종가는 아래와 같이 계산한다.

$$\text{일반연속연금의 현가 : } \overline{a}_{\overline{t|}} = \int_0^t f(s)v(s)ds$$

$$\text{일반연속연금의 종가 : } \overline{s}_{\overline{t|}} = \overline{a}_{\overline{t|}}\, a(t)$$

예제 6.3 이력이 4%이고 순간지급률이 t^2일 때 2년지급하는 연속연금의 현가와 종가를 계산하여라.

풀이 $\int t^2 e^{-0.04t}dt = -e^{-0.04t}(25t^2 + 1250t + 31250) + C$이므로 현가는

$$\begin{aligned}\overline{a}_{\overline{2|}} &= \int_0^2 t^2 e^{-0.04t}dt = \Big[-e^{-0.04t}(25t^2 + 1250t + 31250)\Big]_0^2 \\ &= 31250 - 33850e^{-0.08} \\ &= 2.51167\end{aligned}$$

이고, 종가는 $\overline{s}_{\overline{2|}} = \overline{a}_{\overline{2|}}(1+i)^2 = 2.51167e^{0.1} = 2.77583$이다. □

예제 6.4 이력이 다음과 같이 주어진다. 매년 1,000만원이 연속적으로 10년 지급되는 연금의 현가와 종가를 계산하여라.

$$\delta_t = \begin{cases} 0.04, & 0 \le t < 6 \\ 0.05, & 6 \le t \le 10 \end{cases}$$

풀이 먼저 단위종가함수 $a(t) = e^{\int_0^t \delta_s ds}$를 구해야 한다. 구간에 따라 단위종가함수의 표현이 다르다.

- $0 \le t < 6$이면 $a(t) = e^{0.04t}$

- $t \geq 6$ 이면 $a(t) = \exp\left(\int_0^6 0.04ds + \int_6^t 0.05ds\right) = e^{0.05t-0.06}$

따라서 현가 $\overline{a}_{\overline{10}|}$ 은 다음과 같다.

$$\begin{aligned} 1000\overline{a}_{\overline{10}|} &= 1000\int_0^6 e^{-0.04s}ds + 1000\int_6^{10} e^{-0.05s+0.06}ds \\ &= \frac{1000}{0.04}\left(1-e^{-0.24}\right) + \frac{1000}{0.05}\left(e^{-0.24}-e^{-0.44}\right) \\ &= 8186.132273 \end{aligned}$$

또한 종가는 $1000\overline{s}_{\overline{10}|} = 1000\overline{a}_{\overline{10}|}\,a(10) = 8186.132273e^{0.44} = 12710.66667$ 만원이다. □

연습문제 6.2

1. 365만원을 1년 동안 연속적으로 지급받을 때 종가를 계산하여라. 이 값을 매일 1만원씩 지급받는 연금의 종가와 비교하여라. 단, 연이율은 $i = 6\%$ 이다.

2. 다음 방법을 적용하여 연간 1,000만원이 연속적으로 5년 동안 지급되는 연속연금의 현가를 구하여라. 단, 이율은 분기별복리의 명목이율 4.4%이다.
   (a) 분기별 실이율 $j = 1.1\%$ 를 이용하여
   (b) 연간실이율을 이용하여

3. 이력이 $\delta = 0.04$ 일 때 다음을 계산하여라.
   (a) 10년 동안 매년 1,000만원을 연속적으로 지급받는 연속연금의 현가와 종가
   (b) 10년 동안 k 차년도에 $1000 + 50k$ 만원을 연속적으로 지급받는 연속연금의 현가와 종가

4. $\delta_t = \frac{2}{1+t}$ 일 때 $\ddot{s}_{\overline{4}|}$ 를 계산하여라.

5. 형철이가 재직 중인 회사에서는 순간지급률 $1000t + 3000$ 으로 연봉을 지급한다. 이력이 $\delta_t = 0.06$ 일 때 10년 동안 받은 급여의 현가와 종가를 계산하여라.

6. $\overline{a}_{\overline{n}|} = 4$, $\overline{s}_{\overline{n}|} = 12$ 일 때 연간실이율을 구하여라.

7. $\delta_t = \frac{3}{100+3t}$ 일 때 $\overline{a}_{\overline{20}|}$ 와 $\overline{s}_{\overline{20}|}$ 을 계산하여라.

8. $\delta_t = \frac{0.03}{(1-0.03t)^2}$ 일 때 $\overline{a}_{\overline{10}|}$ 를 계산하여라.

9. 연간실이율이 5%일 때 순간지급률 $2000 - 500t$ 로 4년 동안 지급되는 연속연금의 현가와 종가를 구하여라.

10. 각 경우에 매년 1,000만원씩 8년 동안 지급하는 연속연금의 현가를 계산하여라.
    (a) 연간실이율 4%

(b) 상수이력 4%

11. $i = 0.04$ 일 때 매년 100만원씩 10년 동안 지급되는 연속연금의 종가를 계산하여라.

12. 연속연금이 순간지급률 $t^2 + 2t + 1$ 로 10년 동안 지급된다. 이력이 $\delta_t = \frac{1}{1+t}$ 일 때 이 연금의 현가를 구하여라.

13. 연속복리 5%로 적립되는 펀드에 5,000만원을 예치하였다. 일년에 400만원씩 연속적으로 인출할 때 이 펀드의 지급기간은?

14. 연간실이율이 9%라고 가정하자. 순간지급률 365(만원)로 연속적으로 저축한다면 5,000만원을 적립하기 위해 얼마나 걸리겠는가?

참고문헌

[1] 서재영, **금융수리**, 자유아카데미, 2014.

[2] 오창수, 김경희, **최신보험수리학 제3판**, 박영사, 2014.

[3] 이정식, **보험수리학**, 자유아카데미, 2005.

[4] 이재원, **이자론 중심으로 배우는 금융수학**, 한빛아카데미, 2014.

[5] Leslie Jane Federer Vaaler, James W. Daneil, **Mathematical interest theory 2nd ed.**, Mathematical Association of America, 2009.

찾아보기

쉽게 배우는

생활 속의 금융원리

지은이 이정근
펴낸이 소경희
펴낸곳 경문사
펴낸날 2017년 2월 20일 1판 1쇄
등 록 1979년 11월 9일 제 313-1979-23호
주 소 04057, 서울특별시 마포구 와우산로 174
전 화 (02)332-2004 팩스 (02)336-5193
이메일 kyungmoon@kyungmoon.com
facebook facebook.com/kyungmoonsa

ISBN 979-11-6073-004-3

값 20,000원

★ 경문사 홈페이지에 오시면 즐거운 일이 생깁니다.
http://www.kyungmoon.com

한국과학기술출판협회 회원사